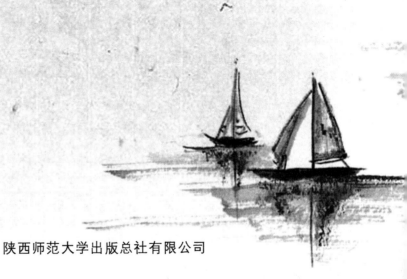

殷旵国学讲堂

老子为道

殷旵 著

陕西师范大学出版总社有限公司

图书代号　SK12N1381

图书在版编目（CIP）数据

老子为道 / 殷昺著. —— 西安：陕西师范大学出版总社
有限公司，2013.1

ISBN 978-7-5613-6908-1

Ⅰ.①老… Ⅱ.①殷… Ⅲ.①道家 ②《道德经》—通俗读
物 Ⅳ.①B223.1-49

中国版本图书馆CIP数据核字(2012)第306348号

殷昺国学讲堂·老子为道

著　　者 /	殷　昺
责任编辑 /	王红凯
责任校对 /	谢勇蝶　赵荣芳
封面设计 /	易为堂设计
版式设计 /	田　丹
出版发行 /	陕西师范大学出版总社有限公司
	西安市长安南路199号（邮政编码710062）
网　　址 /	http://www.snupg.com
印　　刷 /	西安市建明工贸有限责任公司
开　　本 /	787mm×1092mm　1/16
印　　张 /	17.75
插　　页 /	2
字　　数 /	293千
版　　次 /	2013年1月第1版
印　　次 /	2013年1月第1次印刷
书　　号 /	ISBN 978-7-5613-6908-1
定　　价 /	34.00元

读者购书、书店添货或发现印刷装订问题，请与本社营销部联系、调换。
电话：（029）85307864　85251046（传真）

再版序言

自 2002 年登台演讲《易经》以来，一直受邀在北大、清华、复旦等高校，及移动、上气、美国埃森哲等企业专题演讲《易经》。录音整理成书稿后，又先后在甘肃文化出版社和当代世界出版社出版了《易经的智慧·经部》、《易经的智慧·传部》(初出版名《易经大传新解》)、《在北大讲易经》和《老子为道》等。每次发行都是由畅销转长销，近年来又一度脱销。今年陕西师范大学出版总社有限公司经过市场调研，决定再版。再版之际，又是一次与读者直接对话的机会。说些什么呢？还是说说老生常谈的《易经》预测吧。

《易经》以原创的符号(爻)和图形(卦)为正本，以文字(卦辞、爻辞和传辞)为副本，是一套完整的符号系统，承载了中华民族原创的思维体系。预测则是这一思维体系的特色。

如何预测？是运用《易经》原理进行多维度立体预测，还是借用一些占、卜、筮等技法做些平面预测？

其实，世俗流传的占卜技法都源于《易经》原创思维体系，原本也是多维度、立体的。但是，一旦偏离了《易经》原理，就只剩下扁窄的平面维度了。这里，我想以"奇门遁甲"为例，谈谈我对《易经》预测思维体系的初步理解。

"奇门遁甲"初创时的理论依据，或曰原创的灵感，显然是源于乾卦"用九，见群龙无首"。

何谓群龙？乾卦的"六爻之动"显示的是"六龙"：潜龙、见龙(或曰田龙)、乾龙(或曰勤龙)、或龙、飞龙(或曰天龙，与田龙对应)、亢龙。"奇门遁甲"则以十天干为群龙，即甲、乙、丙、丁、戊、己、庚、辛、壬、癸十条龙。然而十条龙只设计了九个龙宫：乙、丙、丁三宫为"三奇"，戊、己、庚、辛、壬、癸六宫为"六仪"。甲本为十天干之首，却无固定的宫，只能借助于九宫隐遁其形。《说文解字》曰："龙，能幽、能明、能细、能巨、能短、能长。春分而登天，秋分而潜渊。"或跃，或渊，故无固定之宫。

更巧的是，九个龙宫只有八个门，这八门即代表人事的开门、休门、生门、伤门、杜门、景门、死门、惊门等。这叫十龙、九宫、八门。甲在九宫中遁来遁去，时遇奇门，也常遇无门。这种无门，又像禅宗中的"无门关"，找不到门时，像铜墙铁壁，找到了门时，悄然进了门，过了关，却全然不觉。好比学生解一道数学难题，无解时茫然无门，突然间恍然大悟，有解了，难题解开了，思路入了门，进了关，回头再看，又似乎仍是无门、无关。门在哪里？在悟中，在恍然大悟之间，故曰"奇门"。

"见群龙无首。"见，有可见之意，又有显示之意。恍然大悟之间即为一"见"之间。善遁者能悟，能悟者才能"见"。用目见吗？用主观之"目"，观察客观之"木"。木、目为"相"，这只是事物表象、外部形象、初步印象——此时见木只是木，见相只是相。再观，多观，便能从复杂的"相"中抽象出某种理来，此时见木不是木，见相不是相。如果再给"相"装一个"心"字软件呢？奇了，心中有相便能"想"。于是可以想象、思辨、推理——此时，见木还是木，见相还是相。恍然大悟了，"见群龙无首"了。

哦！原来要用"心"观。《心经》开篇曰"观自在"——观照自主的心在不在。自主的心在，清净自然；自主的心不在，茫然了，浮躁了，甚至失落、失望了。失掉的是什么？是自主的我。能在日常生活中"观自在"者是菩萨，菩萨是觉者，名觉有情（菩提萨埵）。觉者时时都在预中，不用测。因为世俗之人畏果，而菩萨畏因。

《说文解字》曰："觉，寤也。从见，学省声。一曰发也。"寤，悟也。一觉醒寤，眼睛睁开便能见，见而能发现、发觉。门在哪里？找到首了吗？《易经》曰："百姓日用而不知。"日常生活中，瞑目而睡叫睡觉，醒时叫觉寤、觉醒，睁眼发觉了才能觉悟。觉从何处来？从遁中来。人睡时在遁，醒来也在遁。巧遇良缘时得一奇门——左右逢源，人生得意；遇到困惑、困难时，又觉无门——处处碰壁，甚至失望、绝望。殊不知，无门之处有奇门，只要时时主动、积极地"遁"，就能"觉"和"悟"，只要自主、自尊、自信的"我"在做主，人生处处有"奇门"。有门、无门、奇门，都在日常生活中，只是"百姓日用而不知"而已。

《易经》预测的目的就是为了变"不知"为能知、可知、已知。知，才能明白。人生要明明白白，不要糊里糊涂。明白人是命的主人，叫慧命。孔子曰："不知命，无以为君子。"又说自己"五十而知天命"。何为天命？孔子为乾卦写的象辞曰："天行健，君子以自强不息。"这一句又是诠释"九三"爻的"君子终日乾乾，夕惕若厉，无咎"。

　　何谓君子？自强不息者为君子。如何做到自强不息？效法"天行健"。何谓天行健？先秦古诗《击壤歌》云："日出而作，日入而息。凿井而饮，耕田而食。"换一个角度来读："日日凿耕，出入井田，作息饮食。"每天日出日入，这叫"天行健"；"日日凿耕，出入井田"，这叫"君子以自强不息"，也叫"君子终日乾乾"。"天行健"是天命，"自强不息"是人命。不知天命，无以知人命；不知人命，无以为君子。为人君子，则能自强不息，自强不息者，醒时能发觉、觉悟，睡时也能觉寤、觉醒。时时在觉中，时时在遁中，时时居龙宫，时时有奇门。在哪一宫、哪一门其实并不重要，"见群龙无首"者吉，何为吉？"时乘六龙以御天"。何为"时乘"？"君子终日乾乾，与时偕行。"

　　时者，时候——根据物候判断时机；时事——根据事态把握时机。机者，几也。"几"的本义为几案。古人坐与卧都在床榻之上，榻上摆一几案。长者凭几而坐，谨慎议事。晚辈远远地立于榻下，总觉得长辈们神神秘秘，一定有很多机密。《系辞传》曰："唯几也，故能成天下之务。""知几其神乎！……几者，动之微，吉之先见（现）者也。君子见几而作……"几在时中，时在日出日入中。根据日出日入适时作息，生生不息之谓易。息息相关，息息都有"几"，几几都是门，门门见群龙，自己就是群龙中的一条龙。"奇门遁甲"的九宫格局中，宫宫有龙。龙是谁？龙是自己，又是众人。占卜、预测，不能做局外人，而要做局内的龙，要随时定位，明白自己此时此刻是哪条龙。

　　《系辞传》开篇曰："天尊地卑，乾坤定矣。卑高以陈，贵贱位矣。"此十六字讲的是"定位"二字。天地，是自然中的天地；乾坤，喻人之天地。以人身而言，首为天，腹为地。故乾卦以首为象，坤卦以腹为象。从人伦上讲，父为天，母为地。故乾卦代表父，坤卦代表母。知天命者，就能找到天地间的人生定位。知几者，就能找到群龙中"自我"这条龙，并能明白自己何时为何龙——这叫"时乘六龙以御天"。天，指天地。天地为时空，人生各个阶段的时空定位就是知几、知命。既知己命，又知天命。何为奇门？如何遁甲？"见群龙无首"、"时乘六龙"、"天行健，君子以自强不息"。

读到这里，如有所感悟，请再读《易经的智慧》，《经部》讲的是原始符号的思维原理，《传部》讲的是孔子"知几"、"知命"的哲学思辨。另外，《在北大讲易经》描述了"自强不息"之"几"、自主管理之"几"，《老子为道》则围绕"日益"、"日损"和"无为而无不为"讲述"百姓日用"的"几"。

"奇门遁甲"的玩法易学，可预测却是智者见智，仁者见仁。预测的依据是《易经》的原理。《易经》的原理还告诉我们一件事——阴阳平衡。"奇门遁甲"分阳遁和阴遁。阳是对生活、对社会、对家人、对众人的满腔热情（热情即热能），阴是理性、理智和谨慎。这也是预测的基本素质。《易》为道德者预，为君子预。这也是我几十年来最刻骨铭心的体验。

谨以此序言，与广大热心于《易经》的读者，共同体验，共同讨论，并恳望指正！借此，再次向这几本书的老读者敬致谢忱！

殷 旵

2012 年 9 月于北京中轴线的后花园循礼府云本书屋

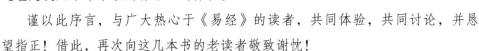

先睹感言

读了殷岊先生的《老子为道》，实为高兴，又很惊讶。高兴的是这一力作的指导思想符合当前社会的需要。惊讶的是作者对老子有很深的理解，让我认同的太多了。我十分赞同用白话很通俗地介绍老子的书，《老子为道》是一典范。当前太需要有让大众（特别是初学者）尽快对老子研究产生兴趣又能尽快入门的版本了。公认老子的书是百姓和社会的良心书，又是百科的哲理精髓，应为社会智能的宝典。能尽快让广大读者对老子思想有更深入的了解是民族之大幸，是国家振兴民族文化的基础之一。

老子思想核心是"道"，道是理，是路，是德，是亨，是"无"和"有"，又是万事万物的规律、自然信息的全息。对人性要求来说必须悟道、为道，方可达到自由王国的境界，否则人的本能中的负面因素便会膨胀，导致产生悲哀。有人说，今天能听老子言，道通则人的观念会向积极方面转化，全球生灵得幸福，得安全。

老子是西周人，距今两千八百多年了，曾做过周王朝的守藏室之史（类似于我国近代的图书馆管理部门的人员），饱览群籍，学识渊博，善观万事万物，有独特悟性和非凡见解。其世界观、宇宙观和人生观光明正大。他对社会、对历史充满责任感，对社会、对百姓充满负责精神。他的优良品德和非凡才能充分体现在他的八十一章五千多言的《道德经》中，可以肯定地说，这一经卷是中华优秀文化的精华，源于中华文化的源头活水，更是人类的文化宝典。《道德经》文字简练，寓意深邃，只要今人不带有偏见，少点私心，不狂妄，不浮躁，就一定能悟出真理，并用以指导社会实践。

我在阅读殷老师的《老子为道》时，深深地感受到他平时常谈起传统文化的博大精深和当前承传文化的重要性，我们的共识太多了。一个民族的文化是民族的灵魂。中华民族肩负着民族复兴的使命，又是全人类的和平和希望，每个人都必须有老子的忧患意识。

中央号召"弘扬民族精神"，说明党和国家领导人关心中华文化的发掘。温总理在美国哈佛大学演讲时说："今天，人类正处在社会急剧大变动的时代，回溯源头、传承命脉、相互学习、开拓创新是各国弘扬本民族优秀传统文化的明智选择。我呼吁，让我们共同以智慧和力量去推动人类文明的进步与发展。"老子的智慧已成为我国及世界有识之士发扬光大的共识。

近来阅读英国李约瑟博士的著作，他所认识的"道"就是老子的智慧。他说："中国的大发明不是四个，而有四十个、四百个甚至四千个。"他曾用自己的后半生潜心考察中国古代的科学发明，他有资格下这个结论。他还认为"西方的唯科学主义是猖狂的，是危害深远的"。中国人发现了自然规律即人与社会与自然的和谐规律，这是人性的体现。他呼吁西方应回到这个人性王国，他说："中国人不会受到我们（西方）已陷入错误的引诱，是我们应尽快让其文化帮助返回到人性王国的时候了。"他认为"天人合一"的宇宙观、科学观、人生观挽救西方的时候到了。他也希望中国同行们以自信、自豪而又负责的态度共同皈依中华文化，弘扬这一伟大的人类智慧结晶，让这一文化宝典为人类文明、社会安泰作贡献（李约瑟著、潘承湘译《历史与对人的估价》）。

我们应是中华文化的近水楼台受益者，是幸运的继承人，我们不应做不肖子孙或妄自菲薄。殷昂先生是以对社会高度负责的精神出此力作和大家共同研讨的。我首先学习和响应他的观点："为道"才是道中之道，愿与同仁师友共勉。让我们的祖国文化复兴，为人类的福祉与和平多作贡献。

中华老子研究会会长邸振兴

2004 年 10 月 28 日

目录

1

目录

老子为道

4

只有科学而无哲学，是不能使我们免于浩劫和绝望的。科学给予我们的是知识，只有哲学才给予我们智慧。

——〔美〕威尔·杜兰特

引 子

老子是古老中国的哲学之父，继《易经》（经文部分）之后，又一次提出了"道"的命题。

关于老子的"道"，学术界有各种各样的争论，我认为"道"的概念和定义并不重要（那是专家的事），重要的是在日常生活中如何"为道"。老子当年为后世立言，绝不是说些与人生的关系若有若无的空道理，他也是一个有血有肉有情感的人，说的是人之常情和人之常道。哲学大师冯友兰先生曾经说过，人们在日常生活中常想、常说、常做的，常人不去追究它，当你去追问时，哲学便产生了。老子的"为道"也应该是这样。

在讲《老子》之前，先讲一个"引子"作为预习课，借此机会把我对《老子》的思考和感悟奉献给大家，互相交流，互相感受，再听听你们的意见。

三点个人心得

八年前，我曾写过关于老子的几本书，其中《道解菜根谭》、《淡泊人生——老子论道》等本子也流传到了台湾再版。多年来的积累和思考，仅有三点个人心得，并归纳成三句话：

1.《老子》第四十八章是涵盖其全部八十一章的"经中之经"、"道中之道"。

2.《老子》的"道中之道"是人之常道，《老子》的"上德"是如何"为道"。

3. 是道，非道，非非道；不立文字，道外别传。

所谓心得，只是一种用心去体验、领会时的"得"，难免有偏颇和盲点，希望得到专家的指点，也愿意与你们一起共同探讨。

"经中之经"、"道中之道"

　　《老子》共有八十一章。我们今天读的本子是"道篇"（前三十七章）在前，"德篇"（后四十四章）在后。自三国魏王弼注《老子》以后，便通行这种八十一章的版本，也叫"今本"。但帛书《老子》甲、乙本则相反，是"德篇"（第一至六十六）在前，"道篇"（六十七至一百一十二）在后。由于帛书残缺，只能作为参考，所以，我给你们讲的《老子》也只能是"今本"。

　　《老子》上篇开篇曰"道可道，非常道"，以"道"字打头，帛书乙本下篇篇末注有"道，二千四百廿六"字样。今名曰"道篇"，亦名为"道经"。下篇开篇曰："上德不德，是以有德"，以"德"字开篇，帛书乙本上篇篇末注有"德，三千册一"字样。今名为"德篇"，亦名为"德经"。

　　这样划分，似乎是上篇论"道"，下篇论"德"，其实，全书都在论"道"。我认为上篇是在论"道"的本体，下篇则是说"道"的运用。专家曾有界定，道为体，德为用。大德之用就是"为道"，为道的目的是达至"无为"，再升华到"无不为"（帛书为"无以为"）。

　　近两年，我每与人谈及《老子》都要表述我的体会，认为"道"的定义是专家们的事，对于我们来说并不重要，重要的是在日常生活中如何"为道"。

　　所以，我认为：《老子》第四十八章是涵盖其全部八十一章的"经中之经"、"道中之道"。

　　言其为"经中之经"，是因为《老子》又名《道德经》，属先秦诸子百家群经之列，道家群经之首。《道德经》第四十八章经文曰：

　　为学日益，为道日损，损之又损，以至于无为，无为而无不为。……

　　经文中讲到了"为道"和"无为"、"无不为"，似乎涵盖了《老子》全书的精华和本义。

　　佛教有《大般若经》"大典一函六百卷"，而其中有二百六十字将般若之精华尽摄其中，为"经中之经"，所以名为《心经》。

　　何谓"道中之道"？前面已谈过，老子说"道"的目的，并不是仅仅告诉后人懂得"道"是什么，而应该是教后人如何"为道"。论"道"、明"道"就是为了"为道"，而不是坐而论道。不会"为道"，只会论"道"，"道"就变成了雾里看花、水中捞月的"非常道"——非人之常道。

人之常情与人之常道

老子如何教我们"为道"？从经文字面上看，一目了然，就是"日损"，"损之又损"。第四十二章又云："损之而益，益之而损。"真的一个"损"字了得吗？在我们的生活中，似乎很少提到这个"损"字，"损"字几乎是一个贬义词。

外国人说，中国人见面问候的第一句话就是"吃饭了吗"，这也许是中国的传统。古人云："开门七件事，柴米油盐酱醋茶。"每天开门以后的七件事都是为了一个"吃"字，从早忙到晚，是一个"吃"字。所谓"做吃"，就是做了吃，吃了做。人一生忙忙碌碌似乎只是为了吃，不是有一句古语能够佐证吗？这句古语是"民以食为天"。人生又岂是一个"吃"字了得？

其实，"吃"就是为道，婴儿出生后第一要务就是吃，长大了还是忙于如何吃得饱，吃得好。而且人活到老，学到老，待到老时，又只剩下一个"吃"字。老人（或病人）不行了，医生和亲朋嘱咐：他想吃什么，尽量满足他的心愿吧。此时的"吃"也只是一种心愿而已，想吃这吃那，平生吃过的全回忆起来了。即使儿女们千方百计做好了，又只能尝一点点，想多吃一点也变成了两代人的互相鼓励和安慰。

有人感到怀疑和不解而质问，你讲的这些和"为道"有什么关系呢？我要问："面对一位老人'吃'之常情，你为之感动了吗？你从中感受到一点道了吗？"老人想吃而不能多吃，想吃是对活着的珍视和留恋，不能多吃也是一种人之常情。正因为是人之常情，老人们的要求再苛刻也不为过，也没有人去抱怨，反而千方百计想让他多吃一点。哪怕是一点点，那都是一种宽慰。这种期盼中的宽慰，不正是人世间最本原的孝道吗？

现在的年轻人，用上个世纪的话说，"生在新时代，长在红旗下"，是蜜罐里泡大的。我讲的这种情景也许他们从未经历过，不过没有关系，只要有一份对父母淳朴的孝心，对他人有一种真情，那种情景是可以想象得到的。我是过来人，这种情景已经切身感受过好几次了。人在那种情境之中，平时的欲念、杂念，乃至怨恨、芥蒂，几乎统统抛到了脑后，化为乌有，剩下的唯有那种"人之常情"——生命对生命的互相安慰和依恋。其他杂念都到哪里去了？损掉了呀。怎么损的？大家都在"为道"呀，"人之常情"中见到"人之常道"了呀。当你走进老人的病房里，感受到的是一种情绪的凝结、气氛的纯真。你感觉到这种情绪里凝固的是什么了吗？是人之常情。你明白这种气氛中的纯真是什么吗？是人之常道呀。

原来，人人都在"道"中，时时都在"为道"。老子"为道"，正是百姓的为人之常道。只有人之常道才能见人之常情，也只有人之常情才能见人之常道。这个常道不是用语言说出来的，而是做（为）出来的。所以，《老子》开卷便说："道可道，非常道。"如果"道"仅仅是说说而已，便不是人之常道了。那种只说不做的"道"中没有真情，没有人之常情呀！所以郭店竹简《性自命出》云："道始于情。"

是道，非道，非非道。

《金刚经》中有一句经文，曰："如来所说法，皆不可取，不可说，非法，非非法。"

其实，"法"、"道"、"易"与"禅"，都是表示自然的本体。荀子说："天下无二道，圣人无两心。"所以，根据上段经文，也可以如是说：老子所说道，皆不可取，不可说，非道，非非道。

如何解释呢？我从来不喜欢玩概念游戏，也不善于下定义，只是乐于在生活中找现成的答案。这里不妨找一个现成的例子试试。

去年看了世界女排锦标赛，中国女排在日本飞来飞去，打了十一场球，赢了十一场球，拿了世锦赛的冠军。都说老女排的精神又回来了。什么是老女排精神？谁下个标准定义给我看看？我这可是"己所不欲，欲施于人"了。其实又不难，借用一下上面的语言公式吧：

是精神，非精神，非非精神。

都说中国老女排有一种精神在，但这种精神又不是实体，无形，无色，无味（非）。万事万物中，无形、无色、无味的东西，并不能因为看不见、摸不着就一概否定，实际上它又是存在的（非非）。

再如上文讲到的"人之常情"和"人之常道"，是不是也可以这样说：

是情，非情，非非情。

是道，非道，非非道。

人们经常感到有一种真情在，但又看不见、摸不着。然而这种人间真情又常常存在于我们的生活中、感受中，无时无刻不影响着我们的生活和思维。

我们都不会否定"情"的存在，那么，我们也就无法否认"道"的存在。

这里再讲三件事。第一件事是在明代的徽州，一强人要杀害一位老者，老

老子为道

4

者的儿子冲了上去，要替父亲死，请求强人放了年迈的父亲。而老者却喝令儿子赶快走开，求强人不要伤害了他的儿子。做儿子的却跪着求死，大声说："你快动手啊，放了我父亲，杀了我吧。"此时，强人手里的刀慢慢地垂下去了，转身向村外走去。是父慈子孝的"情"和"道"战胜了"邪"和"恶"。

第二件事是在西安事变之后，杨虎城将军要去美国定居，到机场送行的人群中有一位少女，她是将军属下一位将领的女儿，刚从美国留学回来。她不是来送行的，而是想趁机刺杀将军的。她的父亲因违犯军纪，被杨虎城将军依法处置了。国民党特务利用她为父报仇心切的心理，为她刺杀杨将军做了精心的设计。但是，当她面对将军那慈祥宽厚的长者风度和一种为了民族利益不顾个人安危的胸怀时，伸进包里掏枪的手缩回去了。

第三件事是在 1987 年，邓小平访问美国，在一次文艺晚会结束时，邓小平走上舞台，亲吻了好几个儿童演员，在场许多人都感动得流下了眼泪。一个历来敌视中国的美国议员，面对此情此景，说："我们输了。"一份尊老爱幼的"情"，竟然有"不战而屈人之兵"的震撼力。

上述三个故事都在说明：人之常情便是真情，"常"和"真"中便能见到人之常道。所以说：是道，非道，非非道。

老子为道

第一讲　为道"三段论"

——为学——为道——无为

1　为道模仿阶段——为学

铅笔与橡皮

老子在两千多年前讲"为学日益，为道日损"，今天听起来觉得不好理解。我想，如果让今天的小学生、中学生去对老子说："老子太祖，我给您发个E-mail好吗？"老子一听，说："嗨，看这些娃娃说话，玄之又玄。"

不过，有一位伟人可以与老子直接对话。他就是邓小平先生。有一次，他在上海南京路一个百货商场为孙子们买了两打铅笔、两盒橡皮，并向营业员解释说："铅笔是让孩子们好好学习的，橡皮是让他们改错的。"如果老子听了这句话，肯定会说："说得好哇，我说的'为学日益，为道日损'就是这个意思。"

以上的故事中，邓小平先生用铅笔和橡皮同时说明了"为学日益，为道日损"的道理。下面，我想再用一个小故事专题说明"为学"。这则故事是《参考消息》引自西班牙都市生活网站的，我原文照读给你们听听。

一天，英国一个名叫弗莱明的贫苦农夫正在田地里干活。忽然，附近沼泽里传来了呼救声，农夫赶忙放下手中的农具奔向沼泽地。只见一个小孩正在泥潭中挣扎，淤泥已没到他的腰部。农夫奋不顾身地救起了小孩。

第二天，一辆豪华小汽车停在了这个农夫劳作的田边，一位风度优雅的英国贵族下车后，自我介绍说是被救小孩的父亲，他是亲自前来致谢的。农夫说，这件事不足挂齿。

贵族说："我想用一笔酬金来报答你，你救了我孩子的命。"农夫回答说："我不要报答，我不能因为做了一点事情就接受酬金。这是我应该做的。"

这时候，农夫的儿子刚好走出家门。"这是你的儿子吗？"贵族说，"我给你提一个建议，让我把你儿子带走，我要给他提供最好的教育。如果他像他的父母，他一定能成为令你骄傲的男子汉。"农夫同意了。

9

时光飞快地流逝，农夫的儿子从医学院毕业后，成为了享誉世界的医生。

数年以后，贵族的儿子因肺炎病倒了，经过注射青霉素，他的身体得到了痊愈。

那个英国贵族名叫伦道夫·丘吉尔，他的儿子便是在二战期间担任英国首相，领导英国人民战胜了纳粹德国的温斯顿·丘吉尔。农夫的儿子就是青霉素的发明者亚历山大·弗莱明。

这件"不足挂齿"的事情改变了世界历史。

也许你们会说，刚才讲的第一个故事中，一位是圣人，一位是伟人，圣人与伟人当然可以直接对话！其实，圣人和伟人才是最平常的人。我在"引子"中讲的"人之常情"、"人之常道"，这些都在日常生活中，在人与人的平常情感中。当年老子告诫后世"为学日益，为道日损"，今天邓小平教育后代"好好学习"、"错了就改"，都是上对下的关爱。圣人是这样，伟人是这样，百姓也是这样，天下父母也都是这样。所以，邓小平还有一句名言"从娃娃开始抓起"，说明"为学"从娃娃时起就开始了。古人云："少壮不努力，老大徒伤悲。""活到老，学到老。"我想，老子是"学"老的吧，听说他出生时就白了胡须，难道他是从胎儿起就在"为学"？你们信吗？我信。

地球"聚声器"

为学的"学"字，大家都很熟悉，繁体的"学"字写作"學"，像一个学子戴上了皇冠，也可以看作戴上了一顶博士帽。一个人必须通过学习（广义的学习），才能使自己的智慧得到升华。这个"皇冠"、"博士帽"，就是智慧的光环。

古代的《礼记》里有专门论述学习的。《论语》以"学而时习之"开篇，专门讲到"好学"、"好知"。特别值得一提的是《荀子》和《吕氏春秋》，这两部书都有《劝学篇》。唐宋八大家之一的韩愈，写了《师说》和《进学解》，另有西方的哲学家培根的《论学习》、坦普尔的《论古今之学问》、赫尔岑的《论学习》、庞德的《读书入门》、高尔基的《我怎样读书》和《我怎样学习写作》，还有毛泽东关于学习的讲话，等等。

如果再加上亿万的教师在课堂上教诲、训导，再加上天下的父母对孩子们的嘱咐，我估计，他们的声音如果同时发出，那简直能把"地球的耳朵"震聋，会使地球顷刻间不知道自己是在顺时针转动还是在逆时针转动。如果能发明一种像聚光灯那样的"聚声器"向太空发送声音的话，我想连外星人也会为之震动。

也不需花那么多的人力物力去寻找外星人，就这一项就能使外星人认为"地球人在干吗？老是在'学习'、'学习'"。的确，地球人天天在学，"好好学习，天天向上"这句话已不仅是对孩子们说的了，如今的很多中国人都回到了好学的童年时代。

催生学习的"激素"

在学别人的同时，我们也要回过头来看看自己，看看我们身边的事，看看发生在我们自己身上的事，这样就可以发现新的问题。"人只有发现了新的问题，我们的脑细胞才能激活。"这是西方一位心理学家说的。如果每天想一个新问题，发现一种奇怪的东西，那你的脑细胞会日益活跃起来，140亿个脑细胞中不知有多少会沉浸在兴奋中。这样你的激情来了，随之成效也来了，精神也集中了。有人讲课、作报告，下面人打瞌睡，无精打采；有的人作报告、讲课，下面人笑声不断，掌声不断。这是什么原因呢？这就看讲课的人能不能讲出激情，能不能激发听者的兴奋点，如果不能产生这种"激素"，那么他的演讲是失败的。这也许是我们真正值得学的东西。

与人交往也是如此，你没有新的构思、创想和新的见解，你就很难得到别人的青睐和关注。现在网络为我们提供了方便，我向海内外几位专家学者请教，与同仁们交流，常常是将自己最新的文稿（包括日常诗作和笔谈）贴上去互相传阅、评论、畅谈，乃至和对，别有一番情趣，使生活变得更丰富多彩。这里不妨引录一段奉献给大家。

海棠红（七律）
——赋赠王树人教授

序：甲申年海棠红时，我与女、儿来西山远郊拜访王树人教授。教授是中国社科院研究生院博导；教授夫人、著名的心理学家喻柏林教授与"古稀"相悖，去了另一个世界（王教授与夫人合著的《传统智慧再发现》上、下册，既是学者案上的骄傲，也是年轻人寻根的思考）；教授的女儿远在德国。教授只身独院，小楼一幢，练书法，著书，自得其乐。这里是经典图书的宝库，又是书法艺术的豪展。我说："你这种文化享受太奢侈了吧。"教授豪爽地笑着说："要说我的奢侈，是一个人占了楼上、楼下的三个卫生间。"说完又是一阵朗朗大笑。

院内，几根柳条在阳台边轻拂，两株翠竹在花丛中并立，更有门前一树红红的海棠，让教授乐不自禁，反复说道："咬之则酸，闻之则香。"并以海棠待客，临行又以海棠相赠。于是赋海棠七律一首，敬赠教授。归来细品教授生活情趣，似有感悟，似禅？是道？或易？教授豪爽朗朗的笑语时犹在耳，是笑声逗得海棠红？

> 西山美景万绿中，小院书楼海棠红。
>
> 无言更赏阳台景，有兴独听柳叶风。
>
> 挥毫纸走行楷草，著述文积德言功。
>
> 有朋自远来天半，谈笑点评任西东。

注：天半即半天。

殷　屺
2004 年 7 月 15 日凌晨于北京

模仿是学习的开端

我们今天的学习，是读古人的书，学别人的知识，孩子向老师学，老师向他的老师学。而古人没有书本，向谁学？向天学，向地学，向大自然学，向动植物学。伏羲画八卦，"仰则观象于天，俯则观法于地，观鸟兽之文与地之宜，近取诸身，远取诸物，于是始作八卦，以通神明之德，以类万物之情"，八卦是这样画出来的。仓颉造字，也是观鸟兽之变；尧作围棋，也是观天象，观星辰；

华佗作五禽戏，也是模仿五种动物的习性和动作。

中国的汉字是最有趣的。在世界文字中，仍保留有原始象形符号的，唯有汉字。所谓象形，象者，像也。象即为客观存在，像则为主观模仿，模仿就是学习的开始。就说这个"习"字吧，繁体写"習"。上部为"羽"，甲骨文写作彐，像两根羽毛；下部为"白"，甲骨文写作θ，像一粒白米，中间像米纹。古代朝祭时，献上的"稻曰白，黍曰黑"。当初先民不知道稻谷（野生态）为何物，见鸟啄稻谷，吐壳吃米，于是也学会种稻吃米了。后来，人们为了纪念这件事，祭天时不忘装一碗白米，上面插上两根鸟的羽毛，以供奉上天。道教借用了这种形式，甚至在白米上插上符咒之类的纸签。这说明先民们模仿自然、注重学习的观念一直在传承。今天的许多高科技发明，当初都是从动植物模仿来的，日后还要模仿下去。

原来古人的学与现代人的学大不相同。他们不是从小学上起，而是一开始就上大学，以天地为课堂（大教室），以大自然为师（大老师），他们的言论和著作成了后世人的经典。人类几千年来，仍然以他们的经典为教材，常释常新。

我们仔细想想，古代人的学习风气比现代人要蓬勃得多。现在我们离开自然了，字义是引申义，离当初构造字的本义越来越远。学生整天捧着书本，要背诵，要分析，还要考试，考试不及格不能升级，甚至失去再学习的机会。古人不是这么回事，古人比我们自由得多，潇洒得多，而且学得要实在得多。

你看古人的东西，读起来，感觉是那么的美妙，又那样有生命力。为什么？几千年来为什么还有这么大的魅力？最近，美国前国务卿基辛格博士以"元老政治家"的身份，奉劝西方的当权者应该学习中国人的古典智慧，这又给我们的古代经典蒙上了一层神秘的面纱。

学习也是多元的

也许老子预测到了后世学习的方式会改变，所以强调"为学"。但我们讲为学，仅仅把孔子曰、韩愈云、高尔基说……这么数一遍，抄一通，不知要抄到什么时候才能抄完。如果把古今中外专门论述学习的文章、片段收集起来，汇集成本的话，我估计一个人几辈子也读不完，太多了，浩如烟海。其实，为学包括三个方面：一是自学，二是治学，三是学问。自学是个永恒的话题，这里不再赘述，只讲讲治学与学问。

治学是一个很高的层次。现在凡是学者、专家、科学家……都是治学。治学的特点，第一是"专"。

荀子说："眼睛不同时看两处，才看得分明；耳朵不同时听两处，才听得清晰。蛇没有脚，可是能够修行飞上天；鼠类有五种技能，终于逃不脱地穴的困窘。"

荀子用这些形象的比喻，说明"学贵以专"、"术业有专攻"的道理。"为道日损"，就是要损去与学科、专业无关的东西，集中精力，以成就毕生的学业，也就是我们常讲的聚精会神。

治学的另一个特点是"严谨"。无论是哲学家、历史学家、文学家，还是科学家，他们都不轻易把自己的学问向外卖弄或张扬。为什么呢？因为"文无第一，武无第二"。比如，历史学家必须依靠历史考证的依据，科学家必须有实验的结果作为证明。专家、学者的治学是严谨的、严肃的。

第三个特点是道德情操高尚。凡是学者，如果他的道德情操有问题的话，是得不到社会认可的。有许多学者和专家，宁肯牺牲自己的生命，都不愿意在道德情操上有所损毁，不然他的学问得不到世人的认可。

学术成果再大，假如道德情操有大毛病，那他的学术也跟着会倒。我想从古至今，从东方到西方，大凡著名的专家学者首先是道德情操高尚者。这些例子太多了，这里不一一列举。

学问呈螺旋状

治学有了一定成果时就是学问。学问这个词看起来很大，像"你这个人真有学问，真了不起"，实际上是很平常的一件事。为什么呢？学问，学问，它并不是"生而知之"，而是"学而知之"，甚至于是"问而知之"。这个学是问来的，是不耻下问，就像好多人为了学到知识，只要有谁懂得多一点，就向他学习，向他请教，"不耻下问"，这样才有"学问"。

凡是有大学问的人，总是很谦虚的。为什么呢？他想多学一点东西。你知道"一"我就向你学"一"，他知道"二"我就向他学"二"，有人知道"三"我就向他学"三"，这样他的知识就积累起来了。

于是"一生二，二生三，三生万物"。回头一看，不学习的人知道的只是一，只是二，或者只知道三，而勤学者却知万物了，这就是学问的结晶。

当然也要会问，不耻下问，问了以后还要会生，不会生也不行，生就是"为道"。"一"能不能生"二"，"二"能不能生"三"，"三"能不能生万物，能不能"负阴而抱阳"，能不能"冲气以为和"，这不是一般层次的学和问。

这次我讲老子为道，要从学习说起。人们的智慧从哪里来？关键在于你的学习能不能"道生一，一生二，二生三，三生万物"。当你的学问呈螺旋状时，你就能够得到老子为道的智慧了，老子为道的智慧就是大自然的智慧，是从自然规律中学来的。

2 为道修炼阶段——为道

线条——纹——道

大自然的智慧又是什么呢？老子称之为"道"，所以，要想学习大自然的智慧，还要"为道"。那么，何谓"为道"呢？我们先看看"道"字。

"道"的甲骨文为𦙪，两边写作彳亍，从行，中间从首，从手（又），表示用手指示方向并走在前面的人为首领（头领、头头）。本义指道路的意思，也有引导的意思。古代地上本没有路，走的人多了就成了路。谁开辟了一条生存之路，谁就是头领，甚至可以做部落的首领。如果把原始生态比作一张白纸，那么大地上新踩出来的路就像白纸上一道道线条，这种人为的线条，叫做"道"。而天上的云彩，水面的波纹，植物的脉络，石的纹理，树的年轮，动物、人类的各种肤纹，则是一种自然形成的线条，这种线条叫做"纹"。俗话说"石有纹理山有脉"，"纹"和"道"都是线条，那么"纹理"、"道理"，就是各种线条的组合。"纹"还可以延伸，当各种自然的线条（纹）被人们模仿，组合成符号、图形、图案、文字时，自然的"纹"，便成了人为化、人格化、艺术化的"文化"。当各种"被文化"了的符号、图形、文字运用到彩陶、铜器、铁器、服饰上，或者表示人的思维（记事、会意、传递信息）时，人们的生活、生产和社会形态就会发生越来越大的变化，于是，蒙昧和野蛮得到了开化，文明产生了。而与文明的产生相伴相随的，是人们开始明白道理，讲道理了。这是一条有趣的人生之路，原来人类的文明就是这样在漫漫的原始草创中萌生的。再回头归纳一下，文明的背景，原来是自然的"纹"和"道"（都是线条）。

其实，今天的审美仍然从线条出发，连人体的美，也是先看线条美。线条美是形而下的美，那么评价人格的道理就是形而上的美了。能不能这么理解？请你评论，如果我说错了，打我的"香板"。禅师坐禅时，不守规矩者要挨香板。挨一香板后，心里就不敢胡思乱想了，也不敢胡说八道了。

"易"与"道"

"道"最早出现在《易经》里面，《易经》里有天道、地道、人道、乾道、坤道、神道、君道、臣道、柔道……可能日本的柔道也是由此而来的。老子的《道德经》里面讲："道可道，非常道。""道生一，一生二，二生三，三生万物。"《易经》里面讲："一阴一阳之谓道。"这些道的意思都很抽象。

有这么一位杜而乐先生，他研究《易经》时不由得想起了老子的《道德经》，把"道"和"易"这两个字联系起来，把这两本经联系起来。是怎么联系的呢？他说：

易有兑卦，老子有"塞其兑，闭其门，终生不堇；启其闷，济其事，终生不救"；

易有丰卦，老子有"修之于邦，其德乃丰"；

易有损、益之卦，老子有"为学日益，为道日损"，"故物或损之而益，或益之而损"；

易有观卦，老子有"以身观身，以家观家，以乡观乡，以邦观邦"；

易有家人卦，老子有"修之于家，其德乃余"；

易有涣卦，老子有"涣兮若冰之将释"；

易有豫卦，老子有"豫若冬涉川"；

易有大壮卦，老子有"物壮则老"；

易有明夷卦，老子有"视之不见名曰夷"；

易有复卦，老子有"夫物芸芸，各复归其根。归根曰静，是谓复命"；

易有无妄卦，老子有"不知常，妄作凶"；

易有离卦，老子有"载营魄抱一，能无离乎"，"常德不离，复归于婴儿"；

易有师卦，老子有"师之所处，荆棘生焉"，"故善人者，不善人之师"；

易有大畜卦、小畜卦，老子有"道生之，德畜之"，"生之畜之，生而不有"；

易有随卦，老子有"故物或行或随"；

易有泰卦，老子有"是以圣人去甚，去奢，去泰"。

这位老先生还真细心，闲来无事，就把《易经》和《道德经》这么一比较，竟发现老子跟着《易经》走，《易经》有什么卦，他跟着讲什么道理。这些为学、为道的方法，给我们提供了新的借鉴。

"道"与"路"

以上说明易和道有相通之处，到底有哪些相通之处呢？主要还是说道。关于道，有许许多多的说法。它的本意是指道路，由道路引申为"理"。理是什么呢？用一句通俗的话说，叫"大路朝天，各走一边"，这也是一种理，这是同道者的理（规则）。大家都讲这个理，也就通了，一旦通了也就得道了，这都是引申而来的。在《易经》和《道德经》、《论语》、《尚书》……这些古代经典里面，反复出现"道"字，《易经》里面有道、德，但道和德没有连起来用，老子专门论述道和德，全书分为"道篇"和"德篇"。"道"字在许多经典里面，含义是多种多样的，也是丰富多彩的，有道路、方法、本性、精神、道理、理念、规律等等，有的把"道"称之为宇宙的本体。这些都是抽象的概念。

讲"为学"的时候好像是在戏说，讲到"道"时我们必须规规矩矩来讲，不要去戏说。因为是"道"嘛，你随便说的话，老祖宗肯定会棒喝我们的。

这里首先讲"道路"。实际上"道路"的"道"是从甲骨文的字形上分辨的，前面已经讲了。以后引用到"天道"、"地道"，其实它的本意并不是讲"道理"，不是理，而是讲"道路"的"道"。我们如果追根溯源的话，那话又长了，我们这里只是简略地说一下。

英国的李约瑟博士在研究中国古代文化时提出一个问题：中国科技水平历史起步最早，特别是四大发明打开了西方中世纪黑暗时代的大门，但为什么近代科学技术没有在中国产生，而是产生在西方？他带着这么大的一个课题到中国来考察，来找原因，结果还是没有得到满意的答案。再说这个课题太大了，任何人也难以说清。我想这是一个很大的历史问题，但我们要感谢李约瑟先生，他这么关心我们中国的问题，把中国的问题带向了世界。其实问题里面有道理，大问题也就有大道理。

"道"与"规则"

李约瑟对"道"是这么理解的："儒家认为宇宙（天）以道德为经纬。他们所谓'道'，主要的意思是指人世社会里理想的境界。这个意思在他们对于精神世界及对于知识的态度昭示明显。他们固然没有将个人与社会分开，也未曾将社会的人与整个的自然界分开，可是他们素来的主张是研究人类的，唯一正当的对象是人的本身。"他还认为老子的"道"在某种意义上，其"整个思想就是力场的思想"。《易传》里面也讲"一阴一阳之谓道"，意思是太阳朝出夕落，巡行于阴界与阳界，造成白昼与黑夜的交替，所以阴阳互相转化和相互依存的哲理，首先来自于永恒运行不息的太阳的启示。这种启示又得出一种规则，这种规则被称为"道"。所以道又称为一种规则。

《老子》第四十章里面讲："反者道之动，弱者道之用。"这里讲反者与弱者，而不是讲反者与正者。反者道之动和用应该是一回事，体是静的，用是动的，一用就应该动起来，行动起来才能用啊。它的意思是：太阳的运行法则是先上升后下降。这是古代先民的思维吧，这里的道似乎给人更抽象的感觉。它是一种神话思维吗？

老子又讲："天下有始，以为天下母。"所指之母，实际上是老子讲的"玄牝，以为道，当作谷神"，是一种母性的道。郭沫若先生把《易经》中的阴阳视为男性和女性的区别，他也主张"道"有这么一层意思。什么是玄牝？有人认为玄牝是女性生殖器，谷神的象征就是生殖神道。所以说郭沫若的观点很独特，他讲阳爻表示男性生殖器，阴爻表示女性生殖器，似乎也能自成一说。但也有人不认同他的观点，不过"道"里面有这种说法要生动一点。不认同的说法是我们中国古代的祖先对于生殖器的崇拜或性崇拜不是那么强烈，他们没有把它作为一个图腾，不像西方这方面的崇拜很明显。西方人在好多公共场所都把男女的生殖器做成雕像来显示一种美和健，显示一个民族文化的特色，作为一种图腾，作为一种崇拜。既然中国古代不是那么明显，当时阴阳符号的产生怎么以这个为依据呢？这是学术界的一种质疑。

"道"与"创生"

《老子》中最著名的名言是："道生一，一生二，二生三，三生万物。""道生之，德畜之，物形之，势成之……"这说明"道"有一个特别的功能，也是玄牝或万物之母的独特禀赋，人类的繁衍离不开玄牝，其为万物之母，道也是万物之母。古代有一个关于老子诞生的神奇故事。当太阳刚刚要升起的时候，老子的母亲玉女手捧着李树，对着太阳凝思良久。当太阳渐渐变小的时候，突然从天上坠落，化为流星，如五色珠飞到她的嘴里。这时玉女捧而吞之，于是她就怀孕了。

八十一年后玉女忽然觉得右腋裂开了，生下一个男婴。男婴生下来以后行了九步，像一个很成熟的幼儿。这么一个婴儿就显得这么老（成熟），母亲惊叫一声："啊！我的老子呀！"其实她的本意是"我的儿子呀"。所以称之为"老子"。这当然是一种传说，但不能说它一点来历也没有，它其实来源于古代的创生说。

老子讲"道生一，一生二，二生三，三生万物"，为什么不能生自己呢？他觉得自己就是这么生下来的，你怎么不相信呢？他不就是这么生下来的吗？他就是这么明明白白地告诉大家，道就是一个创生的概念。他的意思是说，人类万物都是按照自然规律而生的，道就是规律。

"道"与"水"

"道"还有水的禀性，老子说"上善若水"，最大的善就像水的特性那样。水有哪些特性呢？它的特性永远是向下的，表示谦卑，不为天下先。正因为如此，所以它力大无比，所向披靡，什么东西也挡不住。它的向下又是一种谦恭，越谦恭越受人敬仰，越显出更有力量。另外，水是柔的，任何一种容器都能装它，它的韧性特别强，适应性特别强。

关于水的适应性，我觉得人要效法天的话，那么也要效法水，效法它的适应性。

实际上每一个人都是一个圈子，就看你圈子的大小了。如果一个人能适应

各种环境，那么他的生存圈子就大；一个人能适应各种性格的人，那么他的人际圈子就大；一个人能适应各种业务，那么他的求职圈子就大；一个人能适应各种变化，那么他的成功圈子就大。这样一看，圈子的大小有没有区别呢？区别非常大。圈子小的人钻进了别人的大圈子，圈子大的人套住了别人的小圈子，就是这么回事。但也别忘了我们都在别人的圈子之内，你跳出这个圈子又跳入另外一个圈子，没有一个圈子便不能生存，这是圈子问题。水的旋涡就是水圈，所以人的生活圈也是一个生态圈，这就是适者生存，人在自己的生活圈里面生活也是一种道。所谓人生，就是走出一条道路，寻找一种路子。

把握人生"道"路的"底线"

我再回到"为道"这个词上来，这个"为"实际上就是求道、修道的意思。难道我们每个人没有自己的道吗？还要去求，向何处求？还要去修，向何处修呢？我们既然要为道，就要搞清楚"道"的意思，我们必须多问几个为什么，不然我们就不知怎么"为"，问题都没搞清楚怎么去为道、学道，怎么去修道？我个人觉得这个"道"，应该从它的本义"道路"上来理解，去推想怎么去为，怎么去求，怎么去修，怎么才能得，必须从它的本义"道路"上去开拓，去找它的根。

怎么找呢？每个人都有自己的道路，每个人所走的道路都是不相同的。有这么一句话："一个人不能两次跳入同一条河里。"为什么呢？我刚刚跳进这条河，马上上岸以后，擦擦身子，活动活动，又跳进这条河，这还是同一条河吗？不是，哲学家认为，这条河已经发生变化了，你上岸的时候水和泥沙都在不断地流淌，时间也在流逝，地球运转的轨道也在移动，只是你凭肉眼感觉不到罢了。所以说，你跳进的不是刚才那条河了，这就是一种思辨。河变化，水流淌，河底的沙也在变化，时时刻刻、分分秒秒都在变化，这就是佛教里面讲的观法无我，什么都是无常的，是"道可道，非常道"，没有恒常不变的事物，道就是这个意思。

我们寻找这个道，打个比方，我们每一个人要想走正道的话，这个道必须有两条线，两条线的中间才是道。什么线呢？这边一条线是道德，那么另一条线就是法律了，这两条线中间才是你能任意驰骋的道，你只有走这条道才合于理，才能走得通。也许你会认为这两条线是孙悟空的"紧箍圈"，其实，两条线中间的道才是大道，是宽广的大道。反之，如果逾越了这两条线，就会翻车，就有危险。

而两条纵线中间又有横线，人生中间有许许多多的横线，这就是人生旅途中的阶段。每一个阶段都有个底线，各个时期该怎么作为是有定数的。在非常

这还是那条河吗？

困难的时候，要安贫乐道；在很得意的时候，要"居上位而不骄"；在忧烦时，要"在下位而不忧"……我们要不断把握自己的底线。时代在发展，你的人生在不断往前，你就得不断地把握底线。有了这些底线，你的步子才能迈得稳，才不会跑偏。这就像生活社区里的汽车限速带，横在那里，其作用就是限制汽车的速度，防止车子在里面横冲直撞，危害别人的安全。人生道路中间的这些底线以及两边的两条纵线，必须自己把握好，如果跑偏的话，就后悔莫及了。所以我认为"道"就是这种基本的东西，是为人的准则，为道就是要守住为人的基本准则，走好脚下每一步路。

把持人生"道"路的"横线"

人在世上生存，是生活几十年就知足了吗？不是这样，人的欲望多得很。也就是人各有志，即人各有道。特别是志向远大的人，他不断地去求学，不断地去奋斗，去超越，通过学习来升华自己的人生，来拓宽自己的人生之道。这就离不开学，离不开"为学"。不通过学就能够升华自己人生的情况，还没听说过，所以学是为人的根本。

我们每一个人都应当把自己前面的路看好了，观照好了，像一些哲学家说的"自甘做人类的守夜人"。我们自己也要做自己的守夜人，做自己的修道工，自己给自己铺路、修路，靠别人不行，要靠自己。每一个人的生存之道必须靠自己，靠自己来把持。这个很重要，要把持住人生的两条纵线和人生的每一条底线，再通过不断跨越横线来升华自己。升华的动力就是"为学"，"为学"的最高境界就是"为道"，这就是道与普通知识的区别。"为道"不仅仅是学一些知识，不是学了这门知识、这门技术，就去混口饭吃，去养家糊口。这不是"为道"的境界，这太低俗了。

今年5月，四川有位文学硕士，也是一名开发大西北的志愿者，给我发来一封E-mail，说："很高兴读到了《易经的智慧》这部大作……我想请教一个问题：您在为人处世中常作何想？"

读到这封热情洋溢的信，我立即给他发去了如下的心里话：

您是很有主观意识的年轻人。所谓主观意识，就是有社会责任感，有民族自尊心和积极向上的主观努力。这是我处世为人的底线，有了这条底线就不会胡思乱想了。所以我常作如是想：是百姓应作百姓想，以百姓的安定为知足，否则会忽略"匹夫之责"；是正常人应作正常人想，正常人的思维应该以社会公德为准则，否则就会被邪迷所诱惑和利用（变得不正常）；是中国人应作中国人想，中国人应该以传统文化为根本，否则就会丧失自身已有的优势。

这里，我再把这三句话转奉给大家，以作共勉，也可以讨论。我们处世为人确实需要一条人生的底线，而且要时时守住这条底线。有了这条底线，顺境之中不飘浮，逆境之中不沉沦，它会像一条坚实的起跑线，始终使你感到踏实和自信。

所以，真正有志向的人，不会满足于互相攀比和养家糊口，他要向人生更高的境界去攀登。不像动物界，它们中最差的和最好的，优的和劣的，强者和弱者，它们之间的距离拉得不是那么大；但人的优劣的跨度拉得相当大，最明显的像宝塔尖和底座。这就是人生，一格为一道。在同等的教育里面，每一个人的基本素质也不同，优者是少数，劣者还是占多数，优者和劣者，他们是互相衬托的，但人的优劣、人的跨度拉得很大。

原因就在学与不学，在于"为学"和"为道"。如果仅仅是"为学"，就容易自满自大，想再向前迈也很困难了；如果能"为道"的话，那就无止境了，就能使自己的智慧得到更大的升华，就能超凡入圣。也就是说"为学"只能得到知识，提高你的智商，增强你的智力，而"为道"能使自己得到智慧，大智慧。区别就在这里。

用智慧之光照亮人生"道"路

前面讲的是求道、修道、得道，现在来讲为自己修道、铺道，探索好每一个道口。有人说："每一个人前面的路都是黑的。"为什么呢？人人都是从今天走向明天，从明天走向后天，从现在走向未来，但明天怎么样？谁都看不清楚，故说前面的路是黑的。但是有智慧的人，他有智慧之光，用智慧的火炬作为自己的路灯和路标，指引着自己的航向，他前面的路就是亮的。

智慧是从哪儿来的呢？是通过为学再通过为道得到的。明明前面的路是黑的，被智慧之光一照你就能看清楚你的明天、后天及未来会怎么样，从前半生能看后半生，从后半生能看到后代子孙。这就是智慧之光所发挥的作用。既然智慧之光有这么大的好处，我们为什么不想得到它？人人都想得到，但得之不易呀！所以为学以后还必须为道。

为道怎么为呢？这又是一连串的问题。最基本的一点就是先要为学，学是学知识，学做人，学了知识是为了用于做人，然后再上升到为道。为道就是刚才讲的，就是借智慧之光，把眼前的路看得清清楚楚。所以在贫困的时候，你才能"安贫乐道"；在很得意之时，你也能"居上位而不骄"，在忧烦（不得意）

之时，你也能"在下位而不忧"。可见，为道就是人生的修炼。人生在"道"中，得道者，得智慧也。

3 为道成熟阶段——无为

"无为"之法

下一个题目就是"无为"。这里的"无为"不是无所作为。无所作为是消极的，所以有人认为老子的东西是消极的。其实这是天大的冤枉，老子当初出关的时候能够留下这篇《道德经》，这五千言浓缩的精华就是"无为无不为"。由此又可引申为"无得而无不得"、"无求而无不求"，这多好啊！

一花开五叶

下面再引用一则经典阐明这种"无为法"。当初释迦牟尼佛在灵山大法会上拈花示众，下面的信众都不知是什么意思，不明白，唯有迦叶尊者破颜一笑。这就是心照不宣。佛祖说出来的就是经啊，佛经就是佛法，依法施教就是佛教，这些是说出来的。而心里想说而又无法用语言表达的是什么呢？那就是禅。佛心里想的他没法用语言去表达，即使表达出来了，你还是听不懂。用语言表达

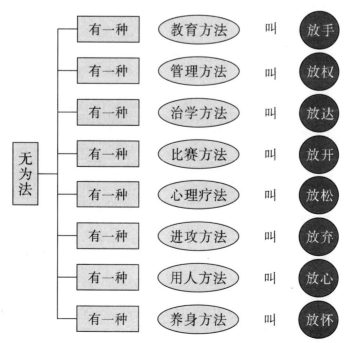

太有限，一说就错，说出来的是什么，不是什么，一说"是"与"非"就落在两边。只有心里会意，心里去悟道，这才是一种无为。只能意会，不能言传。迦叶尊者破颜一笑，佛就觉得好了，终于有人明白我的意思了，于是佛便将衣钵传给了迦叶尊者。然后告诫迦叶尊者："不立文字，教外别传。"意思是衣钵一代一代传下去。在印度单传到第二十八代达摩祖师时，达摩的师傅就预见到了，他说禅宗的衣钵在印度想找理想的传人已经很难了，佛教在印度已经开始衰退了，这里的文化已经没有土壤，你还是到东土去吧，中国的文化土壤很肥沃。你把佛祖的这枝花带到东土去，好好地培养它，在中国的土地上可以一花开五叶。

于是达摩带着衣钵和一个伟大的使命到了中国，在少林寺面壁九年。他面壁九年并不是没事干，而是在耐心地等待理想的传人。等了九年，终于等到二祖慧可，慧可接下衣钵后便一路南下，来到大别山区南麓的司空山和狮子山（位于今安徽省太湖县），在那里开辟道场，并寻找新的传人。于是，从僧璨、道信、弘忍，一直传到了中国的六祖慧能大师。六祖慧能将衣钵带到广东韶关，在那里开坛讲经说法，所以就有了《坛经》。当年释迦佛没有讲的经，现在有了，"一花开五叶，结果自然成"，五叶，就是五位祖师（从二祖到六祖），这"果"就是《坛经》。

"不立文字"，反而立得最多。现在凡是佛教方面的经也好，律也好，有关佛教方面的文章应数禅宗的最多。"教外别传"，结果教外热传，唯有禅宗文化能被教外弘扬，现在教外反而形成一种修禅的热潮。如今有现代禅、生活禅、安祥禅、日本禅、基督禅……这就是最大的无为而无不为啊。

大机大用

事后才可看出来是不是这个道理。当时佛祖如果讲了禅是什么，给禅下了一大堆概念的话，那禅现在也就没法去发展，无法去弘扬了。因为当年佛祖已经讲了是什么，哦，我们只能说是什么了，这样怎么去发展，怎么能发展出五家、七宗，怎么能有这么活泼的禅？所以像赵州和尚，人家问他："什么是佛？"和尚说："吃茶了吗？"答："没吃。"和尚说："吃茶去。"又来一个人问："什么是祖师西来意？"和尚还是说："你吃茶了吗？"答："吃了。"和尚还是说："你吃茶去。"吃了没吃，都叫吃茶去，就这么活泼。为什么呢？因他没有受到限制，没有是什么或不是什么这些框框，所以他的回答就这么活泼，这就是无为而无不为的禅机，大机大用。这就是佛的教育方法。所以，禅在中国能够弘扬，因为中国有知音，"道"和"禅"都是"无为法"。

我们再来看看《易经》。《易经》里面也没有讲是什么、不是什么，而是讲天、地、雷、风、水、火、山、泽，就讲这八种自然现象，而且用一个"阳爻"、一个"阴爻"两种非常简单的符号不断地去变化。因为它没有给你什么概念的东西，就这样无穷地变化。说它是哲学的，它就有哲学的道理；讲它是科学的，又有科学的奥秘；讲它是艺术的，它就是一门艺术，它有艺术的形象思维。有人说，《易经》是一个很大的载体，包罗万象，什么都可以装。为什么这样说呢？因为它是无为呀，它只有一个阳爻、一个阴爻，让你去变化，怎么变化都行。这就是无为而无不为的道理。

无　为

25

"有所为"与"有所不为"

生活中也有这种现象。像家长教育孩子时说，你只能这样，一定要这样做。一定要怎么样，不能怎么样，这些都是有为。这样孩子往往左也不是，右也不是；骄傲一点就是不谦虚，不礼貌；谦虚一点，又认为他没有自信心，没有魄力。这样就束缚了孩子的发展，使他的发展空间变小了。到最后，有的还会指责现在教育质量不行，老师不行。哈佛女孩刘亦婷，她的母亲对她的教育运用的就是一种无为的方式，你喜欢什么，你爱好什么，顺其喜好去发展。有的家长让孩子学了围棋以后，还要学英语，这还不行，还必须去学钢琴。这样孩子的自由和喜好都由父母"有为"了，限制了。我认为这并不好。

作为一个企业来说，也是这样。企业如果要无为而治的话，那会怎么样呢？比如老总对下面一个部门主管放权，他想怎么干，就让他去干，这就是无为，那么这个主管就会非常地主动，就能充分发挥积极性、创造性，就会将他的部门管理得非常好。这不就是无为而无不为吗？假如是一种有为的方法，今天给你指出这个，明天给你指出那个，一点小事就指三道四。那样，这个主管就非常被动了，他就没有积极性，他的创造性也没法发挥。他没有创造性，怎么能给公司创造效益呢？这还不是公司的损失吗？因为有为，最后导致无所为了。

所以说，企业管理者要学会有所为有所不为，而有所不为正是为了有所为。

随心所欲而不逾矩

求学上的"无为"又是怎样呢？我们在上小学的时候，必须有一个"小学生守则"；到了中学、大学以后，还要"小学生守则"吗？不需要了。他已不需要这些东西来规范他、约束他，他已经知道哪些事该做，哪些事不该做，这就是一种无为而无不为的境界。比如在小学时我们必须背乘法口诀，不然，乘法和除法就没法去计算，那时你只要接触乘法或除法的题目时，都得念乘法口诀。到了初中、高中、大学以后，还需要背口诀吗？你的计算能力已经到了一种"无为"的境界了，为什么无为了呀？你不需抱着乘法口诀了，大脑里面能随时本能地反应出口诀，这也是一种"无为"。

我们理解"无为"应是从"为学"到"为道"，再从"为道"到"无为"。这也是一种阶段，这些阶段绝对不是孤立的，不是我到了"为道"阶段就不需要"为学"了，到了"无为"的阶段就不需要"为道"了，"为学"、"为道"、"无为"是相辅相成的，是贯彻始终的。在"为学"的时候学得好，也在开始"为道"，同时也有"无为"的时候，只不过没有那么明显；在"为道"的时候，有时一面"为道"，一面还会在某一个问题上，或在某一个阶段、某一个时候，突然也会达到"无为"。但这个"无为"不是经常性的，不是贯彻始终的，不能打成一片，只是偶尔的，这是它与真正的"无为"的差别。如果真正到了"无为"阶段，那就是贯彻始终，打成了一片，是随心所欲而不逾矩，随心所欲都不会出差错。

功夫要打成一片

无论是什么修行，功夫必须打成一片，才能称之为功夫。道家讲的是炼丹，佛教讲修行，艺术家苦练书法、绘画、乐器，体育运动员苦练体育项目，这都是在修行功夫，这种功夫必须打成一片，能够贯彻始终，这样，才能说是达到了一种"无为"境界。

下围棋的运动员，他有状态好的时候和状态不好的时候，在状态好的时候他怎么下怎么赢，状态不好的时候怎么下都很难击败对方。这就是他没有达到那种"无为"境界。说明他"为学"、"为道"的功夫不能打成一片，不能持守永恒。这就是功夫的问题。"无为"阶段，功夫要相当深厚，要有非常深厚的功底。

吴清源被称为当代围棋泰斗，他十三岁到日本，在围棋界称霸那么多年，原因是什么？我们就谈两个例子，了解一下什么叫功夫打成一片。第一件事：吴清源的朋友看他不近女色，故意带他去舞厅，那里有好多年轻貌美的小姐请他跳舞、喝茶，可他的眼睛却盯着一位中年妇女的衣服，而对年轻貌美的小姐一点兴趣都没有。其他舞女不解，很生气，认为那么一位相貌平平的中年妇女，你对她有什么可感兴趣的呢？其实并非这么回事，因为那位中年妇女身上穿的衣服是大格子的，在吴清源眼里那就成了棋盘，他心里还在想着一步棋的变化。这说明他心里没有女色而只有棋。

第二件事：日本人喜欢看赛马，不知有多少人为之激动不已。有一天晚上，他的朋友也把他请去看赛马。比赛开始后，别人都在疯狂地看着赛马的场面，而他却望着天上的星星。他的朋友一看，便问，你怎么不看赛马而望着天上的星星呢？他却回答说：我正在想下一步棋该怎么下。他把天上的星星当作棋子了。

这就是功夫打成一片，这就是"无为"的境界。吴清源与一些围棋界的元老如木谷实、秀哉他们下棋，不按常规下，别人开头都是金角银边，边上、角上的棋是很重要的，他却下到中间"天元"。围棋不是讲"金角银边草肚皮"吗？而他却把第一步棋下到"草肚皮"里，结果他还是胜了。这就是"无为"的境界，功夫打成了一片。其他各行各业，无论你从事的是哪一个行业，理都是相通的。到了"无为"的境界你才能是无所不为。这就是"为学"、"为道"和"无为"三种境界。

第二讲 为道"损益法"

——日益——日损——无不为

1 为道的充实——日益

日半生，夜半生

老子说："为学日益，为道日损，损之又损，以至于无为，无为而无不为。"先讲第一个问题，"日益"中的第一个小标题"日半生，夜半生"。

下面这个表供你们参考，仔细对照，也许能拓宽我们对"日"这个时间概念的思维空间。

日	太阳绕银河系银心旋转一周	等于	2.5 亿年
	地球绕太阳公转一周	等于	365 天 5 时 48 分 46 秒
	月亮绕地球旋转一周	等于	27 日 7 时 43 分 11 秒
	地球自转一周	等于	23 小时 56 分
益	1 寸光阴	等于	1 寸金
	寸金	小于	寸光阴
	水滴	→	石穿
	积沙	→	成塔
	不日进	→	必日退

日，是指每一天，朝朝暮暮。我们人人都生活在每一天里，但对每一天的意义并非都能通晓，平时忽视的往往是每一天。而对前天和昨天，或是一种背叛和忘却，或是一种迷惑和执著；对今天不是无所谓，就是觉得很累；对明天和后天不是茫然，就是依托或是一种等待。所以有人说"不要迷恋昨天，不要虚度今天，更不要等待明天"。

古人曰："明日复明日，明日何其多。我生待明日，万事成蹉跎。"（《明日歌》）如果什么事都等到明天去做，那就一事无成了。所以每一天对每一个人的人生来说，不可小视。有句有名的谚语说："日半生，夜半生。"就是说人生之旅，白天一半，晚上一半。如果虚度了每一天的白天，就等于虚度了一生的光阴，因为另一半是用来睡大觉的。许多的美梦都是骗你的，醒过来后，你还是要向自己要饭吃。

前年，我在日记上记下了一段随想，我给你们念念：

有句俗话："早上栽树，晚上乘荫。"我看还是改成"中午乘荫"吧，晚上乘什么荫？中午不乘荫，到晚上才乘荫，不是"为时晚矣"吗？

日 益

难道古人说错了吗？其实并没有错。早上是指白天，太阳出来了，表示阳；晚上指太阳下山了，表示阴。一朝一暮，一昼一夜才是一整天。有阴无阳，有阳无阴，都不完整。人生是由几万个昼夜（阴阳）相续组合而成的，中间省略任何一个白天或黑夜，不是间断，而是死亡。

树也一样，它也有一定的生长周期，它的周期里同样无法省略任何一个白天或昼夜，同样需要一阴一阳循环往复才为道。有人急功近利，指望小树早上栽上了，晚上就能乘荫，其实是违背自然规律的。在自然规律中，每一个白天和黑夜，每一天的分分秒秒都不能省略，因为一阴一阳，乃万物生命之所系呀！

所以《易经·乾卦》中说："君子终日乾乾，与时偕行。""君子终日乾乾，夕惕若厉。"要与时偕行，就得终日乾乾，即终日勤勤，勤勤恳恳。而且要夕惕若厉，意思是晚上（夕）还要检讨自己（惕），还要检查今天是否做错了什么事，干了多少事，明天还要怎么样。所以，我曾经讲过这么一句话："天天有事做，月月有钱花，年年有进步。"我认为就应该这样，天天有事可做，就不怕月月没钱花，这样就有钱交电费，过日子，买书看，有钱去消费了。还要年年有进步，因为时代在前进，如果自身没有进步就跟不上时代的步伐，就会被淘汰。所以要"与时偕行"，要从天天做起，即看重每一天，日益就是每一天都要精进。有句流传最广的赠言"书山有路勤为径，学海无涯苦作舟"，就是这个意思，勤就是勤勤恳恳，终日乾乾。天道酬勤，天道奖酬的是勤劳的人。知识的海洋是无边无涯的，用苦作舟才可渡到彼岸。

警惕"假受益"

《荀子》说，只要诚心诚意地积累，功夫就能持久。功夫持久了，知识才能钻得进去，这是非常通俗的一个道理。我们对"益"的理解只凭这些还不行，还必须追求"真受益"，还要把"真受益"和"假受益"分清。

比如我们学了一大堆的知识，但这些知识对我们不但无益，反而会害了我们，这种事时有发生。学的时候还不太觉得，还认为我学到了好的知识，实际上在不知不觉中受到它的侵蚀，受到负面影响和迷惑。

我们每个人都体验过各种各样的"假受益"，在不知不觉中接受了这个东西。我们看录像、看光盘、看书的时候，有一些误导的东西，如果你接受了它，你的意识就被腐蚀了，变成了消极的东西，甚至本来有一种积极的东西也会被消极的东西转化了。所谓的"假受益"，也并不是有意地去接受它，而是无意的，并非有意跟自己过不去，想害自己。

三"正"与"真受益"

知识有正知识和邪知识之分，所以要"真受益"，必须有三点要做到。哪三点呢？一是"正知识"，二是"正思维"，三是"正享受"。这就表明必须要"正"，就是我们接受的知识是"正"的，"堂堂正正"的，也就是符合"自然法则"，符合"道德标准"，符合"社会公德"，符合"法律要求"，不伤害他人，也不会伤害自己。这就是一个标准，它反映的是事物的本来面目。这些都符合了，就是"正知识"。

我们经常强调要博览群书，但并不是让我们盲目地阅读，什么东西都去阅读。我们必须明辨是非，特别是年轻人要注意。现在从日本进口的一些游戏软件，严重地歪曲历史，违反科学，但许多中小学生迷上了其中刺激性的东西，盲目上瘾，结果都受害了。虽说文化不是禁锢的，但有些书它不是文化，而是文化的"渣滓"。

我们必须吸取精华抛弃糟粕，那些糟粕的东西，怎么能把它当作文化而奉若神明呢？这不是害人害己吗？所以我们要明辨是非，要有选择，选择精华，这就是接受"正知识"。这个必须认识清楚，不然把邪知、邪见都当"正知识"，那就是害人害己。结果污染了一大片，成了恶性循环。

第二个，必须有"正思维"。何谓思？古人说"思接千载"，思维有神通啊。孟子云："心之官则思。"冯友兰先生云："思，分析则细入毫芒。"程明道有诗云："心通天地有形外，思入风云变态中。"

你接受的东西，学到的知识，阅读的，听到的，请教的，老师讲的，自己观察的，这都是得到的知识，但必须是"正思维"。何为要有"正思维"呢？就是必须正确地去观察、分析、理解。不能老从反面的角度去看，别人讲的东西本来是很科学的，而你非要从狭隘处去钻牛角尖，这就不是正思维了。因为每一个东西都有其反的一面，即使是"科学的真理"也有负面的东西。如果老是从负面去追究，那样也得不到真受益，所以我们必须有"正思维"。

我以老子这句话举例，是想说明我们的思维方向、思维方式要符合原义，原义就是本原，本原在生活中。

《老子》云："智慧出，有大伪。"有研究《老子》的学者研究到这一章时，他害怕了。害怕什么？害怕"智慧"一词。不得了，智慧一出，就会产生伪诈了。其实，这种思维误解了老子的本义。帛书《老子》甲本不是"智慧"，而是"知快出案有大伪"。（知，古文通智）《说文》解释说："快，喜也。"也有人解其本义为心气畅行的意思。我有两种理解，一解为智出得太多太快，可能会乱人心性。如周瑜的一步三计就不及诸葛亮的三步一计。一步三计就是智谋出得太多太快太杂，结果无法沉淀，难以选择，难免会被假象所迷惑。另一种理解是根据王夫之的"阴阳向背"来的。阴与阳是向与背的关系，那么智与谋同样是向与背的关系。太阳出来照南墙，那么北墙就显现为阴冷，但这与太阳没关系，这是事物变化的规律。这两种理解都请你们批评指正。

第三点是"正享受"。得到知识便是一种享受，很高兴的事。那么正享受以什么为标准呢？当你获得某种知识，产生某种灵感和体验时，你的精神很充实，而不是感到空虚了，感到空虚那不是正享受。精神充实给人一种向上的感觉，不是一种沮丧的感觉、萎靡不振的感觉，这不是正享受。正享受，必须是进取心，为你的思想激发一种向上的自信。

另外还有一种宽容心，也是一种正享受。宽容心不会使你的心胸变狭窄，使你对这个不能接受，那个不能接受，使你受到心理折磨。那样只能给你一种难受而不是一种享受。正享受是有宽容心的，有了宽容心，跟人相处，与人交往，就经常看到别人的优点，不计较别人的缺点，对别人的短处也可以包容。

这样，你就能适应各种性格的人，你的人际圈子也会大，这不就是一种享受吗？无论走到何处你的人缘都好，这不是很快乐的事吗？

宽容心是一种标准，另外一个就是平常心了。有了平常心，在顺境中不贪图安逸，在逆境中不感到沮丧，也不消沉。假如得到知识后，你有了宽容心、平常心，那就是一种正享受。

正享受必须具有自己的精神充实，有进取心，有宽容心、平常心等特点。所以"真受益"的三个标准也就是"正知识、正思维、正享受"。真正的"真受益"，就是日益。

2　为道的超越——日损

什么是"损"

下面再来了解一下"日损"。这个"损"可能比"益"更难理解，知识要天天学，怎么还要天天损呢？举个简单的例子：一位学子初到北京的时候，才一床被子、一支笔、几本书，上了大学，后来在这里找了工作。成家后第一次搬家时，就会将以前的一些书和资料淘汰一批。搬进新家后，添置了老三大件：一个闹钟，一辆自行车，一台收音机。几年后再搬家时这三大件肯定不要了，因为有了新的三大件了：彩电、冰箱、洗衣机。再过几年这些又要被淘汰，连大电脑都不要了，变成笔记本式电脑了，就像在北京暂住的外国人搬家那样，一台电脑，一台打印机，叫上一辆小车，简简单单就安下了家。以前好多好多的资料，不用带了，它们全被装进了电脑里面。就是几个大箱子，里面的东西也很简单，而且很现代化。这种不断淘汰就是"损"。这种损是自然呢，还是一种不好的现象呢？我认为，这是一种自然的减损，而且是向好的方向发展。所谓"旧的不去，新的不来"，也就是《老子》说的"敝则新"。

在损的同时，有新的增益，这是在发展，在进步，是知识在更新。《大学》里有这么一句话："苟日新，日日新，又日新。"苟，如果之意。新有两层意思，如果我们今天有新的知识增长了，那么我天天都要去增长，增长了又增长，这就是"日益"的意思。实际上，新又有损的意思，什么是损呢？自心反省，检讨，这就是损，就像洗脸、洗涤一样，洗掉旧的、不良的习气，涤除一些杂物、贪欲，这不就是损吗？你不把这些不好的东西涤除掉、冲洗掉，不去反省检讨，那么怎能得到一个新呢？又怎么能使自己面目一新，使新的精神风貌体现出来呢？如果不涤除旧的、不好的东西，就会萎靡不振，很庸俗的，那就谈不上新了。

怎么做才是会"损"

如果你想"新"想"益"，那么首先就要会"损"，要会"损"，要持之以恒地"损"。这个"损"就是反省自己，改正自己的过错，检讨自己的毛病，涤除自己的私心杂念和贪欲，冲洗自己身上的不良习气。尼采说过："一个人智慧的增长以什么标准来衡量呢？就是看他的不良品性减少了多少，他的智慧增长了多少。"这就是会损的意思。

必须会损，才会益，在损的同时才能受益。总不可能搬一个新家，而一些旧东西和垃圾也舍不得丢掉。所以有些东西当损则损，还要主动地去损，积极地去损，乐观地去损，而不是被动地损，消极地损，盲目地损。如果是被动地损就不知如何损，还可能将优的东西也"损"掉了；消极地去损是很无奈的，不得不损，不是发自内心的，很不愿意的；盲目地损，那更不好，那样连自己的优点、缺点也分不清了，好与坏、新与旧都不能辨明了。如果我们积极地去损，那么就会积极地回报社会。

日	1 恒星年	等于	365.25636 平太阳日
	1 回归年	等于	365.2422 平太阳日
	1 平太阳日	等于	1 恒星日 3 分 56.56 秒
	1 标准秒	等于	原子跃迁震荡 9192631770 周时
损	虚度年华	等于	自我打折
	贪图私利	→	社会空间中自我压缩
	执著偏见	→	真知逃逸
	杂务冗繁	→	正业荒废

如一位商人，赚了不少钱，他想，我天天都在赚钱，在赢利。同时，他又想：可又有多少人在这个消费链中，在为我的赢利创造条件，花出他的一份辛苦钱？在服务链中，有多少人在为我的赢利提供服务？甚至有人为之亏损，有人付出了代价。我们每天都受益，这个益实际上包含了很多少人在损。有的人在

小受益，而你是大益，但还有多少人在损，才换来了你的益呢？如果明白这个道理，一定会这样想："我有了大益，我必须大损，我必须回报社会，如果我不回报社会，我也到顶了。"许多大富豪、大富商都在大量地为社会公益事业，为环保事业、希望工程、弘扬传统文化无私捐款。

再如历史上遗留下来的古迹，如敦煌莫高窟、乐山大佛等人文遗迹，是国家投资的吗？不是，都是老百姓，是那些有善心的人捐款、上功德，几百年几千年以后，冥冥之中还在享受着这份功德呀。为什么？后人在欣赏这份文化遗产的时候，实际功德簿上有他们的名字，因为他们为此付出了。

我们不去买假冒商品，出门打的也不坐黑车，这样我们在购物、打的时就间接地上税了。如果买黑货，坐黑车，我们给了钱，他们却不去上税，这样我们间接地也在逃税，我们对社会这一点小贡献也没做到，心里不难受吗？我们生活在这么好的环境里，也要想想怎样为社会作一点应有的贡献，出一份微力。如果我们只想到受益而不去损，不为社会作一点贡献，那有什么价值呢？于心何安呢？我们必须了解这个道理，知识也是这样，商人的企业回报社会做公益事业，此益来自于彼损，先损以获取更大的益，再来回报社会，这是一种良性循环。

群龙无首的心态

我们所讲的求学也是这样。你把以前学过的东西整理一下，那些已经很熟的东西，也就自自然然地损去了。特别是搞学术的人，他们根本不为花钱的事伤脑筋，即使逛逛商场，也根本不知道那些商品的品牌，为什么呢？因为这些都是杂事，搞学术的人不需了解这些不必要的杂务，这些杂务、杂念在他们看来都是要损的东西。

《易经》里有句："用九：见群龙无首，吉。"其意是一群龙，仔细观察，不论多么刚健勇猛，却没有争强好胜的。在人际关系中也是这样，有些人精明强干，但他从来不出风头，从不去争强好胜，所以就能与其他人平等共存，和睦相处。像做学问的人，学问高深的人，他们都很谦恭，像北大的老校长陈佳洱，好几次我遇见他，他都是手提一个方便袋，里面装几本书，步行走向那栋红色的办公楼。他是北京大学的老校长，也是中科院的院士，而他却是那么平常，不认识他的人，还会认为这是一个普通老头呢。

北大著名的王选教授，他是科学院、工程院两院的院士，别人拿一个院士就相当的了不起了。他可以说是当代的毕昇（活字印刷术的发明者），他把铅

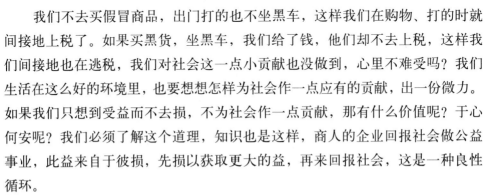

字改成方正排版系统。但你看到他时，实实在在很平常、很朴素的一个人。当代的围棋泰斗吴清源老先生，对人鞠躬总是九十度，是那么的谦恭。为什么他们身上骄气、俗气没有了？因为他们都将那些骄气、俗气和虚荣心都损去了，把真正的那个"假我"也损去了，超越自我了，得到真我了。

宥坐之器的启示

这里我再引用一则典故吧。《荀子·宥坐》中讲了这么一则故事：一天，孔子到鲁桓公庙参观，对一个倾斜的器皿产生了兴趣，于是问守庙的人说："这是什么器皿呢？"

守庙的人说："这就是宥坐之器。""宥坐"是作为座右铭而自警的意思。

孔子说："我听说过，宥坐之器，里面空虚了就倾斜，东西盛得适中了就端正，东西盛得盈满了就倾覆。"

孔子又回头对学生们说："你们给它注水。"

学生们取来了水，向里面注。水注得正适中时，器皿端正地立着；再注，盈满时它就倾覆，里面的水全溢了出来；水倒空时，它又呈倾斜状。

孔子叹息说："哪有盈满了而不颠覆的呢？"

子路当即请教孔子："学生请问保持盈满也有一定的道术吗？"

孔子说："聪明圣智，就用愚昧来持守（大智若愚）；功盖天下，就用谦让来持守（大功若疚）；勇力盖世，就用怯懦来持守（大勇若怯）；富有四海，就用俭约来持守（大富若俭）。"这便是所谓至益而又减损的道理。

所以，《老子》说："大成若缺，其用不弊；大盈若冲，其用不穷；大直若屈，大巧若拙，大辩若讷。"

3 为道的升华——无不为

无为而无不为

前面一再强调了无为并不是无所作为，而是顺应自然规则、顺应社会潮流、对他人有益的事，都要有为，应该积极有为；而破坏自然、破坏环境、污染环境、妨害社会、危害他人的事就不能为，这种不为就是无为。无不为，不是无法无天，胡作非为。这个必须搞明白，不能错误地认为无不为，无所不为，我可以无法无天、胡作非为了，那就是曲解。别人一问，还回答说是老子说的，是圣人教我们的。那还了得，那不把老子气活了吗？所以我们对无不为要用正思维去理解。任何问题，都有正的一面、负的一面，从负面理解就是无法无天的"无所不为"了，这当然是错误的。所以首先必须顺其自然。

有一位哲学家到大街上去补鞋，他的鞋已经是补了又补的。补鞋的师傅说："你这双鞋早该换了，你是位学者，不是没钱呀，怎么不换一双新鞋呢？"哲学家说："我习惯了，别的鞋我都不习惯。"修鞋师傅说："你这人真怪。如果我像你就没有饭吃了，我什么人都习惯，不管什么样的鞋我都补。"哲学家一听，对呀，怎么我研究哲学却不明白这个生活哲理呢？说明这位哲学家是在"有为"，执著于自己的习惯。而补鞋的人不懂哲学，这是一种无为，他什么人的鞋都补，而且不管怎样破的鞋都能补，这不就是无为而无不为的境界吗？

哲学家懂的是哲理，而他却执著于自己的习惯，这就不能顺其自然了。本来就应该自然一点，潇洒一点，不能执著于一双破鞋，而且对别的鞋还不习惯。所以他不自在，不自在就不是"无不为"的境界，而是"无能为"、"无法为"的尴尬。无不为的境界，才是自在的境界。

正知识上升到一定的自在境界，就是无不为的境界，就没有分别心了。那个补鞋的就没有分别心，他生活得很好，这也是一种生存法则，是一种"无为无不为"的生存法则。哲学家的生存法则是把自己束缚在一双鞋子的习气里面，这就是"有为"了。这里还靠自己去理解。

这个大题里讲到了日益、日损、无不为。益中有损，损中有益，这样才能得自在，得了自在就能明白什么该有所为，什么该有所不为。得了大自在，就能无不为。

第三讲　为道"三重景"

——知——智——慧

1　为道要有的放矢——知

射中"知"的靶

先从字形上来看"知"字，它的左边是"矢"字，在古代是指箭，右边是一个"口"字，相当于一个靶心，意思是前面所讲的"正知识"。

什么是知识？它是从哪里来的呢？真正的知识是从观察自然现象中得来的，而不是坐在家里想当然，无中生有的。如伏羲作八卦，"仰则观象于天，俯则观法于地，观鸟兽之文与地之宜，近取诸身，远取诸物"，这就是很典型的观察。而观察必须准确、全面、客观，不能像盲人摸象那样，摸到大腿就说是柱子，摸到肚子就说是一堵墙，否则就是一种片面的，当然也是盲目的，不准确、不全面也不客观的。

所以说，射箭最起码是不能脱靶。左边一支箭，右边一个靶子，这就是知。知识来之不易，其原因就是必须中靶，射准、射中靶心，瞄准目标（的）了才能放箭。意思是说，观察事物要获得这方面的知识，你获得的必须是"正知识"，而不是"假知识"、虚伪的知识、片面的知识，不把假象看成是真的。我们理解知识的本意，应从这方面去下功夫，去理解这个"知"与"真知"。

古时的靶子是一人头像，以鼻尖为准心，即靶心。圭臬的"臬"字就是靶子。"自"字古时即鼻子。今日常说以什么什么为圭臬，就是以什么什么为靶心。

求"真知"

"真知"也就是我们经常讲的真理，理是在知识的基础上升华而成的，没有知识又何来的真理呢？理是什么？必须有很多的知识为基础，如果你的知识面小了，就会"剪不断，理还乱"。是不是这个道理呢？反之，你有了真本事，理起来就会得心应手。这也是一个真知的问题。

37

真知要以什么为标准呢？20世纪80年代有一个关于"实践是不是检验真理的唯一标准"的大辩论，何谓实践？就是对自然规律的观察、分析和运用。自然规律也就是事物本来的面目。自然的本身就是事物的本身，就是实践的本身，它就是检验真理的唯一标准。

我们必须透过现象看本质，才能求得"真知"。要到大自然中去，到社会中去，到实践中去求得知识。怎么去求呢？要透过现象看本质，透过自然现象，看自然的真实面目；透过社会现象，看社会的发展规律；透过人生的现象，看人生的真谛。这样得来的就是"真知"。

知就是知识的积累，有知就有识。你知道了这个东西，还必须去认识。认识就是分辨、理解，然后再上升为理论，真知上升为理论就是真理。对于"知"，就从这几方面去了解它。关于这方面的知识，我想应该是随处可见。我们获得知识，第一不能脱靶，知的本身就告诉我们它有一个靶子在那个地方，还给了我们一支箭，我们拿了这支箭就必须射准。第二我们必须善用真知，反映事物本来的面目。第三，知识是从自然现象中来的，要观察准确、全面、客观、细致。第四，就是透过现象看本质，才能求得真知。我看"知"就是从这四方面去看的，这样才能看清，看真，看实，看好。

《荀子·劝学》中说："君子的学问，进入到耳朵，明通在内心，灌注在全身，表现在行动。端端庄庄地说话，和和缓缓地行动，都可以作为他人的表率。小人的学问，进入到耳朵，放出在嘴巴。嘴巴和耳朵之间的距离，只不过四寸而已，怎么能够美化这七尺之躯呢？"

老子为道

38

2　为道要与时俱进——智

日积月累而成智

从"智"的字形上看，知识日积月累就成为"智"了。是不是这个意思？所以这个"日"很重要，看重每一天，每天都要增长知识，每天都要增益，增益正知识，这样就成了"智"。你的智商怎么来的？是离不开每一天的，你的智力、智慧、智能都离不开这每一天。我们每天都在为学，但要射中靶子，要讲求效率。如果学习效率低，就是事倍功半，花费十倍的气力，才得到一份知识，那就得不偿失了，那就是效率不高。如果学习方法对头，掌握实践的要领了，也就是掌握好学习的方法了，你就能射中靶心，你的学习就能事半功倍。花一半的气力，能获得几倍的知识。所以我们学习要掌握实践的要领，好的学习方法。我们只看这个"智"字的表面，它就告诉我们这么多信息。

我们小学时认字，只是学简单的怎么写，怎么用拼音读。其实每个字都能告诉我们这么多，我们去想了吗，去分析了吗？我们天天认字，还要天天去想。不仅仅是会写，会认，还要研究其中蕴涵的信息。一个知，一个智，就教给我们这么多，教给我们学习方法，给了我们箭，给了我们靶子，还教我们天天怎么做，现在回头想一想，哎！以前真不会认字，真的懂不了这么多。其实它明明白白告诉了我们这么多方法，我们都不知道，说明没有真正地认识它。现在好了，认识它了，我们真是得到智了，也就提高了我们的智力、智商和智能，由这几个智，得到智慧了。

做事要学会"三入"

我常讲，做事要学会投入、切入、深入。这又是什么意思呢？投入，就是讲日益，天天都要精进，必须投入进去，不投入不行。打一日鱼，晒三天网，泛泛而谈没有一个中心，没有一个目标，不行，必须全身心地投入进去。

仅仅是投入还不行。我看的书多啊，我学富五车，这样还不行，还要切入。何为切入呢？就是找一个切入口，如果交一个任务让你去办，给一个课题让你做，你找了一大堆资料，花了好长时间，结果找不到切入口，反被那些资料淹埋了，彼岸在何处？东南西北都分不清是不行的，必须找到切入口。切入口从哪里来？就是你灵机一动，就是灵光闪现，也就是灵感。灵感就是切入口，只有找到切入口，才有你的特色。

如写文章，必须找到切入口，文章才会精彩，才会有特色。只"切入"还不行，如砍木头时第一斧头下去就切入了，这就是切入口。但这样切入就行了吗？还必须再"深入"，才能够将木头砍开，你这个课题就迎刃而解了。但它的前提就是要从这个问题上深入进去再去研究，这样才能有结果。只有这样你才能得到真正的知识的点和面，才能进入知识的更深层，这样智力、智商、智能都随之提高了。

从"知者"变成"智者"

知者与智者是有区别的。知者是知其一而不知其二，知其二而不知其三，知其然而不知其所以然。然，就是"这样"，本来如此。意思是，知道它是这样，而不知道它为什么会这样。

而智者就不同了，智者第一能"知其所以然"，第二能把各方面的知识，如从书本上学到的，自己观察得到的，别处听来的，或是自己思考得来的，等等，都能融会贯通。不会贯通是不行的，这个知识与另一个知识串不起来，A是A，B是B，C是C，不能串成一体，形成一个立体的知识平台，也可以叫做知识剖面。知识能融会贯通，才是活知识。第三是自知之明，就是要知道自己，明就是知，佛教讲的"无明"就是无知，就是迷惑。所以必须了解自己，那样就不会自满，老实想到自己的哪些地方学得不够。应该天天精进，才能使自己的知识更加充实。第四个就是明辨是非，就是知道对一些事物要怎样正确地理解它，怎样正确地分析它。这就是智者所具备的几个特点，它与知者是有区别的，"智"是"知"的升华。

"心动"才是动

有一个大家所熟悉的故事叫做"风动，幡动，心动"。许多人演讲经常会提到这个公案。这个故事是：一天，慧能大师到一个寺院里去，看见两个僧人在那里争论，争论什么问题呢？他们看见风吹幡动，一个僧人说是风在动，另一个说是幡在动。两个人正在争论时，慧能大师走过去，说："不是风动，也不是幡动，是你的心在动。"这个问题用公式表示为：前者说是A不是B，后者说是B不是A。六祖说不是A，也不是B，是C。有人会问，这不还是"是"与"不是"吗？慧能大师不也是一个大俗人吗？他不也是有分别心吗？他所讲的"心动"，也不比"风动"、"幡动"高明多少呀！

实际并非如此，慧能大师的境界之高一般人很难理解得到。那他高明在什么地方呢？我认为他高明在人的六识之中，他使你在认识的当下自我升华。因为风动、幡动都是前五识的感官认识，即眼、耳、鼻、舌、身对色、声、香、味、触所产生的五识。而心动是第六识意根产生的法识，第

六识是理性认识，也就是说，六根对六尘产生六识，六根是生理现象，是眼、耳、鼻、舌、身、意，六尘是色、声、香、味、触、法，这是物理现象。慧能大师第一个高明之处，就是把人的生理功能观察到的物理现象上升为心理认识，变成一种新的智，这就是使知识升华到智。这也就是他的教育方式很活，不仅把你的知上升为智，还要把你的智上升为慧，但他不直接为你包办代替，他只给指一下路，后面的路你自己去走吧！后面还有什么路呢？那就是第七识、第八识，也就是末那识和阿赖耶识。第八识又称为种子识，能看到事物的本来面目。为什么风在动？为什么幡在动？为什么风吹幡能动？为什么心也跟着动？这些慧能大师都留给他人自己去悟，所以大师为后人所敬仰，被称为一代导师。因为他的教育法是启发式，是无为法，是佛教的教法。

3　为道的智慧——慧

"慧"字告诉我们什么呢？它上面是两个"丰"字，丰是什么意思呢？

易经里面有丰卦，丰卦象征丰盛，丰盛时自然就亨通，君王能使天下丰盛，故不必忧愁。如日中天，阳光普照，万物生长，必然获得丰满的果实，这是丰的意思。而慧字上面是两个"丰"字，是双丰收。

中间是一个什么字呢？我们换个方向看一下，原来是"山"字。在《易经》里面有一个艮卦，艮卦是象征山，它的卦德是"止"，它强调的不是完全静止。

这是一种无为无不为的境界，就是该静止时则静止，当行动时就行动。这是根据大自然法则的静和动，该出手时就出手。也可以改为：该出手时才出手。"就"与"才"一字之差，含义大不一样。这就是动与静，不失其最佳时机，这样前途自然光明。这里强调了一个适当时机的问题，适当时就有为，时机不适当时则不为，有所为也好，无所为也好，都是无为。

在为学中，这样就会与上下情绪相应和，各方面的关系都能相互交流，相互支援，知识就能融会贯通，打成一片。这样就能运用自如，就成了慧。

"慧"字的下面是一个"心"字，这"心"字说明什么呢？我们先看一下"猴子捞月"的故事：一只猴子看到水井里面有个月亮，就杞人忧天，哎呀！不得了，月亮掉到井里面去了！聪明的猴子们就一个接一个地挂到井边的一棵树上，然后就到水里面去捞月亮，却怎么捞也捞不着。还是最上面的一只猴子，抬头一望："哎，月亮在天上。"这就说明，猴子也很聪明，它们知道上面一个拉着下面一个，一个接一个地到井底去捞月亮。

　　这是它们的聪明之处，但它们没有智慧，它们不知水里面的月亮其实是月亮的影子，月亮的本体在天上，如果不是有一只猴子无意看见了，它们还不知道要捞到何年何月呢。有一副对联是：千江有水千江月，万里无云万里天。这是中国禅宗三祖寺山门的一副对联，它启迪着众人的智慧。

　　关于月亮，禅宗有这么一则公案。有人问一禅师："什么是禅？什么是佛法？"这位禅师用手向天上一指，指着月亮。是看他的手指呢，还是顺着他手指的方向看月亮呢？如果只看手指，那永远无法看到月亮，那就像猴子认影为月一样了；如果沿着手指的方向向上望，就能看到月亮的本体了。

　　无论是圣人还是老师教你知识，他只是给你指路。"借问酒家何处有，牧童遥指杏花村。"老师、导师，他们都是这样的牧童，指路的牧童一指杏花村，就知道方向了，但入门的路还必须自己去找。杏花村在何处呢？自己心里已经明白了，这就是"心"。你自己心里已然有了方向了，就能找到杏花村，找到酒家了，那就得到了慧了。

　　"结果自然成"就是这个意思。结果什么都有了，不但有果子，连种子都有了，连以后的希望都有了，以后繁衍生息，生生不息了，这样就结果自然成了。

　　今天讲了"知、智、慧"这三个字，是智告诉我们，是我们的老祖先用他们的聪明智慧造的字，从字形、字义告诉我们这么多知识的，你们应向字的信息中，向我们的老祖先的智慧请教。我所讲的只不过是舔舔老祖先的口痰而已。

第四讲　为道"三人行"

1　借鉴"他"的为道

与最高贵的人交谈

你、我、他，是人称代词，"他"是第三人称，"你"是第二人称，"我"是第一人称。为什么要用这三个人称代词做话题呢？

先说"他"。他人的东西可以借鉴。西方人对于我们来说是称为"他"。而他们也同样崇拜东方人，学习东方人。西欧有一位学者将他的书房称为"孔庙"。他就是很欣赏中国儒家的思想，甚至认为孔子的思想、孔子的《论语》传到西方以后，一下子叩开了欧洲中世纪那"黑暗的大门"。至于历史作用，那是历史学家来评论的问题。

我们对他人、前人、古人、外国人的知识、智慧如何去借鉴呢？我想主要的手段就是阅读，当然还有其他的方法。对于阅读，我们应该欣赏一下一些哲学家的经验。培根在《论学习》一书中讲到阅读。他讲："有些书可供一赏，有些书可以吞下，有不多的几部书则应当咀嚼消化。"这就是说有些书只要读读它们的一部分就够了，有些书可以读一读，但是不必

他

43

过于细心地读，还有不多的几部书则应当全读、勤读而且用心地精读。

笛卡儿在《论正确指导心灵的方法》中讲："阅读所有的好书，的确如同与历代最高贵的人交谈一样。"因为我们每一个人所生活的时代是很有限的，你不可能与那些圣人、伟人、贤人、哲人都能面对面地去交流，去听他们的演讲，拜他们为师。但我们可以通过阅读他们的书，把几千年前的圣人请下神坛，去跟他们交流。千里万里以外的贤人、哲人，我们能将他们请到面前跟他学习，跟他交流，这就是阅读的好处。阅读能跨越时间和空间，阅读能使你的思维一下子穿越时间的隧道，跨越大的空间，这就是阅读的神奇之处。

柯勒律治在《关于莎士比亚和弥尔顿的演讲》中谈道："可以把读者分成四类。第一类是'海绵'类，他们轻而易举地把他们能读到的一切吸入体内，但又会立刻彻底摆脱汲取的知识。第二类是'沙漏计时'类，为了胡乱地消磨时间，他们一本接一本地把书通过自身漏一遍，到头来依然如故——空空如也。第三类是'过滤器'类，在他们的记忆里，只沉积下他们读过东西的可怜的一鳞半爪。而那些犹如绚丽的钻石一般既贵重又稀有的人属于第四类，他们读书不仅是为了自己获益，而且也为了使别人有可能来运用他们的知识。"这就是将阅读者分为四类。这就是他们之间的区别。

善于读书

叔本华在《读书与书籍》里面讲："善于读书的人绝不滥读，这是极为重要的。无论何时何地，凡是大多数人所欢迎的书，切勿贸然地拿来读。例如那些正在走红，并于一年内一版再版的政治的、宗教的小册子、小说、诗歌集等。你要知道，凡是为傻瓜写作的人，总会有一大群读者。请不要浪费时间去读这些东西。应该把你的时间花在阅读那些超越一切国度，超越所有时代的作者的作品上，这些作品的作者的声音值得你去倾听，只有这些作品才会真正使你开卷有益。少读坏书决不会嫌太少，多读好书决不会嫌太多。坏书是损害智力的读物，它们摧毁人的心灵。"

他还说："不读坏书是读好书的一个条件，因为人生短促，时间和精力都是有限的。"

这就是告诉我们阅读不能盲目。我们要读的书太多了，你什么都去读，那就是白白浪费了自己的时间。这就是关于借鉴他人的东西，主要是以阅读而来的，当然还有听来的，观察来的……这就是对于他人的东西，他人的公式，他人的定义，他人的思想、观点，他人的文学作品的吸收。这就是我们从求学，到为道，再到无为的第一步。

2 碰撞"你"的为道

你怎么知道鱼的快乐呢

中国人有一个奇特的现象，把"你"、"我"看成是二人之间的事。儒家有这么一个思想，比如"天"字，二人为天，再如"仁"字，它是二者为仁，仁者二人也。中国人奇特的地方也就是讲究君臣、父子、夫妻、兄弟、姐妹、朋友、师生等等。

你，代词，称对方（一个人），这是中国传统的一个观点。君臣、父子、夫妻……他们之间的每一个人的对方都是你，这是中国语言、文字里面传统的观念。

今天讲的题目，主要是讲一种二人之间或一个"小"的群体。这里还是以二人之间为代表，来说明知识积累到一定程度就会形成一种思想。这种思想有"你"的思想，有"我"的思想，可能在还没有成熟的情况下发生了争论，或是讨论，或者分析、研究，两个人坐下来共同探讨，甚至于合作。在历史上，伟人与伟人之间，哲学家与哲学家之间，科学家之间以及艺术家之间的合作例子实在是太多了。

例如，我国古代的庄子与惠施，他们二人就是一种合作。大家都知道庄子，他是道家一位著名的代表人物，而惠施是名家的一位代表人物。他们二位，尽管观点不同，但非常友好。惠施具有渊博的学识，以善辩闻名于世。他与庄子是一对互不相让的诤友，常以诘问、辩驳来交流思想。

一天，庄子和惠施散步来到濠水的一座桥上，庄子看到水中的鱼自由自在地游来游去，就说："你看，鱼多么快乐！"惠施却反问道："你不是鱼，怎么知道鱼很快乐呢？"

庄子再反问惠施道："你不是我，你怎么知道我不知鱼的快乐呢？"

惠施又说："我不是你，固然不知你的感觉如何，可是你也不是鱼呀！你怎么知道鱼快乐不快乐呢？"

你

庄子解释说："刚才你问我怎知鱼的快乐，可见你已知道我是晓得鱼的快乐的。至于我为何会知道，那是因为我到了濠水桥上，看见鱼在水里游来游去，自由自在，所以我觉得鱼很快乐。"

由此可见惠施与庄子的交情深厚，非同一般。日常的散步，两个人却谈出很有哲理性的东西，而且由此而探讨自然现象、心理现象。像"你怎么知道鱼快乐呢？"这"知道"就是心理现象。而鱼在下面游来游去，却是一种自然现象。他们二人的心理产生了一种碰撞。

另外，还有一件事：庄子在自己的妻子去世时，敲着盆唱着歌。惠施当时大加责备，庄子则认为妻子安寝于天地之间，用不着悲伤。后来惠施去世时，庄子却极度悲伤，哀叹失去了老朋友。这位老朋友对他来说太重要了，因为他们二人之间经常交流，经常碰撞，碰撞出许多思想上的火花和哲理。

在辩论中澄清是非

再说苏格拉底、柏拉图和亚里士多德，他们是古希腊三位著名的哲学家。他们之间是师生关系，柏拉图是苏格拉底的学生，亚里士多德是柏拉图的学生。亚里士多德在柏拉图学园（得名于柏拉图及其门徒聚会讨论哲学问题的学术园林），既是柏拉图的学生，又帮他做老师，还帮他教其他的学生，可他的观点有许多与柏拉图不同。柏拉图与苏格拉底的审美观认为"从树和石头中学不到任何东西"。与他们相比，亚里士多德是一位对生态学、物理学和天文学有着浓厚兴趣的经验主义哲学家。他比他的两位前辈更少倾向于心灵的观点，尽管亚里士多德也是一位唯心主义者，但是，他唯心的程度，已经向唯物主义靠近了。他对科学的贡献是把科学分出了学科，而且分得很细，为以后的科学分科奠定了一个基础。

亚里士多德虽然赞同柏拉图所说，如一般理念是实在的，来源于感官的知识是有限的、不准确的，但他没有追随他的老师，将一般描述为独立的存在，将物质事物降格为精神范本式的苍白反映。相反，他断言形式和物质同等重要，二者都是永恒的，缺一不可。形式是万物的原因，它们是有目的的动力，使物质世界形成我们周围无限变化的物体和有机物。这说明他们之间，既有相同的又有不同的。

有分歧是正常的。正因为有了分歧才有了发展，这种伟大的思想就产生于二人之间的交流、学与教、师与生这种关系之间。这种师生之间就是一种你我之间，他们之间一般会产生辩论。在一个大的场合下发生辩论，看起来是我们和你们之间的辩论，但实际上某一种观点、某一段言辞，是二人之间产生的。一旦某个人提出一个什么观点，另外一个马上站起来提出反对、驳斥、辩论，但实际上他所面对的是你，"你说的什么不对"。对方也是"你"，"你"对"我"的驳斥是不对的。实际上许多的问题也就是在二人之间的辩论中得到是非的澄清的。

辩论是对话的良心

关于辩论，古人也有论述。

如弗洛伊德在《精神分析论引论》中讲道："有人说'辩论是真理之源'，我对这种说法的真理性是深表怀疑的。我以为此话源自古希腊诡辩派哲学，而诡辩派则错在过分夸张辩论术的价值。我以为所谓科学的论辩大概没有多大的效果，更不要说几乎总是维持私见的论辩了。"

桑塔亚娜在《本质的领域》里讲道："论辩是对话的良心，它与其他地方所表现的功能一样，也就是给灵魂赐以公正，让它极端的冲动达到一种完美升华。不过，就像美德是比道德更宽泛的东西一样。因为它包括自然的赐礼和亲切的同情，甚或勇敢的献身；同理，智慧也是比逻辑宽泛的东西。思想中的连贯会使事实驯顺，使理智谦恭。因此，其体系的统一就会成为人类的美德，就像一个单一的语言的完美运用，既不会伤害事物的本性，也不会污损一个有学识的狂人。"

这是关于辩论的论述，同时也说明辩论是在两者之间产生的。每一方的对方也都是"你"，通过讨论、辩论、研究，甚至于求教，使知识的是非得到澄清，以至于更完整、系统。这就是在求学的基础上，知识增加到一定程度才能达到这一步。当然，在小学生之间也有讨论，中学生之间也有讨论，平常百姓之间也有讨论。

世界著名的环保作家、原《大自然》杂志的主编唐锡阳先生，他的著作曾在美国反复出版。他是个非常严谨的人，去年他写了一本书《错、错、错》。他并不是盲目地发表，而是先印成样书，然后分发给朋友。他将样书寄给部分朋友阅读，也寄了一本给我。他在样书上面写了这样的几句话："殷昙先生，期待你的评点，以增加这本书的厚重和历史色彩。"然后很慎重地盖上他的印章。他就是多方面地求助于"你"，对于我来说也是"你"对我的信任，我应该认真对待这件事。所以我两次发信过去，而且寄书过去。这就是"你"与"你"之间的思想、学术讨论。而这些交流和讨论，正是以"你"与"你"为平台的。这个就是对"你"的简单概述。

3 形成"我"的为道

什么是"我"的风格

"我"，这个"我"，刚才讲了，学了他人的知识以后，"你"、"我"二人之间经过讨论、辩论或探讨，然后就会形成较成熟的"我"的东西了。

每一个人在求学、辩论、探讨之时都会使自己的思想、自己的风格更成熟。以前是读别人的书，而这个时候就有自己的书问世了。自己的大作问世，有的人甚至是著作等身。在这个著作里面，虽也引用别人的观点，但主要观点、思想内容、文字结构都是"我"的，不是别人的，不是"他"的，也不是"你"的，而是"我"的思想、"我"的观点、"我"的风格。

有的人只要把书一读，他不看作者名字，也能马上感觉出这本书是谁的作品。

例如，在20世纪60年代的一天，新华社发了一篇社论的传真给沈阳日报社，正好这天是副主编值班。他一看社论，题目是《〈文汇报〉的方向应该批判》，他也没看内容，心想是新华社发过来的，那就登吧。他就将它放在第二版的头条，他想这是《文汇报》的事。报纸印出来后，他首先读了那篇社论，刚读完两段就满头大汗，马上按电铃，跟工作人员说："我必须马上到市委宣传部去检讨。"为什么呢？因为他读出来这篇社论是毛主席写的，他居然登在第二版，可想他当时有多恐慌。

这篇社论也没署名谁写的，但他读了以后，就知道是毛主席写的，证明毛主席的文风多么鲜明。

其实，我也是很崇拜毛主席的文采的，我认为他是语言大师。他的文章读起来风格独特。站在毛主席的立场，这就是"我"的文章，"我"的风格。

宋代的女词人李清照，她的词写得实在是有大家风范。她的丈夫是金石家，也是很有学问的，他也喜欢写词，但无人欣赏。有一天，他在自己写的十几首词中间，故意夹上李清照的一首词，然后请他的一

"我"的风格

位朋友来欣赏。他的朋友看完后，从中挑出了一首词，说："这么多，唯有这首称得上是词，其余的都不能称作是词。"而这首词不是他写的，恰恰是李清照的词，这就说明每个人的风格不一样，而且可能有很大的区别。当然如果让我们看，看不出来，这也要有对词的欣赏水平。

如果每个人的风格一旦成了"我"的东西，标榜的是"我"的东西，不容易。如，像我也写了些东西，我不能说是"我"的，因为没有鲜明的特色，没有鲜明的风格，没有系统的思想。如余秋雨先生的著作，他的散文问世以后，在读者中间一下子就掀起了余秋雨散文热。但有的人就提出批评，特别是攻击他的散文不是散文，甚至于将他与政治挂钩。尽管这样，余秋雨还是出名了。

"我"的分量有多重

还有柏拉图和苏格拉底，他们为什么能闻名于世？我认为有亚里士多德对他们的批评的因素在里面，我想如果有人对我的东西进行批判，可能我也会成名，是吧？关键是我们的东西没有被人骂的分量。别人骂都不想骂，不屑一顾，可想而知，是"我"的就必须很有分量，才能成为"我"的，并不是说随便哪个作者任意写一篇文章就说这个东西是"我"的。这个文字是我写的，有我的思想，可能是这里借鉴一点，那里借鉴一点，这里抓一点，那里拿一点，慢慢融合，最后将它拼凑起来，拿出去以后，人家并不欣赏，在社会和历史上，你留不下痕迹。等书发出去以后，一个月就有退货了。有的发了一年就无声无息了。印了五千册，也就那么多了，多了也发不动了，就连自己床底下的几百册还在那儿睡觉呢！最后也只好拿来做人情了，这样当然就不行了。但有的就能畅销下去，长销下去。例如，莎士比亚的著作，可以说是畅销得不得了，长销得不得了，到了哪个程度呢？在莎士比亚的故乡，飘扬着一百多个国家的国旗。那种"我"的分量，古今中外可以说是没有的。我估计没有哪个著作者达到了这个程度，连国家总统也没有那样的程度，这就是强调"我"不容易。

"我"就是学者身份。如今被称为学者便可与专家齐名。什么人才能称得上学者呢？也许有人认为，出版过几本书，写了几篇文章，作了一些演讲的人都是学者。其实并非这样，古人对学者的评判有更高的标准。《荀子·劝学》中说："一半学得进，一半学不进，这便是志向不高的普通人；他的善行为少，坏行为多，这便是夏桀、商纣、盗跖一类的人。能够具备这些见解，能够穷尽这些道理，然后才能称得上是一个学者。"

"小我"与"大我"

凡是成为"我"的东西，这种智慧并不是个人的智慧，而是全社会的智慧，全人类的智慧。因为这个"我"已不是小"我"，而是大"我"了，所以必须提升到这个高度。像一般人，"我"写了一本书送给你。哎呀！你真不简单，出书了，你写了几本呀？有一次，在一个朋友家，她搬出一堆书，说："这是我写的。"东一本，西一本，有讲经济的，有讲文史的，有讲艺术的，看起来很多，但我没看出她在哪一方面有成就。我也就随便恭维了几句，而在我心中留下的印象是，不过如此罢了。而唐锡阳先生却在我心目中留下了特别深的印象，

我

他的几本书在我家里，放在一个很重要的位置。他的几本大作都是讲环保的，他都七十多岁了，还在外面奔波，国内、国外到处考察，最艰苦的地方他都去。他的精神也非常值得敬佩，他对写作也特别严谨，不随便写，同时他的语言也非常优美。这样的作品，在我的心目中马上就树立了形象，且对后人有着很重要的影响。为什么美国重复出版他的作品？也是因为如此吧！

所以我们必须正确地理解"我"，是"小我"还是"大我"，是个人的智慧，还是代表了社会的智慧、全人类的智慧。这个得有讲究。为道的目的就是得大智慧，大智慧不是一人的，而是众人的，是"大我"的，而不是"小我"的。

第五讲　为道"三过程"

——迷——疑——悟

1　为道的问号——迷

迷也要存善去恶

由迷到疑，又由疑到悟，这是一个由量变到质变的渐进过程。开始是量变积累，逐渐成为质的飞跃，是一个逐渐精进的过程。

迷是一种入迷，对某一问题的着迷。如：书迷、棋迷、球迷、网迷、歌迷、影迷、戏迷等。棋迷，迷到痴的程度；球迷，迷到狂的程度；网迷，迷为一个"网虫"了；歌迷，迷得如痴如醉了。这些都是正常的迷。

科学家在研究室里研究，有的废寝忘食。例如：有一对夫妇，他们二人都是科学家。在他们结婚的大喜日子里，大伙都在为他们庆贺，而他们却忘了这个重要的日子，还待在实验室里做试验。

我认为他们这种迷是一种好现象。因为他们没有给他人带来不良影响，他们的研究成果对人类是有贡献的。所以，他们的迷是一种人格魅力，是值得借鉴的。

京剧迷对京剧非常入迷，但这是一种好的爱好。他们不会去疯狂地嘶喊，而是清雅地唱上几句，健康到九霄云外了。

但迷也要有个度，不影响他人的生活，对社会无害，才是可行的。有些人，对这些都不迷，足球不看，京剧不听，看书没兴趣，对这些根本不感兴趣。但他却迷上了吸毒、酗酒、赌博，用这些方法来宣泄，有了这些欲求，那就坏了。如果不知悔悟，那可能就无药可救了。

迷本身没有善恶，要看你迷的是什么。另外，迷本身是一种现象，一种生活现象。我们对欲望的宣泄有两种方式，一种是良性的，一种是恶性的。我想，我们还是选择良性的吧！为此，我设计了一个示意图，以供参考：

51

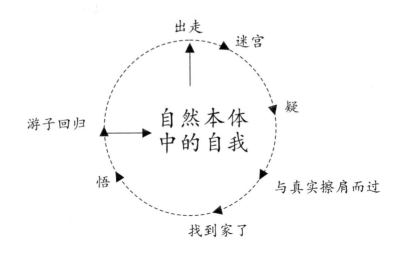

自然本体
中的自我

出走　迷宫
疑
游子回归
与真实擦肩而过
悟
找到家了

高雅的迷

　　为学，对学习入迷是良性的，是良中之良。学科学知识，学为人的哲理，学古人的智慧，对这些入迷了，甚至废寝忘食，就是良性的迷。

　　古人的迷往往是追求一种雅。陶渊明迷菊花，菊花就以陶渊明为知己。他还创作了许多咏菊的佳作，如"采菊东篱下，悠然见南山"，这句诗成为千古佳句。

　　北宋诗人林逋迷梅花，梅花便以林逋为知己。林逋隐居在西湖的孤山上，终生不仕（不出来做官），也不婚娶，一生喜爱植梅养鹤，人称"梅妻鹤子"。

　　王羲之的儿子王徽之，一生迷竹，翠竹以王徽之为知己。

　　北宋哲学家周敦颐曾筑室于庐山莲花峰下的小溪边。他著有《爱莲说》，用这篇脍炙人口的作品来赞美和表达他对莲花的酷爱之情。莲花便以周敦颐为知己。

　　三国时吴国人董奉居庐山。他为人治病不收钱，重病愈者，让其栽杏五株；小病愈者栽一株。十几年后，十几万株杏树郁然成林。他是这样喜欢杏树，杏花便以董奉为知己。

　　还有琵琶迷。王昭君出塞时，在马车上弹琵琶曲。后来在匈奴，思念家乡时她便抱起琵琶，弹奏思乡之情。

　　王羲之对鹅入迷，他非常喜欢养鹅，上市场看见有人卖鹅，就会买下来。他对鹅的痴迷已成为千古佳话。

　　当然还有好多雅迷的例子，像上面那些古人的迷不就是很雅的吗？这说明这些人文化品位不俗，他们痴迷于这些东西，都是很高雅的行为。

　　梅花令人高洁，兰花令人清幽，菊花令人归真，莲花令人淡泊，春海棠令人明快，秋海棠令人妖媚，牡丹令人高贵，芭蕉令人豪迈，翠竹令人雅致，松柏令人俊逸，梧柚令人清纯，椰树令人遐想，这些不都是很雅的吗？雅兴见人格，痴迷于这些事物的都是品格高尚的人，是被后人所推崇的人，所尊敬的人。不仅他们的著作为后人所推崇，他们的为人品德也为后人所推崇。

他们有高尚的品德修养，所以才有这么高雅的爱好。我认为他们不会迷那些不良的东西、负面的东西。大俗人会有这样的雅兴吗？

2　为道的感叹号——疑

大疑才能大悟

研究科学必须大胆地去怀疑，科学的基本原则就是疑。亚里士多德对他的老师就是大胆地怀疑，本着怀疑的态度，才发现了新的东西，甚至于超过了他的老师。

哥白尼就是因为对亚里士多德的"地心说"产生了怀疑，才发现了"日心说"。自亚里士多德提出"地心说"以后，世人都认为星球是围绕地球转的，连太阳也是如此。后来哥白尼推翻了"地心说"，提出了"日心说"的新观点。后来有人对他的论点也产生了怀疑，便发展为今天的天文科学。科学是通过怀疑来发展的。

佛教关于疑也有典型的例子，佛祖释迦牟尼允许他的弟子对他所说的话大胆地去怀疑。他说，不疑就不能悟，小疑就能小悟，大疑就能大悟。

这是位非常伟大的导师，心胸非常广阔的导师。不像有些教的教主，他们要求教徒一定按他们说的去做。你按他的说法去做，你就会有福，反之你就会有灾难，这不是进步的教育（宗教本身也是一种教育）。相比较而言，佛祖就提倡怀疑，因为他有自信，他的真理不怕别人怀疑，别人越怀疑，对真理才能理解得越深、越透。如果连自己对自己

疑

的东西都没信心，那不就是对自己的怀疑吗？不自信的人当然怕被别人推翻了。这是很根本的区别。

对疑也要问一个"为什么"

当然，怀疑不是怀疑一切。"文化大革命"就是这样，怀疑一切，打倒一切。这是一种盲目的怀疑。在人生当中、生活当中也有这种现象。有的人对什么都不相信，不敢相信别人。我有一个学生，现在在国家某科研机构工作，应该是一个讲科学、很严谨的人，但他说他有位老师曾经跟他说："除了你自己，任何人你都不要相信。"我认为，这位老师的话说得有点过了。你怀疑一切，你不相信别人，别人会相信你吗？社会是个大循环，是讲回报的社会。信息是互相传递的，你传递给对方的信息是不信任，人家回报给你的信息也是不信任，所以怀疑一切也不对。我认为，应该对那位老师的话表示怀疑。

疑，必须有疑的方法，要有自己的主见，要大胆地去怀疑。现在有些人乐于人云亦云。别人说美国好，我们就跟着讲美国好，这就叫起哄。既然说好，那你知道人家好在什么地方吗？不知道，哑口无言了。没有调查就没有比较，没有比较就没有发言权。

所以，我们必须有自己的主张，对别人的疑也要问个为什么，对于疑点必须找准。一篇文章还没看完，就批评人家的文章写得怎样怎样不好。我想这是不对的，这种怀疑是不负责任的。这种学习态度本身就不端正，所以这种怀疑态度也就不正确，不成立。对别人的东西都没搞清楚，怎么能去怀疑呢？

某电视台的一个栏目中，有个中科院自然科学史研究所的研究员讲中医阴阳，但他怀疑《易经》。有人问《易经》是不是科学的，他说："你不要认为西方有人把阴爻和阳爻应用到电脑的二进制里面，就认为它是科学的。"我问你八八六十四卦又怎么解释？他就否定了这个东西。我认为对《易经》有怀疑无可厚非，但必须在对《易经》有了一定研究后才能怀疑。可他对《易经》连了解都没有：他把"飞龙在天"讲成"困龙在天"，"六二"他说成"二六"。这就像小学生，乘法口诀都没背熟，还讲什么数学计算呢？这"六二"只能叫"六二"，不能叫"二六"，"六"是爻的名称，"二"是爻的位置，这个基本常识都不懂，还讲什么《易经》，还敢怀疑？你这个"疑"能成立吗？上面那个研究员的发言，引起了好多学者的反感。这里也许讲得激烈了点，但必须引起我们的重视，不能随便怀疑。对怀疑的对象有深入的研究后，你才有资格去怀疑它。你对人家不了解，怎么去怀疑呢？

有破还要有立

"文化大革命"虽然过去二十多年了，但是，乱戴帽子、乱打棍子、乱怀疑的人依然存在。有人一提《易经》，一提佛教，就会帽子满天飞，说那些都是"迷信"、"糟粕"、"唯心"。你问他们研究过《易经》没有，研究过佛教没有，他们没有，但他们自我标榜"我是彻底的唯物主义者"，似乎唯物主义者就有权怀疑一切，打倒一切。没有研究乱怀疑其实就是唯心。

你疑了以后，还必须拿出自己的东西，总不能把这个东西否定了，那个东西否定了，全盘否定。有破就有立，只破不立是不行的。你必须拿出有力的证据对你怀疑的进行证明，证明你的怀疑是正确的，然后让大家来评价哪个是正确的，这样你的疑才能成立。

怀疑必须具备三点：第一，对怀疑的对象必须真正了解；第二，怀疑后，你自己必须拿出证据来证明；第三，你的动机要"纯"，不能乱打一通或是为了使自己出名。今天怀疑这个，明天怀疑那个，一会儿说这个不对，一会儿又说那个不对，为了抬高自己而贬低他人，这种动机是卑鄙的。我认为，疑要具备这三点，人家才会承认你的怀疑是正确的。

哥白尼怀疑"地心说"，提出了"日心说"，他的怀疑了不起，怀疑后所得的结论是一个时代的高峰，虽说后来又有新的结论，但那是后来的事，在当时来说，他是很负责的。他的怀疑得到了人们的认可，历史认可了他。假如他只怀疑而没提出"日心说"，那谁知道有个哥白尼呀！所以，我们可以大胆地怀疑，但必须小心地求证，更要有纯正的心地和动机。

3 为道的省略号——悟

悟出来的才是真

说到悟，我们可以联想到"蛾"和"我"，这二者都离不开"我"。"蛾"由蛹超越了自我，长出了翅膀，自由飞翔，飞到了自在之中。它超越了自己，找到了真我。"我"是学了他人的东西，再与他人探讨、研究、辩论，然后得到自己的东西，形成"我"的观点、"我"的思想、"我"的体系、"我"的风格、"我"的著作。

"悟"也离不开"我"，它左边一个"心"，右边一个"吾"，"吾"就是"我"。悟是靠"我"的心来悟的，不是别人悟的，别人悟的东西，是人家嚼过的馍，再去吃是没味的，由"我"的心悟出的东西才是真的，才是"我"的。我再将它与"精"、"通"连起来说一下。

1997年，我与一位企业杂志社的主编聊天。我跟他随便聊起了《易经》，他当时就说："哎呀！你对《易经》真'精通'。"我心里一想，我算什么精通，这只能说明他对《易经》不熟悉而又想了解，所以听我侃了几句就非常佩服，还认为我很精通。当时我就跟他说："精与通都是假的，如果我真的精了，通了，那我就不会在这里瞎吹了。只有一个东西是真的。"他问是什么，我说，只有"悟"才是真的。

我问他："你现在是主编，你在当主编之前，是不是把主编的业务全部学通了，学精了，才来当主编呢？"

他说："这当然不可能。"

"那你在做杂志时，是不是会遇到以前没有学过的、没有碰到过的新问题？"

"肯定有。"

"那就要靠你的悟性去解决了。"

我又举了一个例子：你刚学开车的时候，不可能把所有的常识、开车的技术、修车的技术、路上发生事故的应变能力等东西学精了、学通了才上路吧？不是，而是学了汽车的基本常识、开车的基本常识，掌握了开车的基本要领，达到了某种熟练的程度，然后就可开车上路了，开始实习了。在实习过程中会碰到很多根本没有想到、没有学到的问题，这就要靠你的悟性去处理，去应对。

这位主编当时认可了，而且在场的几个人也认可了。他们也认为"悟"才是真的，"精"和"通"都是假的。

有些人讲精啊、通啊，讲自己的法怎样怎样高得不得了。越是这样讲得没边的东西，越是神通的东西，越是不可靠的，值得怀疑的。为什么佛祖一再告诫弟子们不讲神通，不能以神通示人？讲神通就会使众人分不清哪个是真的，哪个是假的。佛祖他有真理，他不需用神通。所以这里只讲悟性，不讲神通。

悟是每个人都具有的，每个人都有同样的智慧、同样的悟性，悟有大悟和小悟的区别，还有大彻大悟。

大彻大悟

我们在日常生活、学习、工作中经常会遇到一些难题。我们只要想一想，就能想出好的办法，这就是小悟。某一个科研项目遇到难题了，像建人民大会堂的时候，遇到很多难题。在这种情况下，大家就会聚到一起想办法，来研究。

其中某一人突然灵感一闪，办法就
有了，这就是悟。他这种悟就是灵
感悟性。还有一种大悟，如孔子、
老子等圣人，他们懂得道是什么。
古代伏羲，他从结绳记事里面找到
了事物的规律，并将之分为阴和阳，
然后又用两个符号组成八卦，这就
是大悟，甚至是大彻大悟。

悟

　　大彻大悟，是彻底地觉悟了。
觉悟了什么？觉悟了宇宙万物的变
化规律，社会发展的历史趋势，人
生处世的真实内涵。如果你真的大
彻大悟了，便事事无碍，理事无碍，
是圆融的。那么，一般的悟呢？有
的此悟而彼迷，有的彼悟而此迷。
只有大悟、大彻大悟者才能做到此
悟则彼亦悟，一悟而一切悟。一个
人年轻时很聪明，做事很有悟性。
过了十几年、二十年后，他意志消沉了，悟性也没了，那就不是大彻大悟，不
是真正的大彻大悟。只有对什么事都有悟性，时时刻刻都有悟性，自始至终都
有悟性，他的悟性才是圆融的。小悟→大悟→大彻大悟，这是悟的层次，区别
就在这里。小悟和大悟都好区别，就是大彻大悟难以区别，它的悟性是打成一
片的、绵绵不断的，是自始至终的，是圆融无碍的。

　　悟，到底是什么？是不是一种无为无不为的境界？

　　如何才能觉悟、大彻大悟？这是不是为道的结果？

　　提两个问题，我们一起来疑，看谁先悟。谢谢大家。

第六讲　为道"三要素"

——才——学——识

1　为道的"五官"——才

下面讲才、学、识。才就是才能、才干、才华；学就是学习、学问；识就是知识、学识、见识。

才、学、识，被称为人生三要素。是谁提出来的？是唐代刘知几。但他并没有更多地去解释。现代学者王通讯有个解释，也不能说他这个解释就是解释这三要素的，但我们可以借鉴。他讲："学，是指各种分科的知识。"科学就是指各种学科的学问，现在这个学科分得太细，有文科、理科、工科，还有物理学、数学、化学、生物学等等，太多了。

如果要编一本分科辞典，越编越厚，边缘学科就更多。像北大乐黛云教授从美国回来，致力于"跨文化"这门学科的研究和传播，并与法国的李比维教授合作主编了一套学术丛刊，名为"跨文化对话"。我是这套丛刊的老读者了。跨文化就是跨越东、西方文化，也是一门学科，专门研究东、西方文化之间的借鉴和融通。所以，现在学科越来越细，越来越具体，越来越广，这就是学问。在学习阶段，不断扩大自己的知识面，丰富自己的知识结构，开拓自己的视野，这就是学。这个学，不需要多讲了，因为前面讲到了为学日益，都讲到学了。

接着讲才。天才、地才、人才，这是指天、地、人三才。是不是每一个人都是人才？应该说每一个人都是人才。但是，如果没有发挥出来，没有培养出来，没有开拓出来，那你还不是人才，那是人力，只能是有力出力，挥洒汗水。现在有人力市场、人才市场，能进入哪个市场，这就是一个很明显的区别。

同样是人，相差一个"才"字，这个区别在哪个地方？原因在哪里？我刚才讲了一个基本点：人才，人人都有才，这个才是人人都具有的，关键是有的人没有培养出来，没有发挥出来，没有开拓出来。有人得到了培养，但没得到发挥，这也不行。还有一个用的问题，有的人有才想发挥，但没有机会也不行。才实际上在学的基础上，不但拥有知识，而且能将这些所学的知识用于实践；

已经有实践经验，在实践中将自己的知识进行扩充和进一步发挥；在扩充和发挥中变成了自己的才和能，这就是才。才离不开知识，离开知识也不行，但仅仅只有知识也不行，才是知识和实践相结合的集中表现。

2 为道的食粮——学

孔子在游览东流的大水时，子贡问孔子："君子之所以见到大水，就必定要游览一番，这是什么原因呢？"

孔子说："这水，它普施众生而无所求索，好像情操；它流向低下，弯弯曲曲，必须遵循一定的条理，好像是正义；它浩浩荡荡地奔流不息，好像道行；如果把它决开任其横溢，它随即疾速汹涌向前，就如同回声在山谷中应和，奔向万丈的沟壑而无所畏惧，好像勇敢；它注入一定容积的地方，顺其容体而均平，好像法度；水流动之后，用不着用水平木去取平，好像正直；它本质柔弱，能渗透细微所在，好像明察；万物在水中出没浸润，都趋向于清新洁净，好像善于教化；它在流动时千曲万折，始终奔向东方，好像意志坚定。所以君子见到大水一定要游览。"

可见，君子不是为游览而游览，而是为获取对水的认识而游览。游是一种活动，而识是一种目的。我们参与任何活动，只要能从中获取有益于身心的识，必然也会产生一定的公益。

59

孔子认为，人生还有三件事不得不去思考，不得不去充分认识：一是少年时不学习，年长时就没有谋生的才能；二是老年时不教诲他人，死后就没有人怀念；三是富有时不布施援助，贫穷时就没有人周济。荀子认为对这三件事的思考，是每个聪明人的常识。

人的才能是在学习中积累而来的，《荀子·劝学》篇中有段生动的比喻说：不半步半步地延积起来，就不可能达到千里；不一沟一沟地汇聚起来，就不可

学

能形成江海。良马一跳，并不能越出十步；笨马跑十天，也可以赶上良马，成功的才能就在于不停留。雕刻如果半途而废，糟木头也刻不断；雕刻起来没个完，金属和石头也能雕琢。所以有人说，意志品质是才能的磨刀石。

《荀子·仲尼》云："明智人做事，盈满了，就考虑到不足；平稳了，就考虑到险难；安泰了，就考虑到危困；多方做出种种准备，还恐怕惹来灾祸。所以样样的举动都能免遭大败。孔子说：'工巧而喜欢法度，就必然有节制；勇敢而喜好和同，就必然能胜任公事；明智而喜欢谦逊，就必然贤能礼士。'"说的就是既有才又有识的道理。

3 为道的心肝——识

识，讲三个方面：能看得准时代的方向，善于驾驭各种环境是其一；能抓住业务领域内具有关键性的课题是其二；有较高的审美能力、鉴赏能力和辨别能力是其三。也就是说能做到适应各种环境，而且还能驾驭它，这就是本领；在治学阶段、求学阶段，能抓住所学的领域里面最关键的东西，这就是才干；能以审美的标准对待和衡量自己的工作，这就是智慧。

像有本书的封面，一看，就那么一点点不到位，中间一行字是书名，以白色为背景但只是一条很窄的横格。上下颜色将书名挤压得很紧，书名没有空间。如将上下颜色各让一点，为书名留出点空间，那么，这本书马上就亮起来了，就显示出这个书名上下空间大，也就亮了。读者看书，一眼就看书名，不看什么图案，图案再好，那是第二步观察的目标。先要欣赏书名，这就是审美角度的问题，很重要。到不到位，就是看你审美的能力，审美能力反映一个人的见识。审美要突出重点，突出主题。

关于才、学、识，有许多的阐述。像明代著名思想家李贽，他认为三者中"天下唯识为难"。他讲天下最难的就是识，学也容易，才也容易，唯独这个识难。不仅如此，他还提出了"胆"字。他讲："空有其才而无其胆，则有所怯而不敢。"你有才但没有胆，那你做什么都胆怯怯的，不敢去做，前怕狼，后怕虎，才也无法发挥。他又说："空有其胆而无其才，则不过冥行妄作之人耳。"你有胆，但没有才也不行，那是妄作。为什么说是妄作？瞎闯，盲目，认为我能做，但是不知道深浅，这就显出这种人的浅薄，一介莽夫，大话能说，小事不能干。他还说："天下有'因才而生胆者'，有'因胆而发才者'。"因为自己有才所以生出胆，因为有胆，才便得到发挥。

有句话说"艺高人胆大"，还有一句话说"胆大人艺高"，也是这个意思。如果把胆放到识里面去，就是胆识。所以还是那句话"识最难啊"，学离不开识。这里将"胆"字提出来，说明识也能壮胆哪。

4 为道的魂魄——胆

胆

清代诗歌理论家叶燮提出"才、胆、识、力"。他说这么多，还添了个力。他认为："大凡人无才则心思不出，无胆则笔墨畏缩，无识则不能取舍，无力则不能自成一家。"就是说，大凡人没有才，他的心思就表达不出来，他心里根本拿不出东西；无胆写文章时畏畏缩缩，没有主见；没有识，就不能取舍，无法辨别；无力，没有功底、能力，不能自成一家。这个力不是一般的力，是指功力、笔力、想象力、智力等。当然还要有实力，如经济实力，还要大家共同的努力，是一个综合的力。

清代章学诚认为："人在童蒙之初，即有记性、作性、悟性。"他又说："记性积而成学，作性扩而成才，悟性达而为识。"人在童蒙的时候，有记性、作性。作性，也就是活动能力。记性积累起来成为学识，人的活动能力扩大而成为才能，悟性达到了就成为智慧。他又说："记诵以为学也，辞采以为才也，击断以为识也。"击断，就是判断、辨别。辞采是指文章的辞采。他讲得很好。

5 为道的镜子——六识

还有一才子袁枚说："作史三长，才、学、识缺一不可，余为诗亦如之，而识最为先，非识则才与学俱误用矣。"作历史三个长处，才、学、识缺一不可，我作诗也是如此，而识最为先，没有识，你的才、学可能会误用，你会用不好。

这几天讲课，你们说前面讲的没有后面讲的好。为什么？因为前面的识少一些。特别是最近讲的几课，有我们自己的见解，这个见解就是识。有自己的见解，就自成一家，不是人云亦云，识很重要，很难得，也最能吸引人，最能显示出人格的魅力。

才、学、识三者虽有异同，但在人格的组合中，又是互相映衬、协同的。下面我想借用荀子的观点作些参考。

认为识是从书本中来的，这是狭义的识；认为识是从学中来的，这是广义的学。广义的学包括日常的观察和体验的积累，这种积累又离不开知觉和记忆。荀子说："人一生下来就有知觉，有了知觉就有记忆，有了记忆就有蕴藏。然而，它却离不开心的本能。心一生来就有知觉，有知觉就有差异，有差异就同时兼而知之，就有所分歧。然而，不会因那件事妨害了这件事。"

荀子说："物类的外形、体貌、颜色、纹理，要用眼睛来识别；声音的清浊、腔调的节奏以及其他怪声，要用耳朵来识别；甜、苦、咸、淡、辣、酸以及其他怪味，要用舌来识别；香、臭、腥、臊以及其他异味，要用鼻子来识别；痛痒、

冷热、滑涩、轻重，要用身体的触觉来识别；言行、喜怒、哀乐、爱恶以及其他杂念，要用心来识别。"这就是眼、耳、鼻、舌、身、意六种感觉器官所得到的色、声、香、味、触、法六识。

眼、耳、鼻、舌、身、意六根（人体六种感觉器官），是用来对外界的事物进行观察和体验的。例如，通过对水的观察和体验，就能获取对水的认识。

当眼、耳、鼻、舌、身、意六根都在聚精会神于一事、一境、一念时，说明你就在为道，其他杂念、妄念都损去了，不该看的视而不见，不该听的充耳不闻，这就是有所不为；六根专注于一事、一境、一念，这就是有所为。可见有所不为是为了有所为。这就是为道的生活体验。

六　识

第七讲 为道的"三度"

——博——渊——神

1 为道的广度——博

"五经出身"的神童

学问既博也渊，必然是出神入化。下面来举几个学识广的例子吧。

宋代设了童子科举考试制度，专考十五岁以下的儿童，如果谁考上了，就赐他"五经出身"，就称他为神童，但这种考试主要是背诵。宋神宗元丰七年（1084）四月初，礼部童子科试中，饶州一个八岁的儿童朱天赐，《周易》、《尚书》、《诗经》、《周礼》、《礼记》、《论语》、《孟子》七经，他全部能背，而且通篇无一字有误，所以赐他"五经出身"。

另有抚州十二岁童子黄居仁，在诵试了七经外，又加试了《论语》大义三通，也获"五经出身"。

当时就有人统计了七经字数，不过当时的版本与现代版本字数可能不同，当时《周易》24207字，《礼记》99020字，《尚书》25800字，《诗经》39224字，《周礼》45806字，《论语》13700字，《孟子》35410字，合计283000余字。这确实是了不起，他们不只背一遍，而是五遍，这五遍是先通背一遍，然后是旁边的考官，点到哪里就背到哪里，叫停就停。周围有几百人围观，无不惊叹。这里我不多举例子，只说明这就是博，不只是五经而是七经，我们现在一经都难背，如果从小就能如此博学，以后的学问就有了深厚的功底啦。

抄书"抄"出来的大家

关于博，还有一种，我也举一个近代的名人，他就是鲁迅先生。像鲁迅先生这样的大文学家，他的学问是怎么来的？其实很简单，就是抄书。

他从十五岁起，先抄录小本《康熙字典》上的古文奇字，再抄录《唐诗》，还抄了《茶经》三卷和《五经》等，这种习惯一直持续到三十多岁。我们会想，抄书竟抄出一个大文学家，这是相当了不起的。是不是每个人抄书都能这样呢？

当然我们不一定模仿，我们可以学这种"博"的精神。

我的家乡有一位高中老师，也是读古书的，人家都讲他是活字典，无论你讲什么字，他不但认识，而且他还能讲出这字在哪一本书的第几页第几行。

我们还是看看鲁迅先生，他是不是一种"博"呢？当然是了。另外他还有一博，他买书甚多。根据《鲁迅日记》中的书账统计，从1912年到1936年的二十多年里，他选购的图书有14000多册，付出的钱是10910多元。这是很了不起的，二十多年买了那么多书。只要看到好书，他宁可不吃饭也要买，当然他自己的著书也颇丰。他著书达700多万字，手稿有16000多页，他写了三十多年，在最后的十年中，在与病魔的对抗中，几乎是一个星期写一篇，这也是"博"。他不但是学问博，他的著作也博，回报也丰。

抄 书

老子为道

64

也谈读书的条件

子思讲："博学之，审问之，慎思之，明辨之，笃行之。"他把博放在第一位。

荀子说："听到的多，就叫做渊博；听到的少，就叫做浅薄。见到的多，就叫做宽闲；见到的少，就叫做鄙陋。"

曾国藩的学也有一博，就是广。他在家书中讲："如果能发愤自立，则家塾可读书，即旷野之地，热闹之场，也可读书；在砍柴、在放牛的时候，也可以读书。如果不能发愤自立，则家塾不能读书，即清净的地方，神仙的仙境，都不能读书。"这是指为学读书条件之博。

毛泽东也是那样，故意在大街路灯下看书，培养精力集中的能力。说明你只要是发愤自立地读书，那就不讲条件，什么地方都可读书。这个我深有体会，我年轻时，可以说是手不释卷，吃饭也读，躺在床上也读，走路时也读，那真是迷在上面。当然如果不是一个有志向的人，不能奋发自立的人，无论在多好的地方也不能读书。

2 为道的深度——渊

触类旁通

渊即深，学问仅仅是广博还不行，还必须将学问做深，做精，做通。讲到渊，我先讲一讲郑板桥的读书法。

他讲："一曰攻，二曰扫，三曰探。"攻，"攻则直透重围"。一层层地剥进，才能抓住要领。这就是不但要攻得深，攻得透，而且要抓住要领。叶剑英元帅曾有诗云："攻城不怕坚，攻书莫畏难。科学有险阻，苦战能过关。"这就是攻。扫，就是"一通百通，举一反三，触类旁通"。这个意思好理解。探，"微言精义，愈探愈出；愈研愈入，愈往而不知所穷"。这探就是探微、探精，通过这样的探，那当然是一步步地深入，一步步地奥妙无穷，什么奥秘都能探出来。必须是有学问、有本领的人才能探到这些，如果没有一定的功底那就免谈。

渊

如果一行几人同到敦煌去，其中一人很有才学，他既懂美术，又懂考古，又懂历史，古文也通，那他这个"探"要探多少重要的宝贝啊！他一看上面的线条、花纹和颜色，马上就能发现新的东西。但我们呢？认识它吗？只能看看新奇而已。听别人讲得明明白白的，只是点点头，但不得要领，因为我们没有这方面的功夫呀！

明年我们准备到甘肃、陕西和云南少数民族地区去考察、体验，去体验大自然，去体验少数民族地区的传统文化。我们必须先在家修炼自己的十八般武艺，不然到了之后，我们还不知哪个是宝，哪些东西是有用的，让许多好的东西擦肩而过，所以我们必须提前做好准备。多少年来我梦寐以求想做这件事，为什么以前不敢？因为总觉得自己十八般武艺不到家。但现在也不能说练好了，但也不能再等了，我们不能等精、通了再去。还是去找自己的悟性吧！

夫子读书法的体会

我们再来看看朱夫子——朱熹读书法六点体会。

第一，循序渐进。"譬如登山，人多要至高处，不知自低处不理会，终无至高处之理。"学习者的智能水平要有系统、有步骤地前进。

第二，熟读精思。熟读，"使一书通透烂熟"，"使其言皆若出于吾之口"。即使读懂了，还要反复玩味，"使其言皆若出于吾心"。不但要熟读，而且要精思，就是要经常去思考，去想，去玩味。

第三，虚心涵泳。指读书要认真，反复研磨，反复体会。

第四，切己体察。就是自身要刻苦。入道之门，是将自己投入到道理之中去；使道理与己为一，就是要将自己与知识融为一体。

第五，着紧用力。要抖擞精神，下大功夫，花大气力。

第六，居敬持志。要有专一、纯一的心境和坚定久远的志向。今日学者不长进，只是因为心不在焉。

这六点是朱老夫子的学习方法，其实也就是前面讲的"为道"，我不多讲。下面讲"神"。

3 为道的高度——神

什么是"如有神"

讲得浅一点，就是聚精会神。从上小学时起，就听老师经常讲这个词。这个"神"是孔老先生讲的，是精神的神。我们学习要集中精神。另外有一个词是"出神入化"，我们做事要专注到出神入化的程度。陶渊明到桃花源去，出来后给世人献上一篇《桃花源记》，这《桃花源记》人家一看很神奇，人们都认为那个世界太神奇了。那么我们钻到学问里，看见神奇了吗？得到神奇了吗？所谓"下笔如有神"，就是领略到神奇的境界。

如现在有这样的学者，博士学位拿到了，还是研究员，应该很渊、很博。但请他到中央电视台讲一个属于他自己专业的话题，他的目光还是离不开笔记本电脑，离开了电脑他就无法讲了，甚至连最基础的东西都讲错了。我认为他没领略到什么，只领略到几个他认为别人不懂的名词术语罢了。他没有领略到"神"，他可能连边都没沾上。像这样的人不能到电视台去讲课，那样不仅是耽误大家的时间，而且还误导他人。

关于"神"，我们要学到出神入化，要领略到那神奇的境界，要领略到"蓦然回首，那人却在灯火阑珊处"，领略到那"柳暗花明又一村"，才能演讲时传神，倾听者入神。

清代学者张潮说："在善于读书、钻研者的眼里，世上万物没有不可阅读、学习的。如山水风光是自然之书，棋枰醇酒是愉悦性情之书。对善于观赏游历山水的人而言，世间万物没有不是山水的。经史子集是山山水水，优秀的诗文和美酒佳酿也是山水。"他认为对于善于游山玩水的人而言，万事万物就是山水，连五经、四书、诸子百家的书，那些文集都是山水，就连美酒、花容月貌也是山水。这就是神奇之处。当然这里讲的酒，不是我们日常所见的酗酒的酒。

什么是神奇

李白饮酒又是何等境界！他是"举杯消愁愁更愁"。这是一种有诗意的酒。如王羲之喝酒之后，大笔一挥就是天下华章。这种喝酒是神奇，他们在酒中得到了神奇的意境，领略了一种神韵，他们诗兴大发，即兴而来，能写出千古绝句。这就是一种神韵、一种神奇。

张潮下面的话，对我们明年的工作很有借鉴。他讲："能读无字之书，方可得惊人妙句；能会难通之解，方可参最上禅机。"意思是，能领略、感悟大自然无穷奥妙之书的人，能得到惊天地、泣鬼神的绝妙好词，能融会贯通艰涩深曲道理的人，能参透天上的禅机理趣。这段话对我们甘肃、陕西和云南之行的准备工作也是有一定启发的。因为我们的行动名为"中华民族文化拾荒行"，目的就是要到自然、质朴的生活中去体验，去读懂大自然这本"天书"。

西方有位哲学家，他说了这么一句话："天国和人间存在的东西，要比哲学家和科学家所能梦想的多得多，也要比人类书本上所描绘的多得多。"我认为谁也不敢讲他这句话说得不对，谁都会点头赞成。所以我认为真正的"神"在大自然中，还有那么多未知的东西，有百分之九十九点多是未知的，我们人类知道的只有那么一点点，而未知的却是无穷大。孔子称未知的为"神"，曰："阴阳不测之谓神。"而对世俗的所谓"鬼神"之类，则"敬而远之"。那么多未知的东西都是"神"，等待我们去探索，去领略，太多太多。如果我们真正想学，真正肯下功夫，就大有发挥的空间，大有用武之地。

我有一个学生也在北京工作，有次回家过春节，回来跟我讲了这么一件事，家乡许多年轻人认为没事干，想来北京找份工作。其实，农村要干的事很多，一是素质低干不了，二是目光短浅，看不见潜伏的商机，三是体制的制约，难以施展。我也认为这是一种反差：一方面是要做的事等着人去做，却没人去做；一方面是许多人没事干，到处找事可找不着。就是这么一种反差。我认为，现代好多人都不愿去领略那一种神奇的境界，只想拿一些可观的收入，端一个现成的饭碗，过一天是一天，过一年是一年，将这一辈子的饭吃完就完了，就万事大吉了，至于人家领略了许多的神奇，那是他人的事。

把"神奇"请下神坛

最后我再讲一个问题:"知识就是力量。"这句话是英国的哲学家培根讲的。实际上这种概念在培根之前一千五百多年,我们中国东汉时期就有了。思想家王充在《论衡》里写道:"人有知学,则有力矣。"这不就是"知识就是力量"这句名言的先驱吗?可到了现在,这句话却成了培根的。王充在《论衡》中还举了许多实际生活中的例子,说明知识具有何等巨大的力量。

他列举了许多实事,比如世界上有许多力所不能及的事,只有靠知识才能办成,如一条沟、一条河你跨不过去,靠力是不行的,用知识架桥就能过去。用脚的力量走不快,走不远,就动脑子,做出车子代替行走。也许这是些通俗的例子,如果将王充请下神坛,他举的例子会更多,不过他还要从电脑学起,也和好多老年人一样有学不尽的东西。但我讲这个意思就是讲我们古代人太神奇了,他能在比西方人早一千五百多年前就有这种慧目和远识。等你再将这话用当今语言说出时,它已经成为神奇的东西了。

神

我希望我们这些人,通过我们的努力,能够多去领略一些大自然的神奇,能够为后代、为社会留下一些神奇。我们不是创造神奇的人,我们应该去发现神奇,领略神奇。神奇是什么?就是大自然那些未解的秘密。

关于神的概念,《荀子·天论》中说得很形象。他说:"群星追逐着循环运行,日月交替着照耀大地,四时轮转着向前递进,阴阳造化普及于四方,风雨布施于万物,万物得到自然的滋养而生长,万事得到自然的和气而成就,人们看不见它的行动,可是看得见它的功绩,这就叫做神。"荀子的观念与《易经》中的《系辞传》的观念是一致的,在古圣先哲的眼中,神就是自然界中未知的东西。

第八讲　为道的传说

——蚕——蛹——蛾

一则童话

今天讲蚕、蛹、蛾。一讲到这三个字，大家都知道，它们是三种动物，但实际上又是一种动物。

蚕从幼虫长成为成虫，然后又到蛹，蛹到蛾，蛾产卵又变成了幼虫；幼虫又到成虫，成虫又变成了蛹，蛹作茧自缚以后又变成了茧，以后又变成了蛾。就这么循环。

这与我们讲的"为学"、"为道"有什么关系呢？有关系。前面讲过，道在自然中，在事事物物的方方面面，蚕也不例外。蚕每天啃噬桑叶，昼夜分秒不停，"吱、吱、吱"，听起来就像是"知、知、知"。这就是蚕的"为学日益"。当蚕吃饱了，便开始吐丝，同样是昼夜分秒不停地吐呀吐，直到作茧自缚。这就是蚕的"为道日损，损之又损"。什么是"道"？吐丝为道，吃桑叶原来就是为了吐丝的。蚕变成蛹了，不吃不喝也不动，这就是蚕的"无为"，是真的无所作为了吗？不是，它在长翅膀呢，想要飞到更大的世界里去，想要大有作为呀。当蛹咬破茧，便展翅飞翔，变成了蛾，这就是蚕的"无不为"。"为道"的目的是什么？哦，原来是为了大有作为呀！

今天讲一讲它们为什么有这么一个身世，它们这个身世是怎么回事，让我们来看看它们的故事吧。

蚕是天上的蚕姑娘，也算是仙里面的一种吧。为什么？她也没有什么职务。神，有职务：雷神要负责打雷，河神要负责河里的事，门神必须负责看守门。仙，是悠闲阶层，她就是享受供养，没有具体的职务。蚕姑娘是仙的行列。

有一天，一群蚕姑娘正在花园里玩耍，听说人间有一种知识，如果能学到这种知识，就能得到幸福。她们也真想学到这种知识。她们约好以后，就偷偷跑出南天门，跑到下界来了。来干什么？到人间来求学知识。但她们不知道知识是什么，就到处问，问这个问那个。问到河边，问一只老鳖。老鳖回答说："我也不知道，你去问河岸上那头老水牛吧。"老水牛回答说："我只知道犁田，

69

我也不知道知识。河那边有片桑树林，你们去问它们吧。它们正在开会，能开会，可能也知道知识。"

哦！蚕姑娘们蹦蹦跳跳来到了桑树林。这时，有一棵桑树拦住了她们，说："我们正在开会，你们不能进去。"

蚕姑娘说："我们想学知识，想问知识是什么东西，你能不能帮帮我们？"

"不行，现在正开会。"

"哎呀！求求你，你帮我们去说一说吧。"蚕姑娘们很活泼，又很可爱，一个一个地缠着它。

"好吧，我进去帮你们说说吧。"

桑树们正在开什么会？原来，树神发了一道命令："明年春天，要竞选这一区域的树王，条件是看谁发挥了自己的优势，创造了什么奇迹，对大自然有什么奉献。"桑树们正在开会讨论："我们有什么优势？与其他树种相比较，我们没有什么优势。我们的树干比不上松树，它们的树干可以做家具，是栋梁之才；我们的树叶比不上柳树叶，柳树叶婀娜多姿，可以给人欣赏。我们的优势在哪儿？"

这时候，有棵老谋深算的桑树讲："我们的优势还在叶子上啊，我们除了

叶子好像没有什么别的优势了，我们的叶子能创造奇迹！"叶子能创造什么奇迹？它一时也说不上来。正在这个时候，听外面来报："来了一群天上的蚕姑娘，她们想问知识是什么，想学知识。"那棵老谋深算的桑树一听，有了。就将它的主意一五一十地说出来："蚕姑娘既然是从天上来的，来学知识，那我们就借助于她们吧。让她们将我们的叶子吃下去，桑叶就是知识，吃下去不就有知识了吗？那我们将天上的蚕姑娘喂饱了，这不就是奇迹吗，不就是奉献吗？天上的蚕姑娘都来吃我们的叶子，我们不就发挥了我们的优势吗？明年，我们就可以凭这个当选为树王！"大家一听，有道理。赶紧请她们进来吧。

于是，蚕姑娘们高高兴兴进了桑树的会场。整个会场一下子热闹起来了。她们问："知识是什么？知识在哪里？"其他树也不会说啊，大家你看看我，我看

看你，谁来说？还是那棵老谋深算的桑树不慌不忙地开了腔。

"知是什么？我给你们看一看。"说着，它取下自己的一片叶子递给蚕姑娘。

"你们尝一尝，用牙齿咬一咬。"

蚕姑娘用牙一咬，就发出"吱——吱——吱——"的声响。

"这就是知。"

"那识是什么？"

"你们吃饱了就有识。"

"哦，这样啊。那我们就吃这个。"

"你们认为好吃吗？"

"好吃，又嫩又鲜，甜甜的。"

"那样，就是知，知是甜的。我们愿意将这片桑林的叶子全献给你们。"

"哎呀！太好了。"

"那你们就开始吃吧。"

蚕姑娘们开始吃桑树叶子，"吱——吱——吱——"。一天到晚，二十四小时不停息地吃，一个个吃得肚子鼓鼓的。吃得肚子已经大了，装不下了，怎么办？

桑树对她们说："你们睡一觉吧。醒来再接着吃。"

她们就呼呼酣睡一个晚上，打起了呼噜。醒过来一看，自己又变大了，蜕了一层皮，又能吃了。她们就这么连睡了三觉，长得越来越胖，长成了大姑娘。她们想我们只有知，还有识呢？这时候，桑树叶子全被吃光了。再问桑树，桑树都不回答，问到老谋深算的桑树，它也不回答。

这时，旁边有一群小草正唧唧喳喳地说着悄悄话。

"你们在讲什么？"蚕姑娘问道。

"你们将桑树的叶子吃完了，桑树就不会说话了。"小草回答道。

"哎！——"蚕姑娘们一下子愣了，"我们不就犯大错了吗？原来桑树是奉献给我们，把它们的知识全给了我们。我们吃饱了，它们就不会说话了。"

哎呀！一个个都很难过，蚕姑娘心地都很纯朴，很善良。感到对不住桑树，觉得必须将叶子还给它们。大家都围在一起，商量怎么办？"我们把吃进去的桑叶都吐出来吧！""好吧！"

于是，大家都各自跑回树上去，将自己吃的吐出来。吐出一看，怎么是白色的？小草说："白色的，太阳一照就变成绿色了。"她们就接着吐啊吐，绕啊绕，绕成像叶子的形状。吐出来的真的是丝。吐完后，抬头一看，"哎！我们怎么看不见天呐。也看不见叶子，叶子在哪？"

一个个你问我，我问你；你看不见我，我也看不见你。这是怎么回事？出也出不来。

"哎！我们都挂在树上了。"

"啊，我们知道了。"

"原来，我们以前知，现在是'识'啊，丝把自己缠住了，裹住了。怎么办？"想向人请教吧，请教谁？又听不见其他声音。

这时，听见树上有蝉叫的声音："知了，知了。"

蚕姑娘感到很奇怪：以前听说蝉是叫"知道，知道"，怎么它们唱"知了，知了"？

她们就大声问蝉："你们以前是唱'知道'，为什么现在在唱'知了'？这是怎么回事？"

秋蝉讲："因为你们来了，我们改词了。"

"那是怎么回事？这与我们有什么关系？"蚕姑娘不明白。

"以前，我们的老祖宗教我们唱'知道，知道'。"

"那'道'是什么意思？"

"道，天地日月运行的路线就是道啊。"

"哦！现在怎么是'知了'？"

知了，知了

"因为桑树，它们想做树王，知道做树王的好处。那棵老谋深算的桑树知道好多的知识，所以，就叫你们吃它们的桑叶。它们现在当上树王了，把你们给骗了。你们得到了'吱——'，现又被'丝'捆起来了。所以，我们的老祖宗传下话来了，怕我们被别人所骗，被别人所伤害。要我们知道后就了。不能老是'知道，知道'，知道还要了。先知后了，所以我们唱'知了，知了'。"

大家都明白了是怎么回事，都在想着怎么办。有个蚕姑娘发现自己长了翅膀，于是告诉姐妹们，大伙都发现自己长翅膀了。于是她们就商议如何出去，出去就可以飞呀，就可以飞回天上去了呀。

有位蚕姑娘试着用嘴咬了一下茧，发现能咬破钻出来，于是告诉姐妹们："我们一起来咬吧，咬破了就能飞出来。""那就赶快将丝咬开吧。"大家都开始咬起来，发出"吱——吱——吱——"、"丝——丝——丝"的声音，就这么咬。啊！咬开了，一个个伸出头，一看，都后悔了。哎哟！我们的头小身子大，还长了一对翅膀，就更大了。当初口子咬得太小了，现在头又缩不回去。怎么办？只好挣扎，身子摇啊，晃呀，就这么挣扎着，挣扎得非常痛苦，整个身体的血液都灌输到翅膀里去了，翅膀又发胀，又发麻。但没办法，看到外面的天空那

我们飞到自由自在中去了

么蓝，又想到自己马上就可以展翅高飞了。一个个又都很有信心，互相鼓励："我们再忍耐一下，大家都努力吧。"这时，大家都努力，都拼命挣扎，出来了。果然能展翅高飞，翅膀起作用了。

这时又有一个小插曲，其中有几只蛹，很怕吃苦，翅膀挣扎得又酸又痛，实在受不了，就大声地喊叫："有谁来帮帮我，有谁来帮帮我。"

正好，这时旁边有好心人过来一看，这么幼小、幼嫩的东西在挣扎，就帮她们拨开吧。可她们出来后，翅膀展不开，飞不起来。翅膀没有充血，在挣扎时没有练出来。一个个垂头丧气看着自己的同伴在天上飞啊，舞啊，多自由自在啊，多么羡慕啊！又没办法，后悔极了。

飞舞的蚕姑娘又飞回来："哎！你们怎么办啊，当初你们为什么那么怕吃苦呢，我们不是很好吗？你们翅膀的血液没有充上去，那么软软的、嫩嫩的，当然飞不起来了。这样吧，你们还有任务，产卵以后再回去求一遍知识吧，再去体验一次吧。我们走了，我们飞到自由自在中去了。"其他蚕姑娘就飞走了，飞到她们的自由自在中去了。

这个故事说明了什么问题？大家自己去琢磨吧。

第九讲 为道育"三心"

1 为道的情趣——好奇心

一颗求学的童心

好奇心是兴趣所致，同时又是一种童心的萌发。

孩童对一切事物都很好奇，什么事都喜欢问，而且聪明的孩子不断地向大人提出奇怪的问题。"为什么？""是什么？"问得稀奇古怪。古代圣哲老子经常以婴儿比喻得道的人，得道的人能返老还童，像孩童似的天真，也就是童心不泯，是一种精神上的返老还童，即有人说的："还我老时一颗童心。"

求学的人如果没有好奇心，也就没有激情，没有动力，没有兴趣。就是家长要我学，老师要我学，而不是我要学，我想学。为什么？这就是一个兴趣问题，也是童心的问题。当你走进校门捧上课本后，无论是小学、中学，还是大学，你始终要保持那种孩童时的好奇心。有了这种好奇心，对学习绝对是有兴趣的，学习的积极性和自觉性肯定大不一样，所以这里强调的是好奇心。必须保持一颗童心，有了童心，那就有了兴趣，兴致所发，便见人格魅力的光环。

好奇心

每个人大脑里都有兴奋中心，学习

75

如果不能形成一个兴奋中心，那么学的东西也是干巴巴的，很无奈。我以前教学，有这样一个深刻的体验：一个班上几十名学生，虽然是相同的教材，相同的教法和教时，但几十名学生的学习效果却千差万别，这里面就有一个兴趣问题。教课刚开始有个组织教学，不仅仅是组织课堂纪律、秩序，而是用巧妙的方法，调动每一个同学的兴奋中心，形成课堂上的兴奋中心。如没有这个兴奋中心，那这课也没法上好，也没人听，听了也没有什么效果。这就是学和教这两个方面。双方都应有兴奋中心，要有兴奋点。这样，学和教的人兴奋才有趣味。

严肃中的"趣味"

兴奋从何处而来呢？怎样才能让人兴奋起来呢？这就必须有趣味性。作报告的人在上面讲了一大堆，"啊，怎样怎样"，讲得干巴巴，这样就一点趣味都没有了，是一种干巴巴的教和讲。演讲本身也是一种教学，同样需要激发听者的兴奋中心。

1994年第十届国际合唱节期间，我参加了一个海峡两岸联欢晚会，在首都宾馆。主持人让我讲几句。我讲："刚才在音乐厅聆听你们合唱的时候，有一种感受，认为你们不仅仅是在唱，而且是在说。唱得好就成了说，说也是一种教；说得好也是一种唱，语言也是一种音乐。"所以，趣味性就是语句、语音的组织和发挥。如严肃的政治问题，非常枯燥的经济问题，非常深奥的科学问题，如果说得有趣味而且很明白，很通俗，就能引起人的好奇心。

首先，我们必须对所要讲的问题有真正的了解，否则我们怎么能将深奥的道理淡化和稀释呢？又怎么能把它说得有趣味呢？那就只能照本宣科了。有的人演讲，只是摆着一个提纲，即兴发挥，而且发挥得非常好。著名的物理学家李政道先生在人民大会堂演讲，那么深奥的科学命题，下面连北大老校长陈佳洱这样的院士都听得津津有味，像我们这些人对科学只是有一点点浅识，也能听得懂。因为他讲得很通俗，深入浅出。讲者、听者，整个会场形成一个共同的兴奋中心，高度调动起了听者的好奇心，有趣味。而少数人的演讲离不开他的电脑、讲稿，一离开就结结巴巴，甚至于讲错。

调动你的激情

其实学习也是这样。如何调动起自己的好奇心，发挥自己的好奇心呢？并不是说完全是听课时由讲课的人来调动你的好奇心，调动你的兴奋中心，通过把他讲的东西变得很有趣味来调动你的兴奋中心。因为大多数情况下，你不是天天去听演讲，不是天天在课堂上学习，还有许多时间是自学，自己看书，自己做练习，自己思考。那么，在这些情况下，你怎样调动自己的好奇心呢？那就要靠你自己时时保持孩童时的那种好奇心、童心，有了童心就有了兴趣，有了兴趣就有了激情。学习要有激情，没有激情是不行的。

　　有天晚上，北大生物系苏贤贵教授约我去听梁从诚先生的环保讲座。北大那么多学生，当时往左右一看，我是年龄比较大的。当我发言时，我说："在座的数我年长一些，我比年轻的共和国小一岁。"这话一开头，说明我本身就有激情。我认为我是年长的，我还来一句我比共和国还年轻一岁，加了一个"年轻"，这就是一种激情，这种激情就能产生动力。像学习，要看你有没有积极性，有没有自觉性。你的积极性、自觉性来自你的动力，这种动力来自你的兴趣，兴趣来自你的童心，来自你的好奇心。

第九讲　为道育「三心」

2　给知识编码——分别心

天下无二道

　　到了"为道"阶段，"分别心"就明显了。搞科学研究、理论研究，如果没有这种"分别心"，便分不清是非，当然这是指科学研究和理论研究需要这样的"分别心"。就是因为要分别它，所以才去探索它。

　　"分别心"绝对不能广而用之，普遍去运用它那是不行的。特别是用在为人上，那就更不行了。同样是理论研究、科学研究，在研究时你去分别那是你说的，这是我说的；那是你们国家的认识，这是我们国家的认识；那是你们西方人的认知，这是我们东方人的认知。如果这样分别，就不利于科学和理论的研究，不利于问题的探讨，这个不能分别。我们只能去分别这个问题的本身，这个科技项目的本身，这种自然现象的本身，这个社会问题的本身，去分别、比较哪种合理一些，哪一种方案更佳，哪一种理论是正确的，哪一种理论还不圆满，还有欠缺。只能在它的本身上去分别，如果拿到人事之间的感情问题上、利益上、名分上去分别的话，那就坏了。

　　明明这个东西，从它的现象本身、自然问题的本身来分析，应该A是对的，因为A是西方人，我不认可；西方人认为本来B是对的，B是东方人的，他不认可。这样就完了，始终都扯不清楚。真正的科学家，真正有学问的哲学家，他没有

77

这种分别心。古人云："天下无二道，圣人无两心。"用现在的话说，就是科学无国界。

圣人无两心

德国的数学家莱布尼茨，他把中国人文始祖伏羲的阴爻和阳爻古为今用，东为西用，用到他的二进制里，以后二进制又用于电脑编程，他就是没有这个分别心。如果莱布尼茨有这个分别心，认为这是东方古人的东西，那怎么行呢？那他就无法公开他的论文，他的论文现在可能还放在床底下，不敢向外公开，那么电脑的发明也要向后推迟了。所以我们要分别出是哪一种分别心。分别心本身是无善无恶的，主要是看你怎么用的问题，你用得不好，就会产生烦恼，这是一种执著，甚至会产生一种怨恨。

分别心用到名利得失、你我这些上面，那就是贪心了，甚至不仅仅是贪了，而且成了对人类、对社会有阻碍、有影响的东西。分别心要是用佛教方面的知识去讲，要讲很多，但这里就不过多去讲，现在，只从学习上去说。

求学阶段，学了好多知识，积累了很多很多知识。在知识积累的基础上，你首先要分别，起码要分别一下哪些知识对我今后的发展有用，哪些知识对我的发展暂时还没有作用，这就是一个取舍的问题。另外，还要把这些知识归纳、整理。

因为是为道，所以要通过思考。通过你的思考或与朋友之间的讨论、研究，然后在你的大脑中形成一个系统的东西。明明你积累的知识是一小块一小块的，像积木一样有大有小，有的像猴子，有的像熊猫，有的像玉米，有的像高粱，这样一小块一小块的积木，就是你的知识板块。但是你现在如何将这些知识拿过来，拼成一幅画，拼成一个故事，拼成一个奇特的组合，这就是"为道"阶段。当然这就要"分别"了，要通过分别来进行整理，这

分别心

老子为道

78

也是一种分类。

将玉米与猴子拼起来——猴子摘玉米，这样就连起来了。以前看猴子是猴子，玉米是玉米。我再去连，还能连很多东西，还能联想成很多的组合。还能联想到玉米加工成柠檬酸，加工成食品。我只是举个例子，主要还是讲这么一连，你的知识系统化、形象化、逻辑化了。有了系统，有了形象，有了逻辑，那么你的思维平台上就有好几台戏，有京剧、黄梅戏、河北梆子，还有话剧、小品、歌舞晚会……这样就丰富多彩了，调动起来就得心应手，左右逢源，知识就了了分明。以前的问题都是一小块，要考虑一个问题，想半天还是找不到头绪，现在就好了，不用再去冥思苦想了。就像导演切分镜头一样，将表一列，不用多讲，演员和剧务、摄像师们都自动出场，该干什么就干什么，那么这就是"为道"阶段。道是道路，一条一条的道路，条条大路通罗马，条条大道都通到应用的知识军团里面。无论人家提什么问题都不怕，因为你所学的知识在你的思维里已经了了分明，因为你思想里面有一个大的平台，上面各种剧种都有，无论你点什么戏，都能为你演出理想的戏曲。

知识的"总司令"

大师级的讲师，他们之所以讲起课来得心应手，写起文章来也得心应手，原因就是他们的知识有了系统化，有了"分别"。这个分别与什么来对照呢？有的人知识学了不少，可就是一锅粥，知识再多也派不上用场，一接触实践，理论知识仍然是一张皮。

只有通过分别、整理，有了系统化的知识才能理论与实践结合，这样一分别，你的知识就不是一锅粥了。即使你的知识比他人学得少一些，但他人的知识只是一锅粥，而你的知识却了了分明，能应用自如，能得心应手，这样与他人一比，他那个就是死知识，而你的是活知识。他的知识可能是平面的，只有那些整齐划一、循规蹈矩的东西，整个面上全是点、点、点，到了你这里，你不需要那么多点，可能只要一个点，由点到线，再由线到面。

你可能只要一、二、三，就是长、宽、厚三维立体。道生一，一生二，二生三，三生万物。只要到了"三"就行，因为是由"三"生一切嘛！为什么知识会像一锅粥呢？因为没有分别，没有分类，不知要用多少字母去给他编码，知识越多，编码越多，到关键的时候还是找不到头绪。而经过分别、分类，无论你获得了多少知识，你只要点、线、面三个编码就行了。这多简易，多方便呀！一根指挥棒就能指挥千军万马，知识也是千军万马，你就是总司令，这就是为道。

3 为道中的自信——平常心

把功夫积累成高山

平常心是我们日常听得最多的。高考以前，老师、家长都讲要有一颗平常心；体育大赛以前要有一颗平常心。但真的要做到平常心谈何容易！在考试之前老师、家长这么说，有的考生的心里反而越听越烦。当他突然一面对这么大的场面，平时那个平常心找不到了，不管用了。这时要什么样的平常心呢？平时在学校考试，单元测验、会考那种情况还能对付，那个时候平常心都还有，但一旦走进高考考场，一走进大赛的赛场，这时把平时的平常心拿过来又不管用，它们不是一个层次的，如果你按那样去调整，那不行，必须要有新的调整方式。到底怎样来调整这个平常心呢？

平常心

不见高山，不显平地。平常心是平地，但你必须先见高山。你没有见到这个高山，你就显不出这个平地，没有高怎能显出平？那高是什么？就是平时积累的知识，平时练就的功夫。考场和赛场上的高山就是自信心，这种自信心就是平常心。如果知识积累不多，功夫练得不硬，就没有自信心。正如人们说的："台上一分钟，台下十年功。"这种"十年功"就是"高山"。

你怎样调整你的平常心？开始，你必须把功夫积累成高山，然后在关键时就显出平地。学问到一定时候，已是为道阶段了，你已通过为学积累了丰富的知识，不知要用多少编码来编你的知识仓库，里面已堆得满满的。在这种时候，你再来分别，重新编码，编成一二三，然后由你任意指挥，"三军过后尽开颜"，这时你就很随意了，能无为而无不为了，这样你就有平常心了。

用淡泊来滋养

还有一个问题，在得到平常心后，你能守住它吗？能保持吗？有的人平常心得到了，结果又让它擦肩而过，让它溜走了。原因就在于他骄傲了，得意了。骄傲必失败，得意必忘形。忘什么形呢？忘掉了那个得之不易的平常心。所以必须保持平常心。用什么来保持平常心呢？用淡泊保持。你不用淡泊来保持，而是处处都很得意，就像喝浓糖水一样，天天处在别人的奉承和赞扬之中，在这种情况下天天喝"大补汤"，来者不拒，被这些"大补汤"给淹没了，这样你能受得了吗？我们对"大补汤"应该自己用白水冲淡，慢慢地享受，也只有在淡泊中间涵养这种平常心。奉承和赞扬的"大补汤"只能堵塞住平常心，只有淡泊才能滋养平常心。

好奇心、分别心、平常心，这是一连串的。好奇心来自童心，保持了童心就有好奇心，有了好奇心就有兴趣，有了兴趣就有兴奋中心，有了兴奋中心就有了激情，有了激情就有了学习的动力，有了学习的动力就有积极性和自觉性。当知识积累到一定程度，就必须分别、分类，将所有的知识再编成知识的海陆空三军，不能将它们变成一锅粥，使它学无所用。当知识组织好了，就是"为道"了，这时知识的三军就已排好阵势了，这时你就瓜熟蒂落了，就有了平常心了。有了平常心，还必须用淡泊来保持它。

1998年我出了一本书叫《淡泊人生》，是专写老子的。这本书现在还有许多人找我要。什么为淡泊？老子讲："无为就是一种淡泊。"所以，我们必须用淡泊来滋养平常心。

第十讲 为道的反省

—— 是什么——为什么——不二法门

1 阅读为道——是什么

是什么

"是什么？"实际上是讲概念性的东西。下面我还要讲概念，所以我这里就不去重复。那么我就讲"是什么"。还顺着上一个题目"好奇心"来讲。童心里有好奇心，这个好奇心就是喜欢问是什么，看看这个是什么，那个是什么。实际上知识的积累，积累一大堆，大多数都是"是什么"，当然也有为什么，也有怎么办、怎么样、为什么会这样，但大量的知识是"是什么"的多。像公式、定理、公理，它所包含的内容就是"是什么"。比如我们平时学的，刚开始识字时，这是什么字，怎么写。"是什么"，不仅仅是自然现象，还有人生和社会现象。这就是事，当然还有理。

关于"是什么"，我曾经在2000年高考命题研讨会上，与大家讨论了一个问题：对孩子的教育，无论是老师、家长，还是教材和考试题，问"是什么"的时候，不能轻易问，也不能轻易教。为什么呢？这是一个很复杂的问题。我举了一个例子：

一个刚刚懂事的小孩，对蓝蓝的天产生兴趣了，很好奇，这个时候问大人："天是什么？"大人怎么答？或者手往上一指，说天在上面，天上有云，有太阳，有月亮，有星星，等等。实际上，我认为这是一种误导，古代人认为天在上面，地在下面，天圆地方。现在科学发达，你还认为天在上面，上面是什么？上面就是天？你还是这样去教导，孩子刚开始有记忆能力，第一次给他的概念太深刻了，以后很难去改变这个先入为主的东西，可能好长时间还误认为天在上面，地在下面，甚至还想着天像一个锅，地是平的、方的。给他这么一个思维，让孩子这么去思维，有误导之嫌。天上有太阳，有星星，有月亮，不错，但仅此而已吗？连大人都讲不清楚的东西，你为什么要跟孩子去说这些，去限制孩子的思维呢？应该让他自己去观察，教他去数天上的星星，让他去体会、观察月亮怎么运行，怎么在云里走，为什么离开了云它就不走了？问这些问题，让孩子自己去思索，不给他一个具体的答案。不要告诉他1+1=2。不给一个答案，而是让他自己去观察，自己去思考。你们认为，这样是不是好一些？

"是什么"是唯一的答案吗

我当时提出，无论是家长、老师，还是教育部出题，你给学生的答案不能太机械化，或者是只给一个答案，考题中"是什么"的内容比例不能太多。当时只讨论高考出题的问题，总结2000年的高考题，考生答题以后，出现哪几种倾向，然后又提出一些2001年高考命题的方向。我就提出我的观点：凡是概念化的东西，答案往往只有一个，错一个字都不行，一个字一错，整个题就会错，就被判零分，有多机械？这样是不是有些抑制孩子的思维？我认为，出题的时候要考虑一下，不是说这个题不能出，而是出的时候不应该去限制学生的思维，不能误导。误导那就不是一般的问题。因为高考命题是方向，是中学教育的方向。以前，我教过毕业班，整个毕业班的老师实际上就是跟着上一年的高考命题走。前一年高考的命题就是毕业班老师的镜子，就是对着那面镜子来教学生。这样就形成了全国或全省一个模子，就照着这个模子画瓢，这是不行的。

有些学生答题能超出出题和判卷老师的想象，在所有答卷中间可以说有些特色吧。凭这个得高分，但是在"是什么"这个题上呢，往往丢分。丢分虽然不是好事，但说明了一种考试方向问题：是鼓励学生多背一些是什么，还是多想一些为什么。会答"是什么"是知，会答"为什么"是智，会答"怎么办"是能。知识、智慧和才能构成立体的人格魅力。所以我认为，求学的时候不能放弃这些"是什么"，要搞清楚这些"是什么"。在搞清楚"是什么"的时候，你不能把这些"是什么"都当成唯一答案，这是求学应该注意的问题。你把这些"是什么"都当作唯一的答案的话，就没有创新，没有进步了。那么社会不会进步，历史不会进步，科学技术也不会进步。所以说，我们搞教育的要引导学生多问一些"为什么"。

2　讨论为道——为什么

为什么

"为什么？"同样是一个问号，但是这个问号与前面的那个问号相比，它的外延与内涵都有很大的区别了。首先，它的空间大。给谁的空间大？给问的人的空间大，给回答的人的空间也大。"是什么"的空间相应小一些，弹性小一些。我这里有这么几个例子。

《淮南子》里面有一篇《人间训》。《人间训》里面问了好多"为什么"。你看：

"为什么有时想减少它，反而会使它增多？为什么有时努力增加它，却使它减少？"

"为什么有人想危害别人，却反而有利于他人？为什么有人想帮助他人，反而加害于他人？"

"为什么夺取别人，反被别人夺取？为什么要先给予好处然后再夺取？"
…………

这些"为什么"有来历，也很有意思。你看，"为什么有时想减少它，反而会使它增多？"这里有这么个故事。以前，有这么一个功臣，皇帝想加封他，他一直不要皇帝给他加封。后来，他知道自己要去世了，就嘱咐他的儿子，说："我死后，皇上肯定要加封你。其他地方都别要，只要某某地方。那个地方最偏僻，最荒凉，而且经常闹鬼，很不吉祥。谁都不要的地方，你就要这个地方，其他地方都不能要，肥沃的地方不能要。"后来，儿子听从了父亲的话。皇上封给他非常肥沃的土地、非常繁华的地方他都不要。他还真的就要那个偏僻的地方。皇上想，你自己愿意的，其他大臣也很高兴。以当时的眼光看，这是一种减少。以后新的皇帝继位，朝廷有新的规定：凡是有功之臣，只封一代，到下一代就不给封了，已经封了的全部收回。其他的都收回来了，唯独他那块地没有收回。因为那是不毛之地，谁都看不上眼，收回也等于没收回，那就不收了，永远不收了吧，永远都作为他的封地。这不是反而增加了吗？

为什么想帮助他人反而加害于他人？有一位国王带领一位将军去作战，第一仗就打败了。这位将军非常困惑，本来冲锋陷阵都是很卖力的，国王在

为什么

后面做主帅，谁不卖力？这位将军喜好酒，他身边有位卫兵就将酒留着。一般情况下，留酒是打胜仗喝，打败仗不喝。但这时候，他实在是疲惫得不得了，卫兵也确实是为了他好，就拿出酒让将军先喝一口，解解乏。这将军喝了一口，又想喝一口，结果喝得酩酊大醉。第二天一早，国王催着第二次出战，都说将军生病了。国王亲自来探视他，掀开帐篷一看，酒气冲天，这还得了！国王亲自出征，打败仗本来就不好交代，这下将责任全推到将军身上，训斥说："原来是你在玩忽职守，这仗不打了，回朝！"国王自己也下了台，还找了一个替罪羊。卫兵可没想到，明明是为将军好，结果反而让将军丢了性命。为什么？有一些东西，我们现实生活中也很多，多问个"为什么"，会使人少犯错。

再追问几个"为什么"

科学上的"为什么"，那就更多了。20世纪60年代有套科普丛书叫《十万个为什么》。你们看我书架上还有一本《千万个为什么》，是前几年编的。如果现在要编的话，那可能就是《亿万个为什么》，"为什么"就太多了。1997年，赵朴初会长指示佛教文化研究所编一本《佛教科学常识问答》。朴老的意思是让现在的年轻僧人在学习佛法的同时，也要学习科学知识。当时，佛教文化研究所的李家政先生就将这个任务交给我。编了十几万字，一问一答，都是"为什么"。最后，交给叶至善先生审核，朴老还亲自写了前言，做了这么一本小册子。从这本书的目录上能看出来有好多"为什么"。比如：为什么水星上没有水？为什么宇航员能在太空迈步？为什么我们感觉不到物体对我们的引力？为什么会发生泥石流？等等。好多"为什么"，科学上的"为什么"是问不尽的。正是因为有了这么多的"为什么"，就有了讨论、研究、实验的课题，不断有新的课题。有了这些课题，就会有新的研究成果、科学成果。正是因为有了这些成果，并将这些成果付诸运用，所以就推动了社会的发展、人类的进步。

在求学的时候，就是"什么是"、"是什么"；到为道阶段就要多问"为什么"，多去研究"为什么"。两个人在一起讨论，也是围绕一个"为什么"。搞研究也要围绕"为什么"。"为什么"给人的智慧和启发是很大的，所以，这个"为什么"的问号画起来是很有分量的。从古问到今，从这个学科问到那个学科，有人到国外求学，又从中国问到国外，从孩子懂事的时候起，一直问到老，都是没有穷尽的。

使老专家童心不泯的"为什么"

前面讲了一个好奇心，人到老了，还有好奇心，还有童心。但这时的童心不一样，孩提时的童心是问"是什么"，老年人的童心多半是问"为什么"。正是一个"为什么"，引起许多老专家、老科学家童心不泯，还在那里孜孜以求，如果没有"为什么"的话，他们也该退休了。你看，老专家、老学者、老科学家，这些"国宝"级的人有退休年龄吗？没有。国家不让他们退，他们自己还不想退呢。为什么？他们满脑子的"为什么"还没有解答完，还没有找到答案，甚至到最后临终时，还有好多"为什么"没有向后人交代，还觉得很遗憾。

南怀瑾先生曾经风趣地说："我这个人有高血压，但我闲不住，就是要写作，有时候写起来还没完没了。万一哪一天，我写得激动了，血压高了，就这么趴下去了，倒下去了。那我的弟子肯定会为我描写一番：我先生是为了弘法而捐躯的，以身献法；甚至还要说呢，我是在写作台上立化的。这样，会把我越传越神，但实际上不是我境界高。不知道的人还认为，哎呀，这人道学高！但实际上是我的血压高。"但为什么他明明知道自己的血压高还要写作？他不也是有好多"为什么"激发他而停不下笔吗？到了一定阶段，他就必须要这样去做。

86

3　评判为道——不二法门

不　二

有"是什么"，就有"不是什么"，有是就有非，有肯定就有否定。问"为什么"的时候，里面就有正方和反方，这实际上是将事物打成了两截，分成了是与非、阴与阳、动与静、刚与柔，这些东西都是对立的，一下子把事物一劈两半。但是，我在这里要讲个"不二"，一劈两半的东西，不是两个东西，还是一个东西。

怎么来理解"不二"？"不二"怎么成了一个法门？这是自然的现象，也是社会、历史发展的规律，事物本身就是这么回事。就像伸出一只手，站在这边的人看到的是手掌，站在那边的人看到的是手背，你能说这是两只手吗？一个人往那儿一站，从前面看到的是他的脸，从后面看到的是他的背，你能说是两个人吗？

再举一个例子：通常情况下，水在零摄氏度以下的时候结成了冰，在零上的时候，冰又化成了水，到 100 摄氏度以上时又变成了汽。你们能说它是三个东西吗？实际上，它还是 H_2O，还是两个氢原子和一个氧原子，它的分子式没有变，它还是一个东西，变为两个时还是一个，变成三个东西时也还是一个东西。

《易经》里面的坎卦，是象征水的，在地上是水，到了天上就是云。"云上于天"，乍一看，地上的水、天上的云是两个东西。科学家们认为它还是一个东西，云是由水蒸气变成的。云，它不是海绵，不是青霉素，它还是两个氢原子一个氧原子，分子式还没变，它还是水。

一个人小时候非常聪明，但是他慢慢地向相反的方向变，不是变聪明，而是变坏了。有这么一句话：前后判若两人，实际还是一个人，"若"是像的意思，是像两个人，实际上还是一个人，这就是"不二"。

再讲善和恶，这明显是两个东西呀。你讲把它变为不二，变为一个东西，怎么解释？当然魔术师能变，但自然法则不需要魔术师想点子去变，也不需要化学品，它就是一个东西。为什么说没有善就没有恶，没有恶就没有善？没有恶哪来的善？它本身就是一个东西。对于我们求学的人，做学问的人，如果不懂

不二法门

得不二法门的话，就不能使知识上升为智慧。无论哪一个科学家、哲学家、文学家，尽管他不是佛教徒，也不认可佛教理论，甚至于反对，但是他还是在不二法门之中。除非他不是科学家、哲学家、文学家，如果他是科学家、哲学家、文学家，他的研究全在不二之中，不然他没法研究，他所研究的东西就不是东西。为什么说不是东西？不符合自然法则。因为自然就是不二的。

自他不二

当然，真正按佛教来理解"不二"，那就更深奥了。有"自他不二"，意思是"我"与"你"、与"他"都不二。这样讲，你们可能就糊涂了，"我"与"你"两个人怎么不二？那我又问你，怎么是两个人？从大自然来说，从整个人类来说，不都是人吗？人体的属性是物质的，人的身体都是由四大要素组成的：地、火、水、风。"水"表示一种流动性，"火"表示一种暖性，"土"表示一种硬性，"风"表示气体。人身上为什么说是四大要素组合？人到死以前，是四大要素分离，最后分离的是气。所谓"咽气为死"，气一咽为死，不就是风分离了吗？

人的身体都是由四大要素组合而成的，难道能说人是两个吗？是一个。

我们看问题，不能从表面上看。不仅仅要看现象，还要看它的本质。本质是什么？人的本质是四大要素组合而成的。无论是黄种人、黑种人、白种人、还是棕色人，都是四大要素组合而成的，都是如此。从本质上来说，它是一。你们讲，科学家们、哲学家们、艺术家们能违背这个东西吗？任何人都违背不了。

死生不二

还有死生不二。这个"死"和"生"表象上是两回事，打成了两截，但它是不二的。用人来比较可能还不好比较，用其他的来比较，像动物有生、老、病、死，植物有生、长、异、灭，它有生和长两个阶段。异，就是变异，刚开始是小苗，以后开花，结果，这不就是变了，不同了吗？异后又灭。实物呢？像桌子、杯子、石头，好像是没有生命的东西，它是成、住、坏、空。成就是形成了，做成了。住，使用的时候不就是住吗？坏，慢慢地要变坏，变旧。空，变化了，没有，不是无，而是变成另外一种物质。也就是说，什么东西都在变化之中，变化来变化去，还是一个东西。死后接着就是生，生后接着又是死，老是在绕圈子，绕过来，绕过去。种子发芽、开花、结果，最后还是绕到种子上了。自然科学家看自然，并不是看表面现象，而是看本体。自然现象里面就是这样，生死是无别的，是不二的。一种物质在这个阶段是死了，但马上又生出了另一种物质，物质生成后又要接近新的死亡，这是不二。

理事不二

理事不二，道理和事情是不二的。理能离开事吗？凭空讲理的话，是没有这个理的，就算有的话，也是前人讲的，是前人从事中总结出来的。事离不开理，理也离不开事。有事，就有理；有理，就有事；没有事，凭空讲理，不是这样的。理又是什么意思？"山有脉，石有纹"，无论是大山、小山都有山脉，纹就是理，纹理。毛泽东在《实践论》中讲过："理论源于实践，又指导实践。"上升到这么一个高度。什么叫实践？实践就是做事。也就是说理论是从事中来的，但又高于事，是事的升华，同时，它又可以指导实践。懂了理，你就会做事。小道理归大道理管，你懂了大道理，就更会做事，做事就不会迷失方向。

这里只能是简单地讲一讲。在求学期间，学问到了一定程度，特别是大学问家，实际上都在不二之中。因为不二是自然法则，你违背了这自然法则，就不能成为科学家、哲学家、思想家。遵循不二法则，就是为道啊。

第十一讲　为道"三念"与"三性"

——三念：概念·理念·信念
——三性：感性·理性·悟性

1　为道的两组概念

游戏与经典

今天讲的题目复杂点，将两组概念合起来讲。概念、理念、信念，感性、理性、悟性，这是两组概念。

你们看，我讲课只带张纸片，甚至什么也不带。今天，我搬来一大堆书。为什么呢？因为今天所讲的都是些哲学名词，这些哲学名词都是很经典的，即使是一位大哲学家，也没法将这些讲解得清楚，对于我来说，更不能给出个准确的定义，只能是根据我们的课题来讲这两组概念。这两组概念虽然是哲学的，但我们要把它看成是生活的，是游戏的。因为智慧是能超越的嘛，我们首先就要超越一大堆概念，一大堆名词术语，至于理论我们不去管它，那是哲学家的事。

我们怎样来超越这个东西，如果没有超越，那就不能叫智慧，那是一种死的知识。你背那些名词、定理、法则，那你还要去读四年大学，四年大学读完以后，你还不是要去实践吗？在实践中，难道都是很严肃的吗？实际上还是在游戏。所以，我今天讲这个题，先给你们交个底，我用一个比喻和三个经典来说。一个比喻是以小孩刚开始玩的第一个游戏——搭积木，用积木来比喻，我们就用玩积木来做这个游戏。三个经典：第一个是老子的，第二个是爱因斯坦的，第三个是《金刚经》上的。是不是经典？这些都是经典。爱因斯坦有个公式：$A = X + Y + Z$。在这个公式中：$A = 成功，X = 干活，Y = 游戏，Z = 沉默$。

我们仅仅玩游戏是不行的，还要玩得正正堂堂，要玩得规规矩矩，要玩得很经典。游戏玩得不经典，就不是智慧；如果只有经典，只是书本上的东西，也不是智慧；只有把经典当作游戏来玩，才算是超越了聪明而上升为智慧。

概念与积木

积木是由一小块一小块各种形状的个体板块组成的，有长方形，有三角形，有正方形，有菱形，各种形状，各种颜色，就好比一个个概念。

概念是什么？你要看哲学书上解释的概念，你头就大了。不是说我们不能理解，不是这么回事，是因为它本身也还是用概念来解释概念，用名词解释名词。所以，我们不到那里面去捉迷藏，捉得不好的话就钻进了牛角尖，我们不去捉。我们不是研究哲学的，也不是研究理念的。我们不是做学术的，我们是做游戏的，是寻找一种"无为，无不为"的途径，不能钻到牛角尖里面去，钻进去就钻不出来。我们要钻进"元亨"，要通啊，不通不行啊，要四通八达才算游戏。

为什么说积木板块是概念呢？不就是给一个东西取一个名字吗？你看了有一个印象，你怎么来解释它。这个里面有一个什么问题呢？概念不是固定的，不是恒久的，不是机械的。举一个简单的例子：我们在座的，你们对某一个人第一次见面有一个印象，这个印象不就是概念吗？还要去讲那么多理论吗？我认为不需要。当然，这也不是很准确的，哲学家解释的是准确的吗？也没有那么准确。因为大自然本来的面目，本身就没法去下准确的定义，真正的准确是大自然的本体。我们用语言去表达它，没法表达得很准确，因为我们的语言本身就存在缺陷，我们的观察力存在缺陷。所以说积木板块只是一个一个的概念，不准确就是大概的意思。

那么多的名词术语，什么是概念？什么是理念？什么是信念？什么是感性？什么是理性？什么是悟性？你要解释，本身还要用好多概念来解释概念的本身。那么就是说，积木的一小块一小块就是一个一个的概念，概念是一个一个的个体，它不是整体的。

理念与信念

那么，理念是什么？就是玩积木的原理，知道是怎么玩法。玩积木的方法上升到理论就是理念，就是要理性地去玩。这样讲，你们是不是理解得要好一些呢？你们跟我学，学什么？是学一些看得见、摸得着的东西吗？你们想：今天啊，我学了一种高超的刀法，明天我又学了一种枪法，十八般武艺我十八天学完了。哎呀，不得了。可我教的不是这些简单的刀枪剑戟，而是教一种巧妙思维的方式，从那些深奥的哲理里面，从深刻的道理里面超脱出来，用游戏的方法对待它。我认为，这比什么都重要，比十八般武艺重要。到时候，你们学到了东西还是没学到东西，就看你们自己了，这就是理念。游戏的玩法、规律就是按你的理念来玩。比如《易经》，玄妙不玄妙？可是《易传》却说"观其象而玩其辞"、"观其变而玩其占"。

那么，信念呢？我们很自然想到它的"兄弟"名词：信仰、信条，是吧。但是信念应该没有信仰、信条那么严肃吧，应该要洒脱一点，洒脱在什么地方？就是说，我把这个积木玩到一定程度，我天天玩，玩得得心应手，有我自己的玩法了。你们的玩法是你们的玩法，现在，我有我的玩法了，有我的特有模式的玩法了，玩出自己的门道来了，这门道里就有信念。我相信，信念有它自己的东西，信念已经成为模式了。它与信仰是不同的，区别就在于它已经成为它自己的习惯了，成为一种习惯思维了。

悟性与习惯思维

再讲悟性。在悟性中玩积木，已经是一种超脱。它超脱了积木本身的概念，超脱了玩积木的一般习惯思维。在悟性里面，说是积木，亦非积木，是名积木。既是这种玩法，又不是这种玩法；在玩积木，又不在玩积木。在玩什么？玩物理，玩化学，玩社会，玩人生，玩世界，玩大自然，在这个积木里面玩出了三千大千世界。悟性，真正是无不为的一种闪光，眼睛只能感受光线，悟性却能分辨光粒子结构，以及光波的运动规律。

这么讲能不能达到解释概念、理念、信念以及感性、理性、悟性的目的呢？不一定。但是，有一个作用应该有，启发你们对这些名词的理解。我们不从名词出发，不从它的概念表面出发，我们从概念的实体出发。那么，概念的实体又是什么？用语言仍然没法去作出很准确的解释。但是，我们又不能不解释，我们不能不去理解它。怎么办？我们还是去向圣人、伟人、名人请教。因为，他们的智慧是我们人类共同的智慧，是时代的智慧。我们借鉴他们的智慧来超脱我们自身，我认为是应该的。所以，下面就讲三个经典。

2 老子"为道"经典

什么是"微"

下面我们来看一下《道德经》第十四章的开头三句话。

第一句话是"视之而弗见，命之曰微"。视，就是看，表示视觉；之，是代词，指代事物。弗，是指没有。意思是说去看一个事物，却没有看见什么东西。既然你去看，应该还是有东西可看，但是又没有看到什么东西。那么，就把这个东西取个名字，叫做"微"。这个微也成了一个概念，所以，凡是非常微妙的东西，都把它叫做微。微小、微弱、微妙、细微，都与微有关。那么，这个"微"就是从这个概念中来的。也就是说，没有形色。举个简单的例子吧。一位老太太穿针，一根小花针的针眼，你们说有没有？有。但是在老太太眼中呢？看不见。这时找一个年轻人，叫她穿一下，哎，线穿进去了。这个针眼在老太太眼里，太微小了，它存在吗？它存在，但是老太太找不着，看不见。

关于"微"还有另外一种见解，即见微知著。荀子有一种比喻，他说："声音无论多么微小，都能被人听得见；行为无论多么隐秘，都能被人看得见。山底里蕴藏着宝石，上面的树木就显得润泽；渊池里养了珍珠，涯岸就显得不干枯。"这是观察中的微妙。

什么是"希"

第二句话是"听之而弗闻，命之曰希"。用心去听，似乎有声音，却又听不到。在我们生活中不也经常有这种现象吗？不去听时，似乎有什么声音，仔细去听，又没有声音。所以，把它命名为"希"。就是说这个声音，在你的听觉里只是一种"唏——唏——"的声音，非常微弱。既然你能听到，它又是存在的，但你又无法用耳朵的功能把它捕捉住，也许是这种声音小得无法震动耳膜，也许是听觉没有如此敏锐，也许是听觉思维有心理障碍，也许这就是老子说的"大音希声"。这是一个很奇特的现象，又是我们生活中的事。

你不集中精力去听吧，它又有；你集中精力去听吧，它又无。什么原因？说明我们的功能往往在无意识中才能发挥作用。你真要用意识，它又失去了功能，它的功能就减弱了，是意识遮蔽了你的本能。是不是这么回事？我们能不能这么去理解？所以，在这里老子又在强调无为了。我为什么跟你们讲无为啊？生活中为什么会有这种现象？从这么很小的一件事上，都能看出一种无意识的意义。在无意识中，我们的功能表现出一种超越。

举个简单的例子，我骑自行车不像你们年轻人，可以骑在车上任意玩耍，我骑车很谨慎，胆子很小。有一次，我骑着车，外衣放在后座上，忽然感觉有点冷，就伸手将外衣从后座上拿过来，然后两手伸开把外衣穿上了。当时，我脑中还在思维，衣服在无意识中穿上了。穿好后，我自己都不知道，觉得好生奇怪。以后，我几次有意识地松开手，却怎么也不行。我觉得我们每个人都有相似的体验，这种体验就说明了无意识和有意识对人体本有功能的发挥和限制。

为什么我们每个人在无意识中功能能够超常发挥，有意识就不能发挥？问题出在哪里？出在我们的意识里。我们的意识里面概念太多了，太乱了，太复杂了。一旦你有意识，这些概念都在打架，都在争先恐后："我来！""我来！"结果呢，谁都不做主，与你打架，来干扰你。无意识时，没事了，这些概念没有了，清净了。你那些功能呢？好，没有概念干扰我，可以尽情地发挥。这是我们生活中的东西。

再回到老子那句话上。希，是稀少。你看，不是稀少吗？你大脑中的概念稀少了，人身本有的功能不就发挥出来了吗？概念好不好？好，在某些时候是起作用，但是在关键时刻它是不起作用的。所以，在为道阶段要损，要损之又损，把这些无关紧要的概念损掉，这个道理就很明显了。

什么是"夷"

第三句话："捪之而弗得，命之曰夷。"这是什么意思？你去摸（捪）它，摸不着。像原始时代，山林发生了山火，人们第一次看见山火，不知道火很厉害，就朝山火奔跑，像飞蛾扑火，火苗好玩哪。一到跟前，感觉暖和了；再靠近了，又感觉有些烫人了，不敢接近了。是什么东西烫人？是什么东西使身上发热？用手去摸，转过来，转过去，就是摸不着。你说没有吧，又感觉到暖和；你说有吧，又摸不着什么；想搬回山洞吧，又搬不走。这是为什么？摸来摸去，是平的。夷，不就是平的意思吗？摸来摸去，"咦——"哪去了？"咦"也许就是一种稀奇的原始发音，这个东西它摸不着，于是命名为"夷"。夷者，其音从咦，其义从平。

3　爱因斯坦"为道"经典

概念影响智慧

爱因斯坦被评为 20 世纪对人类贡献最大的人，是他让人类对大自然的认识有了新的突破、新的进步。

爱因斯坦也说："凡是看不见的，听不到的，摸不着的，我们不能否定它的存在，因为，不能以我们的意识去判断世界存在不存在。"也就是说，这个世界存在不存在，是不以人的意识为转移的。是不是这个意思？

老子在两千多年前就有这么一种哲学思辨，这么一种科学的头脑。这三句话看起来普普通通的，一旦这么去理解吧，哎！古人怎么讲得这么玄呀！所以有人将老子的《道德经》当作玄学。他们没有将老子的东西从书本上搬到生活中，搬到自然本来面目之中，而是从自然中将它搬到书本上。为什么老子当年骑青牛出关，不想写什么？也许他早已预料：我写了，是害了你们呐。为什么释迦牟尼佛最后还要说一句"我一句都没说"呢？意思是说：我说了这么多是害了你们，你们就将我说的东西都当成书本上的东西，都是当作一个一个的概念，这些概念组成了意识，这些意识又影响了智慧的发挥。而智慧是每一个人都具有的，这么一大堆概念、名词将智慧给掩盖了，就像一层层的云将智慧的阳光挡住了一样。

现在，我们就将这些概念性的东西，这些意识上的东西掀开吧，看看它的本来面目，让圣人从书本上走回到自然中，走回到我们的生活中，然后走入我们每个人心中的智慧之光，让我们的智慧之光融入圣人的智慧之光。这不就可以无不为了吗？

现在，我们怎么来理解概念、理念，感性、理性？我们的悟性是从哪来的？不是圣人才有悟性，不是大师才有悟性，我们每个人都有悟性。悟性是什么？我这里讲一句非常通俗的话：无师自通就是悟性。每个人都能无师自通吗？都能。因为每一个人在生活中间、学习中间、工作中间所碰到的许多难题、棘手的问题，都是自己去解决的。

我们在解决这些问题的过程中，用的难道全是教科书上的东西？全是老师教的吗？全是从其他人身上模仿来的吗？可以说，绝大多数是我们自己无师自通的，特别是在关键的时刻、关键的环节上，我们完全无法依赖教科书，无法依赖老师教的，只能是自己悟，独立思考，自我解决。

这就是无师自通，这就是悟性，太好理解了，不需要去背那些概念。

观察与存在

这里，再引用爱因斯坦的几段话。他在与施特恩谈话时说："只有我们观察到的东西才是存在的。"这句话是爱因斯坦说的吗？不是，这是其他人说的，所以他马上又说："但是这种说法显然也是错误的。"就是说，还有绝大多数的东西我们观察不到。因为人观察事物是靠眼、耳、鼻、舌、身、意这六个功能，实际只有前五个，意是起加工作用，起一个综合作用。

前五个功能是生理现象，第六个功能意是心理现象，观察的对象是物理现象。其他五个功能都是对外的，去观察，去体验。概念是怎么来的？它有一个过程，第一个就是观察，观察后得到了体验，体验以后便有了抽象。什么是抽象？我们在观察一个人的时候，他的体貌、衣着、气质等，这些是一个整体的印象。事后你有没有将这个人的方方面面、点点滴滴都记在脑中？没有。你是抽出一些象征性的东西。你大脑中记住的是这几个抽出来的形象。对于一个物体，它给你的印象，它在你大脑中形成的概念，实际上也是通过了抽象这么一个环节。当你走到天安门广场一看，天安门广场是什么样？天安门城楼是什么样？它的一点一滴、你所看见的都记住了吗？没有。你只记住了一个大概：红墙、黄瓦、国徽、毛主席像，整体的形象，这些就是你抽出来的形象，这就叫抽象。通过这样一番概括，并用词语表述出来便叫作概念。所以说，概念不是固有的。

比如说，一个小孩问大人："天

是什么？"大人不能随便教他："天在上面。"这一教就错。天不在上面呀，天在我们地球周围。如果回答天在上面，这个小孩一直到长大还是认为天在上面，这不就误导了吗？那还是古人的思维"天圆地方"：天就像一个倒扣着的锅盖，地是方的，地是不动的，认为太阳是围绕地球转的。这个里面就有一个概念问题，古代人对天的概念与现代人对天的概念不一样。东方人对天的概念与西方人对天的概念不一样。科学家对天的概念和文学家的概念不一样，政治家对天的概念也不一样，诗人对天的概念又有很多虚幻的画面。这就是概念的多变性、多元性。

每一个人对一个物体、一件事情所概括、所抽象的东西不一样。总体来说，既然形成了一种概念，大家都共同认知它，这是作为一个暂时性的概念，我们暂且就这么认可它吧，就这么去解释它吧。它有一个共性，但这个共性也不是一成不变的，这个共性里仍然还是有个性。我们每一个人对书的概念有共性的东西，但是又有个性的东西，个性的理解。

所以爱因斯坦说："只有我们观察到的世界才是存在的。但是这种说法显然也是错误的。"为什么？"因为可观察的世界并不'存在'。"说得太妙了。可观察的世界，你去观察能全部观察到，这样的世界是不存在的。如果这个世界存在的话，那么，我们这个世界就不是这么个丰富多彩的世界了，就不可能为我们提供这么丰富的物质，这么丰富的精神了，不可能。那就仅仅只有物质世界，精神世界就不会有的，更不会为我们提供大量的信息。因为信息是无法在可观察的世界里面流通的。信息的传递，你能观察到吗？即使要观察，还需要用现代化的手段去观察，那不是常人所能观察到的，更不能凭我们的五官，凭我们的眼、耳、鼻、舌、身、意观察得到。我们用肉眼观察到的任何物体都不是该物体的全部。当你观察到桌面时，便没有观察桌底；观察了树的阳面，却没有观察树的阴面。

观察到的不是世界

所以，爱因斯坦有句精辟的结论："我们所观察到的不是世界。"我们如何理解？为什么说不是世界？我们应该这么理解：我们观察到的世界不是世界的全部，而是一个局部。这么个局部就说它是世界吗？我们住在海淀，能说海淀就是整个北京吗？这不对。到了天安门，天安门就是北京，这也不对。不能以偏概全。古代名家说"白马非马"就是这种概念，白马是马的一种，而不是马的总体概念。所以，爱因斯坦这段话我们理解了，联系老子的三句话去理解，我们就知道概念是怎么回事，理念是怎么回事。

我们怎样从概念里面超脱出来，从理念里面超脱出来，然后让我们的智慧发挥出来？我们所讲的是超越，实际上，只要把我们本身的智慧发挥出来就是超越。超越了我们的聪明，超越了概念性的东西，超越了书本上的东西。这样，无师自通的东西就多了，多好啊。谁不喜欢？哎呀，我还不知道我有没有悟性。你这是在怀疑自己，对自己没有信心。悟性是什么？还有点扑朔迷离，模棱两可。一讲无师自通，你喜欢不喜欢？我喜欢呐，就接受了。能不能做到无师自通？我做到过呀！工作中间、生活中间、学习中间，无师自通的东西多起来，积累起来，最后把它们连成一片，这不就是悟性？不就是小悟积累成了大悟，最后彻底地觉悟，大彻大悟了吗？你们讲，是不是这么个过程？我们为什么还要从书本里面、名词术语里面寻找答案？为什么我们不到我们生活中间寻找答案？为什么不从我们的心底寻找答案？就是这个道理。

理性的跨越

有人说，概念的组合是理念，理念的升华是理性。

理性，表现于内的是"明理"，表现于外的是"明礼"。不合"理"和"礼"的言行思维都是对理性的违背。所以荀子说："怀着恶意发问的，不要告诉他；怀着恶意告诉的，不要追问他；怀着恶意讲说的，不要听从他；怀有争强气势的，不要同他辩论。所以，如果他是顺从理性而来的，就能接近他；如果是不合理性的，就要回避他。"

荀子又说："持礼恭敬，然后才和他谈论道义的方向；言辞和顺，然后才和他谈论道义的条理；面色从容，然后才和他谈论道义的真谛。"荀子认为"持礼恭敬"、"言辞和顺"、"面色从容"是理性的表现，"道义"的方向、条理和真谛才是理性的内涵。

能够与不能够

爱因斯坦曾经说过这样的话："凡是不能观察的，都是不存在的。但是这种观点在科学上是站不住脚的，因为人们究竟'能够'观察到什么或者'不能够'观察到什么，那是不可能做有效的断言的。"

爱因斯坦在与海森伯的谈话中又谈道："一个人把实际观察到的东西记在心中，会有启发性帮助的，我这样说……"他又把话说回头，就像司机开车打方向盘，转弯打过去，马上又要打回来，方向盘打过去不往回打，那车子不就在原地打转了吗？"矫枉不能过正"。就是说你马上还要回过头去，也就是说否定以后，你不能全部否定，到一定程度又要回头，又要肯定。肯定什么？一个人把实际观察到的东西记在心中，还是有一定帮助的，你不能不依赖。这些东西我们都不听，认为这些书本知识都没用，我们不学了。谁说的？爱因斯坦说的，这不又错了吗？爱因斯坦说："我说过了吗？"再看看孔子的观点。

孔子说："我们毕竟还是要学而知之。"学还是要学的，关键是看你怎么学。你学的时候，不要把一个东西看作是绝对的，只能看作是相对的，你不能把你观察到的东西都当作是全部的，当作真实的。它不是真实的，它是变化的；它不是全部的，它是局部的。这就是学习的方法、学习的理念。

读书，不能读死书，"咿咿呀呀"背一大堆，结果连自己都不认识了，这样的人多着呢。读书读到最后连自己都不认识，原因就是在概念里面转圈子，读死书。书不能说不读，而且要多读，天天都要读，不读不行。怎么读？这很关键。读死书，只能使你的智慧越来越暗淡。活学活用，知识都学活了，智慧之光就发挥出来了。为什么有帮助？爱因斯坦又回头说："我这样说，也许能够更加灵活地解释它，但在原则上，试图单靠可观察量来建立理论，那是完全错误的。"为什么这样？在《论语》、佛经、老子的著作、《易经》里面都能找出一大堆自相矛盾的东西，先否定，又肯定，肯定，又否定。难道说这些圣人、伟人的思维出毛病了？不是，他们的思维非常正常。他们就是怕我们这些凡夫俗子出毛病，所以，他们老是在打方向盘，手里老是拿着扳手在拧螺丝。螺丝太紧了，不行；太松了，不行；方向盘打过了，不行。就是这个意思。什么事都要保持中庸、中正。《易经》里面讲"中正"，《礼记》里面讲"中庸"，老子讲"中和"，墨子讲"中用"。这就是教我们看问题要有一个度，不要把什么事看得绝对，不要把什么事看得超越了它的极限。

所以，爱因斯坦又讲到了观察这个问题："观察是一个十分复杂的过程。观察下的现象，在我们的量度装置中产生某些事件。"量度装置是什么？如果说爱因斯坦实验室里面的仪器就是量度装置，那我们身上的五官也是量度装置啊。为什么？我们眼睛所看到的，能看到多远，有个量，有个度；超声波、次声波，是我们耳朵所听不到的，它也有个量，有个度；鼻子闻东西，品酒大师闻酒，闻起来，讲得头头是道，非常权威，我们这些人办不到，因为这也有个量和度的问题。品酒大师鼻子闻的功能比我们精确，但还是有限的，他能说这个酒里面是什么成分？能说出它们的分子式？讲得出来吗？讲不出来。北师大化学系的一位研究生跟我聊，他想从《易经》里面找一个课题，找到一种思维方式，他正在研究中药里面的化学成分，怎么样将它们辨别出来。这种中成药是由哪几种药组成，如果把它们混合在一起熬成了药汁，熬成了一碗汤，你能知道它里面是哪些成分？每种成分占多少比例？分子结构是什么？一直到现在科学家还未解决这个问题。所以，国外一直没法将中国中药的秘方破译，原因就在这里。

爱因斯坦接着说："结果，进一步的过程又在这套装置中发生。它们通过复杂的途径，最后产生了感觉印象，并帮助我们把这些感受在我们的意识中固定下来。"

这个明确了，就是说我们的眼、耳、鼻、舌、身、意这些量度装置，作为观察事物的量度装置，尽管它们是有限的，有一定量度的限制，但是，我们还不能不用它们，还要用它们。在进一步的过程中，还要用它们来做载体，将我们观察到的东西通过这套装置来产生印象，产生形象，产生概念。然后，将这些感觉的印象接收下来，通过加工、抽象、分辨、处理，再在我们的意识中保存下来。作用还是有的，不能说没有作用，问题还在于我们意识中的东西如何去融通的问题。

理性与规律

爱因斯坦接着更精辟地说："相信那些对于世界有效的规律，是能够合乎理性的，也就是说，可以由理性来理解。"

这里已经由概念上升到理性了。那我们这些概念、印象，这些形象，这些感觉的印象上升到概念，概念储存到我们的意识里面，就此为止了吗？还不行。我们认识了这些一块一块的积木是长的、方的、圆的、多角的，这些还不够。我们还要会玩它，怎么样去拼成各种各样的图案，这需要去找它的规律。理性是什么？就是规律，就是找到了玩积木的规则、方法。所以说，要用理性去理解它，没有理性不行。

爱因斯坦在《时间和空间》这篇文章里面又说："一个概念愈是普遍，它愈是频繁地进入我们的思维之中；它与感觉之间的关系愈间接，我们要了解它的意义也就愈困难；对于那些我们从童年时代起就用惯了的科学以前的概念来说，尤其是如此。"

实际上我们刚才所讲的就是这些东西，许多概念经常在我们的思维中间，讲到天、讲到人、讲到雨、讲到雷、讲到水、讲到火、讲到风、讲到土，这些是不是频繁地进入我们的思维之中，而且从儿童时代就进入我们的思维中，进入我们的意识中？但是，这些东西不是进入科学思维以后的概念，一旦进入科学思维以后，那些概念就又不一样了。这就是说，我们习惯思维里面的许多概念有误区，有片面、偏见的东西。所以，爱因斯坦就讲，"我们观察到的不是世界"，这就进一步说明了这个问题。

我们引用了爱因斯坦关于概念、理念、感性、理性的一系列论述，这些论述实际上也都是在与人谈心，在谈心中随意道出自己的认识。我们借鉴大师的东西来理清我们的思维。

4　《金刚经》中的"为道"经典

说什么，即非什么，是名什么

下面再讲第三个经典：我们经常诵《金刚经》，《金刚经》上反复出现的那一种非常奇特的句式是："说什么，即非什么，是名什么。"如："庄严佛土者，即非庄严，是名庄严。""所言一切法者，即非一切法，是故名一切法。""说世界，即非世界，是名世界。"这后一条意思是说，我们现在所说的世界，不是世界，只不过取了个名字叫做世界。这不是世界的全部，不是世界的本来面目啊。是不是？我们现在所看见的，不是世界的头，也不是世界的尾，也不是世界的边，也不是世界的中心，而仅仅是其中这么一个点。从时间上来讲，你看不到它的全部；从空间上来说，你也看不到它的全部。故说："说世界，即非世界，是名世界。"所以说《金刚经》是一本哲学的经典。

毛泽东每次外出视察都要带上一本《金刚经》。美国总统小布什访问中国，江泽民主席与他一起与记者见面，答记者问时他坦诚地说："我也读《金刚经》。"为什么？《金刚经》讲的是科学，是哲学。

赵朴初大德讲过这么一件事：有一次，他陪一位柬埔寨来宾见毛泽东主席，客人未到，朴老先到了。毛主席问朴老："《金刚经》里面有这么一个公式——赵朴初，即非赵朴初，是名赵朴初。有没有这个公式呀？"朴老说："有。"毛泽东再问："为什么先肯定，后否定？"朴老说："不是先肯定，后否定，而是同时肯定，同时否定。"他们兴致勃勃正准备探讨下去，毛泽东很想与朴老探讨这个哲学问题，客人到了，话题中断了。这说明什么？说明伟人对《金刚经》也有浓厚的兴趣。《金刚经》里面反复出现这种句式，一方面以否定的句式指出人们头脑中关于事物现象和特性的认识是虚妄的，一方面又以肯定的句式指出所有假象的作用。这种既否定又肯定的善巧方便，可以维护事物存在的多面性和完整性。

今天，我们联系三位圣人、大师讲的，联系他们的言论、他们的认识再来看看，我们是不是玩积木的心态？是。为什么？我们没有按部就班地去钻那些名词术语，我们没有钻进概念的迷宫。我们是顽童，我们在玩什么？玩积木，把哲学的名词、概念都当作积木来玩。《易经》说："是故君子居则观其象而玩其辞，动则观其变而玩其占。"《易经》也是一种玩。这就看出，我们还是用玩的心态吧，不要太拘泥了。但是话又说回来，玩也要按规则玩，按游戏规则玩，瞎玩不行。还是要遵循一定规则的，没有规则，游戏怎么玩？

谁能见如来

《金刚经》里有两首著名的偈子。一首说："一切有为法，如梦幻泡影，如露亦如电，应作如是观。"经中认为自然现象中，凡是能看得见、摸得着的都是"有为法"，法是法则，是自然现象。这些有行为、有形色的物和法则怎么样呢？经中用了形象的比喻，比喻成梦、幻、泡、影、露、电等，并说，我们应该这样去观察，去理解。老子、爱因斯坦说的与这个比喻一模一样，还是玩玩而已，不要当真，我们所观察的世界，都不是真实的世界，是变幻莫测的。

又一首偈曰："若以色见我，以音声求我，是人行邪道，不能见如来。"意思是说，如果有人把我当成形象的偶像，想祈求我保佑，这人就是行邪道了。你看，释迦牟尼佛太伟大了，他为了觉悟人生，把自己也当成了教材，当成了"露"和"电"，也是变幻的、虚假的，真实地存在于每个人心里的，是你心里的智慧之光。

我的智慧再大，那是我的，代替不了你，我只能像你们的老师那样，在课堂上教教你。但是上考场还是你自己的事，一点都不能依赖我，关键的时候，在考场上，还要靠你自己的智慧，靠自己正常发挥，甚至超常发挥。

最后一句"不能见如来"，成了这一篇的总结，说得太简明、太伟大了。如来，

谁能见如来？

如其本来。如来是神吗？不是。是人吗？是。但不是某一个人，是每个觉悟了的人。觉悟了什么？觉悟了自然的本来面目，万事万物的本性、本质，而不是现象。四句连起来说就是，如果你们只看表面现象，是观察不到真实的世界的，是见不到如来的。

我最尊敬的恩师第一次开示我说："佛教不是迷信。"所以我把佛教当作文化，当作一门学问钻研。他老人家每次出国访问回来，都与我谈起《金刚经》，教诲的还是那句话："佛教不是迷信。"

其实我发现，许多不信佛教，却口口声声自称"唯物主义者"的知识分子，就有很多人迷信。认为"观察到的东西才是存在的"，就是一种迷信；认为观察到的是世界的全部，也是一种迷信。有了这种迷信，就不能见如来。如来者，如其本来。事物的本来是观察不到的。爱因斯坦虽然不是佛的弟子，但是他见到了如来，如来很高兴，亲自授他"广义相对论"秘法。

第十二讲　为道的哲学命题

——正——反——合

1　为道的正题——肯定

认知与表述

正、反、合，本来是黑格尔提出来的正题、反题、合题，都是哲学的命题。我们当然不是围绕黑格尔的这些命题讲正、反、合，这里也不引经据典。

我讲"为道"这个题目，应该是不拘一格，不去拘泥一种模式来讲。这里我提出一些我自己思考的东西，提供给大家到学习中去求证，也就是提供一个参考吧！

正、反、合这三个字本身的含义并不深。就正来讲，它与反是相对的。合呢？在一正一反里面必有一合，形象地说，两个人在那里争吵，争论不休，他们的争论题目：一个是正的，一个是反的，另外出现的就是"合"来调解。这里，我想从圣人、伟人给我们的提示上来谈谈我的看法。

最近我们读《易经》，诵《金刚经》，读孔子的《论语》等著作，还读了些哲学家的言论、科学家的见解。可以看出，他们的言论有许多从表面上看都有些一正一反的东西在里面，好像刚刚把一个问题肯定了，回头又将它否定了，否定后又将它肯定，前面已经在第十一讲中讲过了，这里就

不去重复它的原文。我只讲这是为什么。

我个人认为，这些圣人、伟人、大师们不是逻辑混乱，他们对问题的看法是很全面的，他们不断纠正我们这些常人的思维。在他们的思维中，已经对自然有一个非常清晰的认知，而且是非常到位的。但他们要将所认知的东西表述出来，一个是现有的语言有其局限性，没法表达得很准确；第二个，我们这些听的人、学的人也没法去理解得那么全面，那么准确。所以他们不得不用否定——肯定——否定之否定——肯定之肯定——这种形式来使我们不至于偏向。

就像一个刚刚学步的小孩，他学步的时候是两边晃着，他这样的晃荡，大人必须两只手在旁边护着，是不是这样？你不护着，他就会摔跤或跑偏。我认为是这样。因为他们都是导师，导师引导我们的方式，是正说一句又反说一句，实际上还是一个东西。他并不是一会儿把你向左引，一会将你向右引，其实并非这样，实际上他还是把你向一个方向上引。圣人的这种引导方式有时也是一种无奈。为什么这么讲呢？因为他只能做到这一点，才不会使我们走偏，或还在原地踏步。这些是我的个人看法，我们读古人书，读圣人书，读科学家、哲学家的著作，在这一方面不应该有什么怀疑。

追求方程式的美

我们应怎样理解这正、反、合三个字呢？世界是物质的也是精神的。这个世界既有它的空间，又有它的时间，这个空间和时间组成了一个世界。《金刚经》上称为"一合相"，这个"一合相"又正好与那个"合"相应。这个"合"是由"正"和"反"组成的，这就是《易经》思维——阴和阳，什么东西它都是对称的。

爱因斯坦的相对论，不管是广义相对论还是狭义相对论，都是从那一种思维出发的。他认为物质世界是对称的，因为对称才称其为类。他认为物质世界是美的，而且每一个方程式都追求一种美，如果思辨出来的方程式不美的话，他马上就将它否定掉，连实验都不做了，他知道这是不会成功的，不能成立的，他看一种方程式是美的，就进入实验。他的这种出发点就是认为世界是对称的。阴和阳，正和反，不能讲它们相互之间有什么势不两立的东西，其实不是，它们既是矛盾的又是统一的。没有正就没有反，没有反就没有正。

从"为学日益"的角度来讲，我们是从正面去认识世界，去观察世界，去解释世界。为学阶段基本上都是这样，很少给你一个怀疑的机会，因为在为学阶段只能在小的问题上提一些怀疑，但那时你还没有大的资本去怀疑，但到了"为道日损"的阶段，必须持一个怀疑的态度。科学的基本精神就是怀疑，就是批判。

2 为道的反题——否定

亚里士多德的批判

后人的发展就是对前人的批判，就是对前人的东西的否定。亚里士多德把柏拉图的东西否定了，批判了，是不是就把他的老师柏拉图打倒了？不是。他是在批判的同时去发展前进，在继承中去批判，如果不继承，就等于连怀疑的对象也没有。那怎么去批判呢？正是因为那是值得怀疑的东西，值得批判的东西，亚里士多德才发现它的另外一面。柏拉图提出了理念是第一性的，他对柏拉图的这个东西表示怀疑，但当时这个东西却得到了人们的认可。亚里士多德发现了与它相反的东西，他从批判的角度去纠正它，去批判它。但他并没有一巴掌把前面的东西拍下去，他是在继承中去发展的。

我们再往回看，应这样去思考，柏拉图当时提出理念是第一性的，甚至认为我们可感觉到的物质世界是理念的影子。例如一个杯子，这是一个事实存在的东西，他讲这是理念世界的东西。我们接受了几十年的教育，也很难去接受这一句话。难道我讲不存在，这个杯子就不存在了吗？这很明显是一种唯心。马克思对唯心的东西一直是批判的，我们所接受的就是这些东西。那么柏拉图的东西是不能接受的。从 20 世纪以来，物理学界对这些东西也是难以接受的，只承认物质世界是第一性的。

主体和客体

我们能不能这样想，柏拉图以后，从亚里士多德排起，都是持否定态度的，一直到现在都是去否定它，已有两千多年了。那么人类的思维还会不会又回到原来的那个点上呢？如果从正、反、合的这个规律来看，是不是可以回到那个原点上？马克思说了，什么是主体和客体的关系？主体就是人的主观上的东西。那客体呢？就是事物。这么一个杯子是客体，那么我们来观察它，我们来使用它，我们就是主体。我们爱使用就使用，爱买它就买它，这就说明我们是主体，它是客体。黑格尔也认为人是主体，以人为本，外部事物、客观事物是客体。

马克思讲："必须在实践中的人才能成为主体。"离开了人类的实践活动的话，人就不能成为主体了。如某一个物体，虽然客观是存在的，但我们人还在家里，还没见过，我们之间哪来的客体与主体的关系呢？我想应该不存在的，如果讲存在的话，那是很荒唐。又如一个很偏远的山村里的村民，他没有见过城铁，但城里有城铁呀！能讲城铁与村民之间是客体与主体的关系吗？这就更不存在了。因为他与城铁没在实践活动中发生关系。如果那个村民在城里正在观察这辆城铁，或正在乘坐它，那么可以讲那个村民是主体，城铁是客体。这里人是观察、乘坐的主体，城铁是被观察、被乘坐的客体，这样主、客体就存在了。

我认为，柏拉图的理论并没有否定这个物质世界，他只不过是强调以人为主，以人的理念为主。他认为人的理念是第一性的，他没有讲存在不存在的问题。从存在的角度看，如果我们的理念没有产生，这个杯子还是存在的。所以这个仅仅是讲存在。

如果仅仅是讲存在，那么爱因斯坦的那句话又该如何解释呢？他讲："人们能观察到的世界不是世界。"所以真正真实的东西，我们没法去观察。那怎么办？我想，我们还是守住自己的理念吧！我认为这个不也有它合理的一面吗？所以我一直在思考一个问题：难道当初柏拉图这么一个伟大的哲学家的思辨就那样一塌糊涂、不堪一击吗？我想不是。他有他的出发点，他肯定有他合理的一面。他观察问题、思辨问题的那一种角度和那一种方式，可能是后人没法理解到的，难道我们今天就这样一巴掌将它拍到底吗？我想不会的。

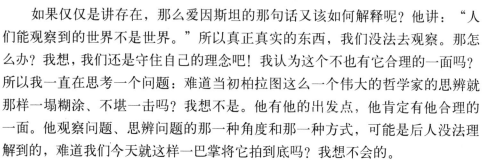

废纸篓里捡"宝"

齐白石作画，刚刚画好时一看不行，就揉成一团往废纸篓里一扔。这样扔出去以后，有许多人天天去候着那个废纸篓，为什么呢？原来他们都是为了捡齐白石扔的那些画，然后都收藏起来。到后来齐白石成大名了，他的那些废品就都成了正品。这样我们能不能将柏拉图的理念是第一性的这个理论，从历史的废纸篓中捡出来，再看看他有没有什么新的东西呢？是不是这其中还有含金的东西呢？我认为有。我们的思维不要太偏激了。方向盘转过去了还是要打回来的，不打回来肯定不行，老朝一个方向不行。这是思维，我认为他没有否定物质世界是第一性的，他只不过从他的思维角度来看的。他已经发现这个世界，你怎么去观察也观察不到它的全部和真实，这个时候理念就是第一性的。本来物质世界是存在的，但你无法找到它的全部和真实，那不是物质世界本身出了问题，而是人的理念出了问题。在这种情况下，我们的理念便上升为第一性。

我们抓住我们的理念，从理念上去做文章，开拓我们的理念吧，把我们的理念开拓出来了，我们这个真实的世界，它的全部就能观察到，就能感觉到。这个与那本来的世界是没有关系的，我们为什么要将它放在第一性呢？既然我们是主体，那就还是要把人的理念放在第一性。是不是能这么去思维呢？当然我只能提出我自己的看法，我不能将我这个东西看作完全是对的，而把前面的东西都推翻了。我认为我的思考绝对没有这样的力量，但也不能否定我这种思维完全是错的，应该有它可启发和可借鉴的一面。

思维与万有引力

我的这个思维从哪里来的呢？是从正、反、合中来的。世界上的事物都是一正一反的东西，都是对称的东西，但最后它又是统一的东西。这正、反、合本身就是理念啊！我们用这个理念一下子就把这个世界看透了。这个世界到底什么样才是真实世界？就用这三个字去概括它。无论什么事物，不管是宏观的还是微观的，是物质世界还是精神世界，是空间还是时间，都是既对立又统一的，都是有它正的一面又有它反的一面。这正与反看起来相差很远，矛盾尖锐，但实际上它们又是一个整体，中间并没有一个什么大的距离，这既是"二"，又是"一"。我们这么去看，这不就是一个真实的世界吗？

这个真实的世界是怎么被看到的？是我们的眼睛所看到的吗？是我们的耳朵所听到的吗？不是，是用理念去观察到的。这样一看，难道讲"理念是第一性的"有错吗？当然我不是科学家，在物理学方面我只够做一名小学生，但是在哲学思辨上，你不能讲我没有道理。理念就是一个哲学思辨，当然我无法去做实验，但正、反、合这种实验已经有前人做过了，已经是得到认可了。牛顿的万有引力定律是从苹果中产生的吗？不是，这种事在许多人身上都发生过，唯独牛顿被苹果砸了就发现了万有引力定律，这是从理念中产生的。

毛泽东的《矛盾论》、《实践论》里面就反反复复讲了这些道理，讲对立统一。中国人的五行相克、相生，中药相反、相畏等，也有相合的一面。

这仅仅是我个人提的，就算是一个引子吧！我希望大家都思考一下这个问题。

观　察

3 为道的合题——从实际出发

月有阴晴圆缺吗

柏拉图认为，理念世界是第一性的，实物是理念世界的影子。他有一个前提，就是没有否定物质世界的存在，这是第一个问题；第二个问题是人们如何去认识这个已经存在的物质世界，这时理念就是第一性的，而不是所存在的东西是第一性的。

我现在要去拜访一位大师，拜访一位我所崇拜的长者或专家。我要向他求教，他本身是存在的，但我们不能讲他是第一性的。因为拜访不拜访是我的事，是否请教也是我的事，是否拿礼物也是我的事，他坐在家里什么都不知道，他也不管这些，那么第一性还是我，是我去拜访，去求教，是不是这么回事？只有我才是拜访、求教的主体，我才是第一性的。这是以这个为前提的，没有这个前提，那就是唯心的了。

苏轼作词说："月有阴晴圆缺。"今天，可能连小学五、六年级的学生也不同意这种理念，他们一定明白：月亮本无圆缺。问题是，这个认识并不是每个人亲眼去观察到的，而是科学家告诉给我们的理念。"有圆缺"是月亮的假象，"无圆缺"是月亮的实相。这就是关于月亮的正题和反题。那么合题呢？很简单，从人的理念出发，二者都有它的实际意义。古代人制订历法，年以地球的公转为依据，月以月亮的朔、望为依据，每月的初一为朔，十五为望。尽管科学发展到了今天，但这种时间理念仍未改变。

办法总是有的

也许我们将这个问题说得太大了，那么我们再说得小一点，回到我们的工作学习中来，我们如何来理解正、反、合，又如何运用正、反、合呢？假如给你出个题目：拿一张纸给你，你能不能将地球装下？你想都不用想肯定不行。"办法总是有的"，这样在你的眼里这题就小了，终究你能想出办法来。区别就在理念上。像我们的科学发明不就是在"办法总是有的"这个理念上产生的吗？我们要以"办法总是有的"作为我们的理念，当我们碰到难题和棘手的问题时，马上想起这句话，这样就有信心了，办法就会想到的。

我们认识正、反、合，就要认识理念是第一性的。我认为，在我们的生活中处处都有，它就在我们生活当中，所以我们如何把一个大题做小，把一个小题做大，仍然是理念问题。

我们再来讲这张纸，它的面积有这么大，一张十六开的纸，现在给你们个题目，你们有什么办法将头钻过这张纸。这题还小，再做大一点，就是把整个宇宙装下去。先是给你装下一个有限的，然后要你装下一个无限的，行不行？行。因为它本身就是无限的，无限的当然就能装下无限的。这就是一个题目既能做得很小，又能做得很大。现在如果是问你怎样把宇宙装下，你就很简单地讲"办法总是有的"，你又把大题变小了。

如果叫你在墙上钉钉子，但又没法钉，这是很简单的事，"哦，办法总是有的"。同样一个理念，能大能小，能解决有限的，也能解决无限的，就是讲它本身既是有限的又是无限的。因为理念本身是一种无形的东西，无形的东西就是无限的。如同我们现在看物质世界确实是有形的，但物质世界又是无形的，因为还有好多东西是我们感觉器官无法去观察到的，无法去感觉到的。那么这个世界你怎么去理解它，怎么去观察它呢？靠的就是我们的理念。

理念与奇迹

居里夫人当年要做实验，她是先发现了镭才去做实验，还是先想到了可能有这么一种元素才去做实验的呢？我想肯定是后者。她的理念当然离不开物质世界，离不开实践。前提还是有的，如果她只是一位普通的妇女，没有搞过实验，没有跟物理打过交道，当然这也不可能。所以，没有前提是不可能的。有些东西断章取义，将它截取一半从中间去评判它，必然有失偏颇。

我讲这么多，也就是讲处处都有正、反、合的现象。我们需要解决生活、工作、学习中的许多问题，解决的方式是灵活运用我们的理念。我们把理念作为第一性的，所以许多的企业都有它们的理念。深圳人创业伊始的理念是"时间就是金钱"，他们就凭这个理念创造了奇迹，塑造了深圳。

上次我们讲课的那家公司的老总讲，他们的员工每天早上要喊一句口号，叫"我是最优秀的"。这就是他们的理念，凭这个就能提高他们的自身素质，提高工作效率。他们不是从物质世界去提高，而是用理念去提高。一个运动员在走上国际大赛的赛场之前，为什么先要调整心态，原因就是"理念是第一性的"，因为只有理念才能认识事物的本来面目，才能认识到事物的全部。因为正、反、合本身就是理念，单凭这三个方面就能认识事物的全部。

这里不多讲了，希望大家多想一想，看看有什么可以借鉴的地方。

第十三讲　为道"三境界"

——独上高楼——衣带渐宽——蓦然回首

1　为道的起点——独上高楼

今天讲"独上高楼——衣带渐宽——蓦然回首"，这是王国维的治学三境界。

王国维在《人间词话》里谈到治学经验时说："古今之成大事业、大学问者，必经过三种之境界：'昨夜西风凋碧树，独上高楼，望尽天涯路。'此第一境也。'衣带渐宽终不悔，为伊消得人憔悴。'此第二境也。'众里寻他千百度，蓦然回首，那人却在，灯火阑珊处。'此第三境也。"第一句引自晏殊的《鹊踏枝》，这首词的下阕是：

昨夜西风凋碧树，独上高楼，望尽天涯路。欲寄彩笺兼尺素，山长水阔知何处？

前面一句的意思是说：回想到昨天晚上，西风把本来绿葱葱的树叶吹落一地，"我"一人独自登上高楼，望到很远、很远。为什么已经望得很远，望尽了天涯路，还没望到什么？原来，还没有望到"我"所思念的人。后面又讲到"欲寄彩笺兼尺素"，本来想寄彩笺和尺素。古代没有现在的通讯先进，现在，人都不想写信了，连鲜花都能快递。古时候的通讯只有两种：彩笺和尺素，彩笺就是信纸，尺素就是丝绢，在上面写上诗和信的内容。所以说"山长水阔知何处"。晏殊作这首词，是抒发一种对远方亲人的思念之情。

王国维借用它来说治学是什么意思呢？他是说想成就大事业、大学问的人，首先应该登高望远，仰观路径，树立远大的人生目标。意思是：你必须将自己的路径望清楚，目标望清楚，要心怀大志，志在千里之外。治学学的是什么内容？前途是什么？学科要选好。

2　为道的着力点——衣带渐宽

第二句引自柳永的《凤栖梧》，词的下阕是：

拟把疏狂图一醉。对酒当歌，强乐还无味。衣带渐宽终不悔，为伊消得人憔悴。

衣带渐宽

"拟把疏狂图一醉"，就是"我"想把这种狂放的心态寄托在一醉方休上，以酒解忧愁。"对酒当歌"出自曹操的诗："对酒当歌，人生几何？""强乐还无味"，为什么是强乐？因为他在思念恋人。所以，"我"一人在此独自欢乐不起来，一个人说话好像两个人说话一样，似乎是面对面地说，而实际上是独语。"我"的衣带都渐渐地宽松起来了，看"我"瘦到什么程度了，为了你，"我"无怨无悔呀。为什么不悔？"我"瘦是为你呀，虽然人这么憔悴，但是"我"不后悔。

王国维又借用这首词来说明治学的什么境界？这个境界是：做学问、成就大事业不是轻而易举的事，必须经过一番刻苦的修炼。你想不刻苦，轻轻松松将什么学位都拿到手，把什么成果都拿到手，这是不可能的。治学要真正达到一定程度，必须做到废寝忘食，孜孜不倦。

3　为道的亮点——蓦然回首

第三句引自辛弃疾的《青玉案·元夕》，词的上阕是：

东风夜放花千树，更吹落、星如雨。宝马雕车香满路。凤箫声动，玉壶光转，一夜鱼龙舞。

他在描写元宵节。元宵节的花灯就像是花千树，东风一吹，千树花一应开放；又好像是把天上的星星吹下来，像落雨那样，形容元宵花灯多得不得了。路上有

蓦然回首

宝马，有雕车，暗香满路，小姐多啊。"凤箫声动，玉壶光转。"玉壶是指月亮。"一夜鱼龙舞"，仅用五个字就概括了全部夜景，这是总写。下阕就写到人，写到具体的一件事，而且写到心理活动。看起来是在写别人，写与自己无关的事，但实际上就是写自己心里老是惦着的那件事、那个人，每一首词都这样。

"蛾儿雪柳黄金缕，笑语盈盈暗香去。"蛾儿、雪柳、黄金缕都是小姐、女人用的饰品，还有笑语、暗香，这些都是为下面那个蓦然出现的人做铺垫。

众里寻他千百度，蓦然回首，那人却在，灯火阑珊处。

找得好辛苦，"众里寻他千百度"，找来找去就是找不着，好失望啊。就在失望、怅然的时候，突然一回头，无意识地一回头，那人却在灯火阑珊处。正好在灯火非常灿烂、人最集中的地方。多大的惊喜啊！

王国维借用这句词又说明治学的什么境界？一个人到治学阶段，研究一个课题、一个项目，已经有成果了，经过了反复追求、反复探究。就像陆游写的一句诗："山重水复疑无路，柳暗花明又一村。"刚才那情境就像山穷水尽了，已经找不到他了，这时候"柳暗花明又一村"。如果一来就找着，可能就没有这么大的惊喜，就是在"千百度"中找不着，大失所望时，无意间蓦然一回首，找着了。人在治学阶段对事业的追求，对学问的追求，山穷了，水尽了，路也没有了，这种情况出现时，只要再坚持一步，后面就是柳暗花明了。如果很轻松就得到了柳暗花明，那也就无所谓。"又一村"是又一种境界，又一种新的发现、发明，他的思想境界、学问境界已经上升到了一个新的高度、新的空间，这就让人赏心悦目了。

4　为道"又一村"——"理想国"

王国维用以上三首词来比喻成就大事业者、大学问家治学阶段的三个境界。

第一个境界是登高望远，望见了目标；第二个境界要刻苦地追求，孜孜不倦地追求；第三个境界是说经过了刻苦追求、孜孜不倦的求学后成功了。这种成功看起来是在一刹那之间出现的，实际上不是。不是在突然一转身中"柳暗花明"的，不要忘了前面的山穷水尽、衣带渐宽这样一个艰辛的历程。所以说，这三个境界是一连串的，一步一个台阶，一层楼一层楼这么走来的。这些比较好理解，很有趣味，但做起来，要踏踏实实去实践的话，就不是那么容易的事。但它说明了一个道理：只要你做到了，你想得到的你就能得到。

其实，这三句词的意思，这三个境界，在"山重水复疑无路，柳暗花明又一村"这句诗里全有了。这里，我想对这句诗多说几句。

"山重水复疑无路"，说的是自然之路，又是世俗之路，也是人生之路。人生的选择与追求、奋斗与向往，几乎都在不约而同地奔向"又一村"。每个人的人生之路都有"穷"、"尽"和"疑"的时候，这是人生的转折点，向何处转？命运是顺转还是逆转？就像弹簧，往往逆转的反弹力大，要控制它，就必须使出更大的控制力。"疑"，有疑才有悟，问题是如何疑，不能盲目地疑。疑对了才能悟，悟了才能见到"又一村"。

然而，"又一村"在哪里？路在何方？要找到它，走近它，最终见到它，必须去探索，去追溯，甚至去冒险。直到山穷了，水尽了，路没有了。此时，是沮丧，是消极，是退缩，还是义无反顾，百折不回？也许就在一念之间。一念迷则心灰意冷，前程渺茫，半途而废；一念悟则信心不减，跋涉不止，柳暗花明。

鲁迅先生说："地上本没有路，走的人多了也便成了路。"然而，成功的路只在成功者脚下。地上道路千万条，属于我的只有那一条——我自己闯出来的成功路，这条路途中虽有"山穷水尽"，有"疑无路"。但山水有穷尽，人的志向和毅力没有穷尽；路途中有疑惑，目标没有疑惑。此时，疑是艰辛后的考验，是信心的火花，是继续追求的动力，是成功的曙光。有疑才有悟，有悟才能通，通向"柳暗花明"的"又一村"，通向"灯火阑珊处"，通向彼岸的"理想国"。

第十四讲　为道"三不朽"

——立功——立德——立言

1　立功——济于时

"三不朽"

立功、立德、立言，这三者称为"三不朽"。这个"朽"是"永垂不朽"的"朽"。一个人建立了丰功伟绩，其精神就会千古不朽，后世人都会记住他。一个人立了德，如尧、舜的德，那是千古不朽的，人们一直都以尧、舜为榜样。立言，如文王、孔子、老子……这都是立言的，以自己的言论而不朽。这"三不朽"出自《左传》。《左传》是我国历史上第一部史书，是由左丘明撰述的。

《左传》记载：鲁襄公二十四年春天，鲁国的穆叔出访晋国，晋国的范宣子接待了他。范宣子问鲁穆叔："古人有句话说'死而不朽'，指的是什么呢？"当时穆叔没有回答他，也许是没反应过来，也许是故意不回答。范宣子把晋国的祖辈传承一代一代地往下叙说了一遍，说："大概所说的不朽就是这个吧。"穆叔说："这叫做世禄，不是不朽。鲁国有个大夫叫臧文仲，死了以后他的言论还没有废弃，大概所说的不朽就是这个吧！但这还不算，最高的是树立德行，其次是立功，再其次是立言。这叫三不朽。"《左传》中这段"三不朽"的阐述，记录了古代人对人格价值的最概括的评价。人格是不同于神格的东西，这样的观念在我国历史上长期支配着人们的人生追求，也一直贯彻在教与学的理念之中。

今天，我们把这"三不朽"以"为学日益，为道日损，无为以至于无不为"这个次序来排的话，我认为还是按"立功、立德、立言"这个次序来排较好。我认为一个人必须先是立功。做事、学习就是用功，功是"功夫"的"功"。第二个是立德，也是修身养性，有了功夫，功底厚了，功课也做得很好，但如果没有德行，修养也就不行。之所以把立言放在后面，我认为一个人真正想立言，想立的言千古不朽，应该以前面二者为基础。没有功夫无以谈功劳，没有功劳人家不会认可你，没有道德修养人家更不会恭维你，你也不能被后人所称颂。

所以讲立言应该是最难的，我是这么认为的。下面就分开来讲一下。

如何练"外功"

《左传·襄公二十四年》的注释，对"立功"是这样说的：立功谓拯危除难，功济于时。《尚书·大禹谟》中把"六府"、"三事"合称为"九功"。在今人看来，无论是求学、自学、人格的修炼，还是干事业的功绩，为国家民族立下的功勋或丰功伟绩，等等，我认为这些"功"都是真功夫，是真正立功劳，真正创立了丰功伟绩。那么你这个功从哪里发呢？我认为有两个"功"，一个是外功，一个是内功。

怎样一种功叫外功呢？下面就用《中庸》里面的一段话来说明外功。这里我就不用原文，用大概的意思来讲一下。

《中庸》中说，广泛地学习，详尽地探讨，慎重地思考，清楚地辨别，忠实地执行。这里面就讲到学习要广泛，探讨要详尽，思考要慎重，辨别一个东西要清楚，执行、实践的时候必须要忠实。这实际上就是一个外功的问题，你不修好这个外功，那你学习、探讨、辨别、执行这些都难以做到。

《中庸》又讲：不学则已，学了不能掌握就不罢休；不问则已，问了没有问清楚就不罢休；不思考则已，思考了没有得到结果就不罢休；不辨别则已，辨别了没有辨明白就不罢休；不做则已，做了没有做彻底就不罢休。学一门艺术也好，学一门技术也好，掌握一门学问也好，你不学则已，学了如果没有掌握，那就不能罢休。这里的几个"不罢休"，就是一种功夫，这就是练真功夫。那么这个功夫怎么练法？下面接着讲怎么练这个功夫。

所谓外功，如果用两个字来概括，就是"刚毅"，即刚强和毅力，这就是外功。因为你有不罢休的精神，你做到了。人家做一遍，你做十遍、百遍，下了人家一百倍的功夫，这必须要一

练内功

种毅力，没有一种刚强的毅力是不行的。这样练出来的不就是刚强和毅力的外功吗？这个外功不是一般的外功。所以有时事情没成功不是机会没到，也不是条件不成熟，而是你的功夫不到家。

如有的人练书法。这个字他也知道怎么写，但写出来后形像而神不像。原因就是没有功底，或是功底不厚。其实什么事都要一种功夫，这个功夫是从哪来的呢？我们看了《中庸》里面这段话，就应该明白了，清楚它是怎么来的了。就是几个"不罢休"，还有一百倍的努力，这种刚强的毅力。我们不需要过多去追求什么复杂的东西，关键就是把外功练好。

日本人有这么一句话：这件事即使是无关紧要的，或是无所谓，不做也行，但是我一旦做了，我就要将它做完，使其成功。这就是培养一种做事要做彻底和不罢休的习惯。

如何练"内功"

再讲内功。内功是一个"诚"字，是"诚信"的"诚"。为什么用诚来概括这个内功？有人会问，你的功是从哪里发出来的？是从你身体内部发出来的，而不是从身体外部来发功。外功是外部的一种作为，而真正的发功，还是从你的思维、信心上去发功，从信心上发功就是诚。诚又是什么呢？这里仍用《中庸》里的话来阐述。

《中庸》说："诚就是完成自身的品德修养。"这一句话就讲得非常清楚：首先就是完成自身的品德修养。那么修的是什么？养的又是什么？哦！修的是品德，养的也是品德。品指人品、品格以至人格。德大家应该清楚，这个还要靠修炼，只修炼了还不行，你还要去涵养它，这涵养也是很重要的。这也就是如何持守的问题，就是看你守住没有。

毛泽东讲过："一个人做点好事并不难，难的是一辈子做好事。"这

大　成

是一种操守，是能不能持守的问题，能不能坚持的问题。假如今天保持了这种德性，保持了这种人格，各个方面都注意到了，可明天会怎么样？大家在赞扬你的时候，你很好，也很平常，可一旦受到批评的时候，你还是这种好的心态吗？你在顺利的时候心态可以保持，可你在受到挫折的时候还这样吗？所以必须有涵养。修养，修养只是修，这还不够，还必须去涵养它，所以涵养是很重要的。涵养就是功夫，是能控制情绪的修养功夫。涵养是一个深厚的功夫，这深厚的功夫就是一个"诚"字。涵就是要以这个诚来养。也就是你完成了这个品德修养，你这个诚就成功了。有了这个诚，你的品德就得到了涵养，这是一个相辅相成的东西，这是一种功夫。你完成了，就练成了你的内功。

一个人要做到哪一点比较难呢？你在任何时候、任何场所、任何情况下，都能随弯就弯，顺其自然。还要做到哪一点呢？就是别人骂你一句你还是很自在；别人打你一下也很自在；你转过去也很自在，你转过来也很自在；苦一点也很自在，甜一点也很自在；疲累时也很自在，逍遥时也很自在……能做到这些是相当不易的，这就是一种功夫。这种功夫看起来容易，实际做起来非常难。

小时候，我经常听大人们称赞粮站的一位工作人员。为什么称赞他呢？这个人是管称秤的。他经常要与老百姓打交道，别人买粮时想秤称得高一点，卖粮时又希望称得平一点，这是很平常的心态。无论面对什么人，无论别人对他是什么态度，他对人家都是一种很轻松的笑脸，看不出他是故意做作。他时时刻刻都表现出那种自然的态度，很随和。到后来，无论是多大脾气的人，即使想发大火，在他面前都发不起来。即使发了脾气，也马上被他的笑脸、几句轻松的话语化解了。这是功夫。后来听说他的父亲、祖父、祖辈都是读书人，他是受到了好的家庭教育。

内功的底线——"诚"

但是这里必须说明一点，并不是这种顺其自然、随弯就弯就是不讲原则，不分善恶。这样也是不对的。原则必须有，民族的气节必须有，个人的尊严必须有，这些东西都必须坚持。难道要坚持这些就只有一种刚的方式吗？只有用动刀动枪的手段才行吗？原则只有一个，但坚持原则、维护原则的方式要因时、因事、因人而异，要可方可圆，能屈能伸，有刚有柔，当进则进，当退则退。

第二次世界大战以后，世界局势进入了"冷战"时期。特别是两大阵营之间、国际交往之间的矛盾是层出不穷的，也是错综复杂的。但是真正动枪、动炮的也不多。所以，第三次世界大战有几次在一触即发之间还是被化解了。原

立　德

因是政治家们所坚持的东西还是以柔克刚。特别是中国，改革开放后的领导作风、外交的艺术就是以柔克刚。这是一种功夫，这是一种内功，以诚待人，以德报怨；这也是一种心量、一种涵养。所以我们讲"诚"时，必须以平等心来涵养"诚"，如果没有平等心，这个"诚"也守不住。所以我刚才讲，为什么有的人在某种情况下很诚恳，对这方面的人他很诚恳，而对另外一方面的人则不诚恳；对这件事很诚恳，对另一件事就不诚恳；有时诚恳，有时又不诚恳。原因就是诚恳没有底线，没有得到涵养。

没有底线的"诚"是空中楼阁，是水中浮萍。所以"诚"的底线就是平等心。如我们国家20世纪50年代提出来的和平共处五项原则，就是一种外交原则、一种底线。怎么平等？大国与小国一样平等，强国与弱国一样平等，富国与穷国一样平等，大家都是平等的。至于社会制度、文化背景、意识形态有差别，没有问题，这个可以先放下。有许多利益是共同的，起码都希望自己的国家富起来、强大起来，使自己国民的生活更好，这些利益都是共同的，以这个利益为平等线。

在我们的人际交往中，难道没有共同的利益吗？这个共同的利益、共同的追求、共同的心愿不就是平等的底线吗？我们要"求大同，存小异"，我们之间共同的利益就是大同，这是大的方面，至于其他的异议、分歧，那是小的方面，我们暂且放在一边。现在对于台湾不也是这样吗？大同是什么？就是祖国的统一、民族的团结，我们老祖宗的东西不能变，这不就是大同吗？至于你要实行什么制度，你要什么意识形态，你有什么条件，这都可以商量。我认为这就是"求大同，存小异"，就是一个"诚"字。你看有这么一个平等、这么一个平等线来涵养一个"诚"字，有了这个"诚"，什么都好说。为什么有的事谈不成功？还不是它不"诚"吗？所以"诚"就必须用平等线做底线。

"至诚"与"大成"

《中庸》里面讲："至诚是不间断的，不间断就可以长久延续，长久延续就可以得到验证，得到验证就能更加悠远长久，悠远长久就能广博深厚，广博深厚就能高大光明。广博深厚，可以承载万物；高大光明，可以覆盖万物；悠远长久，则像天地一样没有止境。这样，没有表现而自然彰明，没有行动而万物改变，无所作为而获得了成功。"

这里无论是承载万物，还是覆盖万物、成就万物，它的功劳要多大就有多大，真正是丰功伟绩，这就是一个"诚"成就的。如果没有"诚"，就没有这个"成"，也没有这个"功"。所以要以"诚"为内功，它发出的能量是很大的，就像一个原子不断分裂，能分裂出无穷的能量。你们说这力量有多大，这个功夫有多深？

我们读古人的书，就应该从它的信息里面去寻找，寻找其中一层一层的东西。你看，如上面《中庸》中这段话的最后就是以"成功"落脚的，开头是以"诚"字开头的。这个"功"是哪里来的？是由"诚"字开始的。用"诚"开头，由"功"收尾。功从诚中发，诚有什么作用？它能发功。诚有多大，功就有多大，"至诚"就能"大成"。大家看，读古人的书，仅仅是读读而已吗？其中的内涵太多太多了。不像现在人写的文章，写了一大堆，但看不出头和尾。古人的文章有头有尾，龙头在这里，龙尾在那里，而且龙头、龙尾相呼应，既有节奏，又有美感。有人讲："古人书我不读，读不懂。"我认为，关键是你如何去读的问题，一旦你真正深入进去以后，你会觉得其乐无穷！有头有尾，以"诚"字做龙头，以"功"字做龙尾。你仔细去想一想，哎呀，太不可思议了！所以我选择这两段来讲立功。我想再也不用多说了，再也不用去举那些一二三、五六七了，而且再讲可能就多余了。有了这些我们就够消化了，也很受益了。

2　立德——济众生

"有德"方"有得"

唐代孔颖达的《春秋左传正义》对"立德"的解释是："立德谓创制垂法，博施济众。圣德立于上代，惠泽被于无穷。"

上代立德者又当数伏羲、女娲、神农、黄帝、尧、舜、禹，乃至周文王、孔子等。我们来看一看"德"字，它给我们哪些信息？德者，人之一血一心也。"德"字的左边是双人旁，就是讲德非一人之德，只有在众人之间才能显示出德，

立言

必须是众人承认的，并非自我标榜的。"德"字的右边是一血一心，血乃血汗、心血。你要修德，要积德，如果不流汗，不流血，不去付出一定的辛苦，那是不行的。也就是讲，你必须去行动，去实践，去做。如果做一个空想家，做一个口头派，那是绝对不行的。

那么"一心"是何意呢？还是上面讲的"诚"字，一心当然是一心一意，自己心里有一个非常明晰的目标，一个非常纯正的心态。这个心态、这个目标必须以"心诚"为底线，是从"诚"字中发出来的。想拥有德，就必须对他人、对众人、对社会都有一定的影响力。有德的人对于他人就是一种模范，人家都会敬仰你，模仿你，学习你，亲近你。这样就说明你心里所发出来的是诚信，是你的智慧之光，是你的亲和力。这些都是从你心里发出来的，是从一心里面发出来的，非二心里面发的，更非三心所发的。为什么只有一心才能发出来？因为这个心是以一个"诚"字坚持始终。上文讲了，有"诚"才能"成"。这里讲有"成"才能有"得"，"诚"中之"得"才是真得、大得。而真得、大得方为"德"。

前面讲的"一血"，也是讲你发力的时候也要一心一意，不能东捣一下，西捣一下。要始终如一，坚持一个信念，坚持一个目标。发力、发心都始终如一。这里的"一"非常重要。大家可以想一想，为什么"德"字的"心"字上面加一个"一"？我想没有这个"一"不行，一血还要一心，就是讲你发力的目标还是一个，你发心的这个心也是一个，并非三心二意的，这个一心就是诚。只有这样才能称其为德。古字的"德"是"悳"，什么是直的？你的道路是直的，你的目标是直的，你的心是直的，所以正直。上面一个"直"，下面一个"心"，这就是古人的"德"字。这是很有意思的，那么后来又改成"德"，我认为它给我们的信息量就更多了。

良心当饭吃

有人会讲：难道道德能当饭吃吗？良心能当饭吃吗？我认为能当饭吃。我可以明白地告诉这些人，如果没有这个"德"，你这个饭不会吃得好。为什么呢？因为德还有另一个"得"，前文讲的这个德就是为了"得"，为了得到更多。我们再看一看这个"得"字。得者，人之光阴也。它也是一个双人旁，也就是说"得"必须众人得，不可一人独得，是在众人共同合作中得。为了这个"得"你必须首先去获得时间。"得"字右边的上面是"旦"字，下面是"寸"字，都是指时间的。白天为"旦"，"寸"为何意呢？古人讲"一寸光阴一寸金，寸金难买寸光阴"，这是什么概念？这是什么理念？这就是前几年深圳人创业的理念——"时间就是金钱"。这时间是从哪里得来的？是从道德的"德"得来的，转了这么多弯，可以得出：德＝金钱。有人会问，时间怎么可以从德中得呢？你想，如果一个人没有德，他打工老板会给他机会吗？不会。这个机会中不就有时间的概念吗？没有德，你能与别人合作长久吗？也不会。这长久不也是时间吗？没有德，你去学技术，人家会花时间教你吗？更不会。所以一个人没有德是很难在这个与时俱进的时代长久立足的。

谁讲德不能当饭吃，良心不能当饭吃？我认为这种人没有真正地去读过书，没有将"德"字读懂，没有将古人造字时给的信息看明白。真正读懂了就不会讲出这话。所以我们读书不易呀！只是从字面上蜻蜓点水不行哪！

一个人有了德，这个德就是在大众中付出了血汗，表现出一份诚心。有了这个德，就有了你的获得。《道德经》第三十八章中说："上德不德，是以有德；下德不失德，是以无德。"上，即崇尚；下，即轻忽。两句中的前一个"德"字为德，其他"德"字为"得"。意思是说，崇尚道德的人，不计较个人失得，所以有所得；忽略

君子之言

道德的人，对个人得失斤斤计较，结果反而无所得。

立德，怎么去立呢？从何处立呢？是从自己心里立，是去付出你的心血，是在大众中去付出。你必须与大众融合在一起，团结一心。你不能与众人融合，不能团结一心，那就不是"德"了。所以德也是有条件的。你想修德不易，你想获得也不易，但只要你明白了也就容易了，明白了你就要去做，去努力。

3 立言——传后世

君子出其言善

关于立言，《左传》那段叙述"三不朽"的疏中这样解释："立言谓言得其要，理足可传……其身既没，其言尚存……撰集史传及制作文章，使后世学习，皆是立言者也。"

可见立言包含两层意思，一为说理，一为作文。言就是言论，著的书也是言。从古到今，多少先圣先贤为后世立言，留下了许多经典巨作。如：五经之首的《易经》，以及《诗》、《书》、《礼》、《乐》、《春秋》，老子的《道德经》、庄子的《南华经》、列子的《列子》；还有《论语》、《孟子》、《墨子》、《韩非子》、《淮南子》，以及司马迁的《史记》、左丘明的《左传》，等等。

马克思终生致力于立言，写了《资本论》，给我们的启示是什么？他是一位经济学家，他的经济学理论影响了整整一个世纪，使很多人、许多国家富起来了。但他自己却贫困潦倒。他为了什么？他是为了立言哪！他没有为自己的个人利益着想。

但是立言也不容易立，并不是你写的句子非常漂亮，写的东西非常好，你就立住了。我天天也在给你们讲，也在出书，我这个言能不能成立呢？

不是看我这个文字如何，还要看我这个人德性如何。如果说我的德性不能为更多的人称颂，那是立不住的。

《易经·系辞传》曰："君子居其室，出其言善，则千里之外应之。"君子坐在家里，说的、想的都是善的，对社会、对他人都是有益的，则千里之外也会得到响应。还有下一句："居其室，出其言不善，则千里之外违之。"一个人坐在家里胡思乱想，甚至有坏念头，他说的话对他人、对社会都是有负面影响的，违背了自然规律，这种话传出去连千里之外的人都会反对。

君子之言"动天地"

孔子讲："言行，君子之所以动天地也，可不慎乎？"君子说话是感天动地的，能不谨慎吗？因为人家认为你是君子。现在有些专家、学者、名人到电视上说话，著书立说，人家都相信他，认为他了不起。如果人家都相信你了，都崇拜你了，你即便瞎说了半句，那也会误人不浅，因为你的话对他人来讲就是金口玉言，你就是讲错了人家都认为是对的，所以君子讲话能不谨慎吗？

可见立言并不是每个人都能立的。我认为立言是最难的。为什么呢？一个人立功，大功、小功都是功；立德，大德、小德都是德。但立言呢？如果不是大言就无法做到不朽。要做到不朽的话，必须真正有大功、大德。

有的人为了立言，一生中非常谨慎，如老子，他已经得道了，但他并没有到处去游说，也没有著书立说，而是骑着青牛准备退隐。出关时，被守关的官员留住了。这个人非常仰慕他的道德学问，请他立言。他说："好吧。"于是就坐下来立言，写出五千多字，就是《道德经》。你看他这个立言，一直到现在几千年不朽。文字不多，才五千多字，非常精练，这就是立言。

孔子到处游说，教了那么多弟子，成为历史上伟大的教育家。是不是说他就很轻率呢？不是。他也没有随便立言，他也没有随便说。你只要读他的书，就可以看出他非常谨慎。《论语》是他的弟子将他的言论记录下来而成的。他的那些言论既通俗又严谨，他没有乱说半句，所以讲立言是不容易的。

过去的书少，现在的书多，铺天盖地的，这不叫立言。就以我为例吧！有时甚至觉得自己在胡言，这是真的。严格来讲，与圣人、伟人相比较，我真的不敢乱说："我这是言哪！"真正的言就是一家之言，老子讲的就是老子讲的，孔子说的就是孔子说的。你看他们说的是人家的吗？不是，他们所讲的都是自己的言。

看现代人"立言"

马克思坐在大不列颠图书馆里查资料、写作，他坐的那个位置，地上有两个鞋印陷进去了。你想他下了多大的功夫？他就是为了立言。现在出版业兴旺发达，发达到什么程度呢？一个星期出一本书，只要卖得好，赚了钱就行了。这是立言吗？不是，肯定不是。所以说立言是最不容易的，立言比立功、立德更重要。

爱因斯坦也留下了不少东西，除了论文以外还有谈话，他的谈话都是很严谨的，他不乱说。

莱布尼茨已经发现二进制，而且论文也已经写好了，写好以后他并不是很轻易地拿出去公开。皇家学院几次鼓励他，催他把那个论文公开，他心里还是觉得论据不够充分，还是有些犹豫，有这么一点犹豫，他就没有盲目地拿出去。等了两年后，一直等到见到了中国的伏羲六十四方位卦图以后，他才一锤定音："哦，好了，这个现在成熟了。"他将论文重新改写了，并且附上了中国的伏羲八卦，因为八卦给了他启示。新的论文写好后才向外公布。这也可以看出立言的谨慎。

立言原为一种历史传承的方式，作为人类对客观世界认识的记录。随着信息时代的到来，立言的含金量似乎被潮涌般的信息所淹没。当然，能在这种大潮澎湃的言论中沉淀下来，并留给后世的立言，其百分比极低，而其价值也就极高了。

立功作为人格价值的评判，越来越受到人们的关注。随着社会发展的良性运行，为众人立功、为社会立功的行为也逐日升值，并且占有主导地位。"三不朽"的具体内涵同样在与时俱进。随着时代的递进和变迁，"立功"、"立德"、"立言"的具体对象、社会环境乃至三者本身都在变化。"立德"观念中有关社会公德以及治理方面的内容，逐渐融入"立功"的范畴之内；"立德"越来越多地被"圣洁化"、"理想化"；"立言"则成为各种历史人物追求的具体目标。

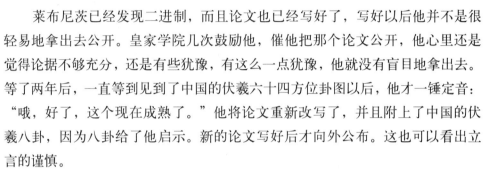

第十五讲　为道"三不亦"

1　为道的潜力——"不亦说乎"

说说《论语》

今天所要讲的题目是：不亦说乎——不亦乐乎——不亦君子乎。一提到这三个标题，大家都知道是孔子《论语》开篇那一段："学而时习之，不亦说乎？有朋自远方来，不亦乐乎？人不知而不愠，不亦君子乎？"

《论语》为什么叫论（lún）语。论，是人伦、伦理。古时候，每个人家里的堂屋里面挂一幅中堂，一张大红纸，中间写上几个大字，就是立牌位，最下面的那个字就是"位"字，就是"牌位"的"位"。什么位序呢？就是"天、地、君、亲、师"这五个位序。第一是天，第二是地，第三是国君，第四是父母亲，第五是老师，这样排下来的。

从人伦次序上分，还有君君臣臣、父父子子、兄弟、夫妻、朋友等。

实际上，这个人伦次序就将整个一个社会全包括在内。你看，天地就是自然，君君臣臣、父父子子、兄弟、朋友就是一个社会，一个大社会。也许你会说，这里其他人怎么没有呀？有，"朋友"两个字全包括了。"朋"，是同类，如我们同坐在一辆车上，虽然你不认识我，我也不认识你，我们俩并没有说话，也没有什么交

人　伦

125

往，但我们是同类的，今天都是往同一方向，坐同一辆车。也许会发生某种关系，或车子抛锚了，大家都待在一起时，互相勉励，互相关心，便发生人际关系了。那么"友"呢？校友、战友、同事等都是友，这个友的含义也很广泛。

所以说，这个朋友包括的就很多、很广，人际社会都包括进去了，就是君、亲、师、兄弟、夫妻、朋友，都包含在人际社会里面。人际社会是有次序的，这个次序就是人伦次序。

"上轮"和"下轮"

旧时，我父亲那一辈读私塾称《论语》为上论、下论，即上卷、下卷。不了解的人误听为上轮、下轮，有人问某个孩子："开讲了吗？""开讲了。""先生给你讲什么？""讲上论、下论。""哎呀，你这孩子，有上轮、下轮，要高升了。"什么意思？旧社会科举考试就是考四书五经，皇帝出题、宗师大人出题都在四书五经里面，就看你能不能融会贯通，融会贯通了才能考好。这个题出自《论语》，但其他东西你不熟也不行；这个题出自《易经》，你《论语》不熟也不行，要融会贯通。

你看，范进到五十岁的时候才中举，为什么呢？他以前没有融会贯通呀。到五十岁的时候还要去向他老丈人借钱。他老丈人是一个屠夫，把他骂得狗血喷头："你这个现世宝，你拿镜子照照你自己，尖嘴猴腮。你看人家老爷的长相，方面大耳，都是天上的文曲星。"

结果，范进中举了。范进一听说自己中了，痰一下子涌上来，迷了心窍，跑到大街上喊："我中了，我中了！"怎么办？办法是让他平时最怕的人打他一耳光子，将痰打出来，这样就能将他打醒。大家都讲他最怕他老丈人，就去找他老丈人。而他老丈人这时就胆怯了，别看平时对他很凶，想怎么骂就怎么骂。这时候他中举啦！他老丈人跑回家将手洗干净，拿出勇气打了范进一巴掌，打后手都抬不起来，还到处跟人讲："我早知道我女婿是文曲星。"唉！这个时候他就变调了，恭恭敬敬的。可见，古代对功名是多么看重。

今天大家对考大学也很看重，农村孩子考上大学要请客，亲戚朋友送红包道贺，所以说也是很看重的。你想想古时候考的题目全在四书五经里面，你能不读这个吗？四书就是《论语》、《孟子》、《大学》、《中庸》。所以，古代人爱开玩笑，把上论、下论说成是上一个"轮"子、下一个"轮"子，你踏着两个轮子就能高升了。这个倒很形象，把《论语》描绘成"风火轮"了。

学而时习之

《论语》开头这一段，解释起来都很简单，也很好理解。就是说你要学习，要得到老师所传授的知识，你就必须天天去复习、温习，通过复习就能得到快乐；有朋友——志同道合的朋友从远方来了，大家在一起谈论，也很高兴；尽管人家不理解你，也没有怨言怒色，这就是君子的风度。

但仅仅是这么三句话，理解起来感觉不太妥。你想，作为《论语》这样一部经典著作的开篇，能是这么三个独立的句子吗？我认为不是，我的看法是：这三个句子是上下承接的，是一组画面，而不是三个画面，不是独立的。

"学而时习之"，学了以后你就要去"习"。这个"习"，我认为不仅仅是复习、温习。为什么呢？因为孔子时代不像现在，还给学生发教材，那时候有教材吗？没有。教材发得起吗？都是竹简刻的，给每人发一捆，那还了得？再者，那时孔子讲的都是他思考得来的东西，他去刻也来不及呀。那时，学生都围着老师席地而坐，老师讲，学生听，回去你怎么练习？不像现在这样，拿着钢笔写写画画，不是这么回事。

我认为，这个"习"应该是思考的意思。为什么？因为孔子还说"学而不思则罔"，"罔"是什么意思？罔是迷惑的意思，学了不思考就会迷惑。你学了以后只会背呀记呀，可是你不去思考，学了以后还是糊里糊涂的。所以思考很重要。

又有"思而不学则殆"，这是什么意思？就是你天天思考而不去学，那就会想入非非、胡思乱想、空想。这也是很危险的，殆就是危险的意思。所以说思和学是你中有我、我中有你。

可见，"学而时习之"的"习"，主要是指思考的意思。这是我个人认为的。因为，一个是当时的学习条件就是这么回事；第二呢，本来学了以后主要还是要你思考，仅仅是手上写呀写，嘴上背呀背，你不去思考，还是等于零嘛。练习也好，温习也好，都要思考，所以现在老师要求学生做作业时要独立思考，考试就全凭独立思考。

不亦说乎

2 为道的引力——"不亦乐乎"

有朋自远方来

不亦乐乎

那么，通过学，再通过思考，便有了你自己的心得、体会、新的见解。有了这些，你高兴不高兴？当然高兴。凡是读书人都有这个体会。这道题很难解，结果你自己解出来了，你自己通过思考解出来的，你多高兴呀！高兴得手舞足蹈，这个体会大家都有，所以说"不亦说乎"。"说"通"喜悦"的"悦"。这能不高兴吗？

自己有了新的见解，这么好的体会，但没有人与我共享，没法交流。这个时候有朋友自远方来了，为什么说自远方来呢？一是那时交通不方便，显得远；二是那时读书人稀少，十里、百里才一两人。这个朋友是什么朋友？是志同道合、谈得来的朋友，可以一起辩论、研讨、交流心得的朋友。他也学了，他也思了，两个人走到一起，不是吃肉喝酒啊！而是击掌而歌，击什么掌？两个人将自己的心得、体会一谈，哎呀！高兴了，两个人击掌，一击掌就跳起来了，唱起来了，手舞足蹈，这就是乐！即使是在野外，喝着凉水，那也乐呀！这种乐是一般人无法体会的。

不知不觉中老了

孔子有另外一句话："知之者不如好知者，好知者不如乐知者。"这个"好"读去声，是"爱好"的"好"。你知道学习很重要，还不如对学习非常爱好；对学习非常爱好，还不如在学习中得到快乐。另外，孔子还有这么一件事：有一天，有一位叫叶公的人问子路（子路是孔子的学生）："子路，请问你们先生孔子是位什么样的人？"子路没有回答他。孔子问子路："你为什么不回答他呢？你就说，他是用起功来就忘了吃饭，高兴起来就忘了忧愁，就这么不知不觉老了，他不就是这个样子吗？"这就是孔子自己给自己画的像，画的什么像？就是这样一个乐天派，以什么为乐？以学为乐，以思考为乐。这就是孔子的人格魅力。他的人格就是在学习中得乐，在学习中欢度自己的人生。在这么一种废寝忘食、不知忧愁中不知不觉老了，多有意思呀！人就这么过一生，挺有意思的吧。他不愁吃，也不愁穿；没有忧，也没有愁，全在学习中、思考中；思考后有新的东西又去学，学后又去思考，思考后又得到新的体会，有了新的体会又去验证，又去学。你看，他就是这样不断地去为学、为道的。

天赋，天天赋予

今天有些学生，一提起上学就头痛，头就大了，叫他去看看书，老大的不高兴。有人以学为乐，可他们呢？认为学是一个很大的累赘，很大的包袱。区别就在这个地方。我小时候身体很不好，几乎天天生病，但一定要去上学。有时我母亲拉着我说："今天别上学了，我去给你请假。"我说："那不行。"不上学，在家怎么也待不住，还是学校好，这也许并不是每个人都能具备的天赋。实际上说天赋，天天赋予，赋予什么？赋予努力，赋予思考，赋予艰辛。天才天才，我认为没有天生的才，只有学而知之的才。如果有人认为"赋"与"才"是天生的，那这种天生的东西不是别的，就是对学习的爱好、以学为乐的精神。有了这个，你何愁得不到才呢？何愁得不到知识，得不到学问呢？聪明、智慧都有了。所以这些给我们的启发是很深的。从孔子与朋友这种快乐交流的场景中，我们能好好体会。

胜读十年书

交朋友，交什么朋友？我们不也要交朋友吗？你在交朋友的时候，你是得到了益呢，还是得到了损？是损害呢，还是益处？我看，没有其他标准，朋友来了，喝酒、吃肉、玩耍、瞎侃，这种朋友对你有什么好处呀？交了这种朋友，不讲多，交了一个也够你受的，你就会慢慢地、慢慢地被他腐蚀了，你的意志、你的好品质全都被他消磨掉了。

但是，有益友来了呢？那就是像孔子那样，谈学习，谈知识，谈体会，谈心得，谈天文地理。哎呀！那不得了了，"与君一席话，胜读十年书"啊！就这么一次讨论，比读十年书还要强。为什么呢？这就是有所得。有人讲，太夸张了吧？不是夸张。比较一下，今天朋友来了，喝喝酒，玩耍玩耍，聊一些邪恶的东西、歪的东西、很俗的东西，那不仅没增长知识，反而将有益的知识、品质、毅力

益 友

都给消磨掉了，这是一损，这是负数呀。那么，益友来了呢？谈知识，两个人知识互相融通，灵感碰撞，智慧交流。你想，这些东西都是课堂上学不到的，都是自己心灵上的东西，因为是朋友之间，是感情所至、兴趣所至，这种学习是主动的、积极的，所以受益也最深刻、最牢靠。这一下，自己的智慧一下子开发出来了，这是正数。这正数、负数之间何止隔十年啊！是不是这么一个道理？只隔十年吗？不止隔十年。

再说，有的人堕落了，就是因为交了一个坏朋友。堕落后十年都挽救不回来，何止十年呢？"与君一席话，胜读十年书"，不是太夸张，主要看你怎么理解。我认为，这么相比，这么一算账，真是振聋发聩呀！这个账要算。交朋友能不慎乎？能不好好地辨别吗？

孔子有一句话讲："君子以文会友。"不是以酒会友，不是以玩耍会友，是"以文会友"。文是什么？文就是知识，就是智慧。还有一句话"以友辅仁"，这个辅不是你辅我，也不是我辅你，而是互相得到辅助，互相得到补充，知识相长，智慧相融。仁就是德，不仅仅是知识增长了，智慧增长了，你的德也增长了。厚德载物啊！你的知识也就载住了，你的知识就变成了智慧。以什么来载，来容纳，来涵养？以仁来涵养，以德来涵养，你这个知识就非常牢靠，变成智慧了，变成你自己的资本了。你看，交朋友多有学问！这就是把古人的话都贯通起来理解，看似平常，其实并不寻常。

出和雅音

有一次我坐出租车，跟司机师傅聊得非常投机，最后聊到他的孩子时，我按平时习惯跟他讲对孩子的教育要注意哪些问题。家常话，仅仅是家常话而已，下车付款时他说："老师，你别付款了，今天我听了你这么一席话，我受益匪浅。"我讲："不，钱要付的。"这说明了什么问题呢？说明人际交往要出和

雅音，出和音，出雅音。和音就是口气平和，
雅音就是文明用语。"出和雅音"出自《佛
说阿弥陀经》。其实，不仅仅学佛的人出
和雅音，不仅仅是西方极乐世界出和雅音，
我们平时的生活、工作、人际交往中处处
都要出和雅音。"君子居其室，出其言善，
则千里之外应之。""二人同心，其利断金。
同心之言，其臭如兰。"和音、雅音是善
良人的知音，有如兰花那样芳香。

孔子还有一句话："有道德的人不会
孤单，一定会有志同道合的人来和他做伙
伴。"我还是讲李白、杜甫，他们的朋友
遍天下，他们不孤单，四海为家。陶渊明
在家里"不为五斗米折腰"，"采菊东篱
下"，你看，他在家里多好啊！他朋友多啊，
文人墨客，高朋满座。孔子的学生子夏说：
对妻子，看对象，重品德，不重容貌；侍
奉父母，能尽心竭力；服侍君上，能豁出

以文会友

生命；同朋友交往，说话诚实守信。这种人虽说没学过，我一定说他已经学习过了。
那么说这种人我一定要去亲近他，一定要去跟他交朋友。从他的品行能看出他
的学问和修养，这就是选择，这才是朋友。

3　为道的魅力——"不亦君子乎"

人不知而不愠

再看第三句："人不知而不愠，不亦君子乎？"愠，是指脸上的怒色。人
家不了解，观点不同，不指责，不讥笑，也不起怒色，脸上还是这么平常，心
里还是悦乐，这不就是君子的风度吗？不就是君子的胸怀吗？不就是君子的气
量吗？什么叫君子？君子不是指你有多高地位，做多大官，发多大财，而是看
你有没有这么一种心量。当然，这个心量不是随便说有就有的。这个心量是用
知识开拓出来的，用智慧开拓出来的，用德去涵养的。所谓"海量"，就是心

不亦君子乎

老子为道

量如大海般宽广。还有人们常说的"智慧如海"。心中没有智慧就谈不上量，更谈不上海了。

那么，你的知识、你的智慧、你的德又是怎么样从知识、从学识升华的呢？学，学了知识，知识又变成了智慧，智慧又变成了德。这是怎么一个上升的过程呢？我看，再回到前面的那个"思"。"学而时习之"，这个习是思，我特别强调这个思——思考。孔子说过："只是读书，却不思考，就会受骗；只是空想，却不读书，就缺乏信心。"另外还有一段话："我非生而知之者，好古，敏以求之者也。"就是说，我不是生而知之，我是因为喜欢古人的东西、圣人的东西，从他们的言论中、他们的思想中，我得到了知识，得到了智慧，这个智慧就是通过思考来的。都是读圣人书，为什么其他人不能得到呢？因为孔子思考了，而且是深入地思考了，在思考中得到了灵感，升华了智慧。所以说，这个思考很重要。

因此，要将这三句话连起来，不连起来理解是不行的。你学了以后就去思，思了以后就得到乐，乐了以后就有朋友来一起分享，有朋友来分享了，这个乐又更上一层楼。即使不是朋友，不是志同道合者，不理解，仍然不起怒色，显示出一种宽容的雅量，这就是君子。

美德与弊病

孔子为什么反复强调学习呢？《论语》以《学而篇》开篇是有一定道理的。有一天，孔子问他的学生仲由："你听说过六种美德六种弊病吗？"仲由说："没有听说过。"孔子说："坐下，坐下，我告诉你。"

孔子讲："爱好仁德不爱好学习，将被愚昧所掩盖。"

如果一个人喜欢仁德，这是好事啊。仁和德讲道德修养，这不是好事吗？但不仅仅是做一个好人，做好事，存好心，如果他不学习就会被愚昧所蒙蔽，他会分不清楚什么是德，什么是善，什么是真善，德是怎么来的。德得不到涵养，没有知识去丰富它，没有智慧去涵养它，即使做了一两件好事、善事，仅此而已，所以要讲究涵养。

孔子又说："爱好智慧不爱好学习，将被放荡所掩盖。"

有的人喜欢智慧，但又误解了智慧，把智慧当成了一种谋略，喜欢耍一些手腕，耍一些小聪明。但他不去学习，他耍小聪明，还自以为得计。结果呢？聪明反被聪明误。这样的人就会被放荡所掩盖。这个放荡不是文人的那种放荡不羁，这种放荡是一种轻薄、一种浮躁，轻飘飘的，还自以为很得意。

举个简单的例子吧。有一次我去复印资料，一位搞研究的专家拿了一幅很大的图来复印。图很大呀，怎么复印？必须将复印机重新设置。这位专家很细致，对这幅图非常谨慎，谨慎得不得了。那个复印的小青年不耐烦了："哎呀，你放下吧。"那位专家跟他讲要怎么样怎么样。"哎呀，我知道。"小青年对那位专家不屑一顾，好像认为你这个人太啰唆，我怎么能连这点事都不懂。他在那边调着机子，那位专家在一边指手画脚，专家实际上没有别的意思，就是怕图纸搞坏了。那个小青年又来一句："哎，你这个都不懂啊！"你看，他笑话起专家来了。那位专家还乐呵呵的，他并不认为他笑话他，他并不这样，还非常谦虚。当时我心想，这个差距多大呀，差到哪儿去了！

孔子又讲："爱好信实不爱好学习，将被歹人所蒙蔽。"

这个信实是诚信，是老实。有的人老实，讲诚信，实实在在是老实、诚信得过头了，结果被骗子骗得晕头转向，几十万都能被骗走。今天好多人同样还在钻骗子的圈套。他骗谁呢？骗老实人。为什么呢？这种老实人他不学习。诚信好不好？老实好不好？好啊。但是他不学习，结果害了自己。

孔子还讲："爱好勇敢不爱好学习，将被祸乱所蒙蔽。"

有的人认为自己很勇敢，什么事都想出风头，逞强好胜。有这么一个故事，有位朋友的孩子参与打群架，结果呢？十八名同学全被关押起来了。他父母感到莫名其妙：我孩子平时很好啊，这怎么回事？逞英雄好汉，这么一冲动就栽下去了。这个勇敢不是真勇敢。人家讲"大勇若怯"，大勇的人看起来很胆怯，这是大勇的人。看见什么事，袖子一捋，我来！这种人是假勇敢。人家道理一讲，他就吓怕了，特别一看见警察的警棍就趴下去了，腿都发抖了，这不是真勇敢，因为他不学好啊。为什么这样呢？就是不学的原因。还有一种人，社会上出现一点风头，出现一点波动，或社会有一点动乱的时候，他就蠢蠢欲动，想逞英雄好汉，走上街头，好像很自豪。人云亦云，跟着人家，自己根本不考虑。这

美德与弊病

种人最容易被那些别有用心的人所利用。

孔子还讲："爱好直率不爱好学习，将被偏激所蒙蔽。"

直率就是直爽。直率也是美德，但是不爱好学习，就分不清事理，不该说的也去说，不该做的也去做，还自认为很直爽。结果呢？由于偏激，往往好心办坏事，好心讨不到好报。有人老说"我就是得罪人太多了"，但又回过头说一句，"我就是太直爽了"。得罪人是缺点，但是他又马上将自己的"美德"搬出来，将其掩盖掉。正是因为不爱好学习，所以直率成了偏激。

孔子讲："爱好刚强不爱好学习，将被狂妄所蒙蔽。"

有人认为自己很刚强，但刚强得过分也不行，刚强得过分就变成了狂妄。在大街上也能看到这样的人，什么事都不让人，有人被车子碰了一下，在众目睽睽下他怕自己变成了懦夫，想充好汉。本来一点点小事，他得理不让人，始终要占上风，嗓子比别人大，再不行就动拳头。明明是大家笑一笑，说一声"对不起"或者"没关系"就皆大欢喜，风平浪静了。结果，往往因为自认为刚强而又不好学习的人，无事闹成了有事，小事闹成了大事，甚至于平常事变成了祸事。这就是不学习的后果。

孔子在这里所讲的学习，主要是讲"为学日益"，为人要天天坚持学习，读读报，看看新闻，与人切磋，都是学习。只有活到老，学到老，才不至于被时代淘汰，才能始终保持青春活力。

你也能得"上轮"、"下轮"

你看，仁德是不是美德？智慧是不是美德？信实是不是美德？勇敢是不是美德？直率是不是美德？刚强是不是美德？都是美德。但如果不学习，就不能涵养美德，不能善用美德。结果，六种美德变成了六种弊病。可见学习是多么重要。从中还能看出来，什么事都不能过，好事也不能过，不能过头。要做到不过，就要学，要思考。中庸就是保持一个度，有了这个度，你就不会过。刚也不会过，柔也不会过。《易经》曰："夫乾，其静也专，其动也直。"什么意思呢？你静下来就能专于一点。专于什么？专于自己的诚信，一颗纯净的心。其动也直，动起来也不会乱。直，是向前，走正道。这就强调了学习的重要性。

今天讲了《论语》中的一段话，即使没有读《论语》全文，只要读了开头这三句话，也能得到"上轮"、"下轮"。如果大家真有了"上轮"、"下轮"，也要高升。怎么高升？知识变成了智慧，智慧变成了德，有了德就无得而无所不得。

第十六讲　为道在呼吸之间

——呼——吸——息

1　呼吸是吐故纳新

数呼吸

这一节的内容，是我拜读了净慧老和尚关于禅的开示后感悟了的东西。上次美国汪忠长教授对这一节的内容很感兴趣，我说这是净慧老和尚说禅的开示，他连说："好，好。"于是我便送了他几本净慧法师主编的《禅》杂志。汪老教授回美国后立即给我寄来了美国一位居士写的《心经》的解读本。这说明禅在海外影响很大。

吸、呼、息三个字，实际上是呼吸中的三个过程，对于"呼吸"这个词，大家都清楚，就是一呼一吸，吸进清气，呼出浊气。后面那个息，是颐养真气。

呼吸是生命之所寄。古人云："一吸不来，转眼即是来生。"意思是说人的一呼一吸是时时刻刻都不能离的，一旦一吸不来转眼就是来生了。吸就好比"为学日益"，也就是吸进新的知识；呼就好比"为道日损"，呼出污浊之气，也就是损掉那些妄念、杂念、俗习。还有息，怎么与"无为而无不为"来联系呢？实际上今天讲的重点就是这个息。这个息是颐养真气，它怎么去颐养真气呢？

每个人在吸与呼之间都有一个停顿，这个停顿看起来很不明显，像游泳时你一下子钻入水底，必须屏住呼吸，那就是这个"息"。这息有三息，也就是"出息、入息、住息"。呼出来的时候是"出息"，吸气之时是"入息"，在呼和吸之间停顿的那一刹那为"住息"。

呼吸，许多人对此都很讲究，特别是数呼吸。如有人失眠，医生教他一个方法，就是数呼吸。当你数到几十或一百时就会睡着。练气功的人也数呼吸。道家意守丹田，也要数呼吸。佛家参禅，也要数呼吸。如何去数，各家都有其独特的方式。

精气为物

失眠的人数呼吸没有什么讲究。但练气功、练坐禅时数呼吸的方式是很有讲究的，当然是各有各的方法，每一家都有其独特之处。数呼吸，一般都认为数出息好，因为吸的时候肺的活动量小一些，不太明显，而呼的时候，肺的活动量要大一些。当然，这与人的身体状况有关，与人的身体素质和肺活量的大小也有关系。

有的人是一种浅呼吸，呼吸很微弱，还有一种是深呼吸，相比较而言，当然是深呼吸好。在练数呼吸之时，应该慢慢由浅入深，由粗入细。如我们跑步、爬山、体力劳动的时候喘着粗气，这粗气肯定不好；当你在心平气和之时那呼吸肯定较细，再细一些就更好了。当然这种细不是微弱，与浅是不同的，这里的细实际就是一种和，叫心平气和。还要由短到长，一呼一吸之间如果很短促，这一般都是缺乏锻炼的人的呼吸，真正健康人的呼吸是住息时间长，这个时间的长短决定一个人的功夫深不深。

这里再讲一讲住息，这个息是很重要的。我们先从字上看一下吧！"息"字上面一个自己的"自"，下面一个"心"，这就要求守住自己的心。这个心如果按道家炼丹讲就是指下丹田。人身上有三个丹田：下丹田是在肚脐下二三指处，中丹田是在心口下二三指处，上丹田在二眉之间。道家炼丹讲气存丹田，是指下丹田。为什么要气存下丹田呢？因为下丹田是"颐养精气之所藏"。人们常讲精、气、神，也就是神在上丹田，气在中丹田，精在下丹田。这是以气养精，再以精养气，气又上来提神，贯穿始终的都是气。

《易经》上讲："精气为物，游魂为变。"这是很唯物的，里面既有医学，又有生理学。这里不管是精、是神，它们之间始终还是气在推动。为什么讲人在临命终时是"一气不来，就一命呜呼"？大作家王蒙，有一次与几个朋友在一起闲聊时，他让大家来做一次测验，

呼 吸

每人把描绘死的词写下来，看谁写得最多。同样的时间王蒙写得最多，他写了一百三十多个，他光在气上就一连写了好多个。如咽气、断气、落气、一气不来……这就说明气对人来讲是相当重要的。犹如汽车有油路，有气路，有电路，它的油路也要靠气推动。在万物当中，不光人在呼吸，别的物体也在呼吸。就讲这本书，表面看它不呼吸，它没长鼻子，其实它在呼吸。它里面的油墨味在向外散发。不是讲"书香扑鼻"吗？书香味，书有香味，书如果放得时间长了，还有一种霉味。其他的物体都一样，只不过你没有去观察，物体都在呼吸中起变化。当然，这里还是人的呼吸最讲究，所以讲要研究这个息。

息能生定

一呼一吸之间，这个息如果能保持时间长的话，那就是定了。如果能将这个息打得住，住得下，住得久，还住得稳，那就是禅定的功夫。像佛教里讲，有的人一入禅定就是几个小时，甚至几天几夜，好像是坐睡的样子，他那鼻孔里面的气非常非常的细，甚至很难感觉到他的鼻息，这当然不是没有，而是很细很细，难以感觉到罢了。这是怎么回事呢？实际上人周身上下之气都在流通。

当然，我们进入息的时间很短，我们会急于去呼、去吸。但就是这很短的时间，这息还是存在的，还在工作。在干什么呢？我们不是将气吸进了吗？就在吸气的一刹那，马上将气扩散到了全身，凡是身体所需要的地方它都能扩散到。这工作是很快很快的，很难感觉到。当我们呼的时候，它马上又将人体的浊气排出。当我们吸入新鲜空气时，氧气放在何处呢？是在肺部。它能马上进入那么多肺细胞吗？肺细胞的功能本身还是靠呼吸同时运作的，它并非单独工作。所以氧向全身扩散，就是一呼一吸之间的息工作的效果。这是很微妙的工作程序。

根据《黄帝内经》上的描述，吸是肾在吸，呼是肺在呼，息是二肾之间的命门在工作。命门就是生命之门，在腰椎间。前腹有肚脐，婴儿时连着母体，和母亲一起呼吸，这是先天的呼吸。后脊椎间有命门，命门两翼右有一小窍，内有真火；左有一小窍，内有真水。当肾吸进新鲜氧气时，真火旺而炼真水，真水蒸蒸向上而为气，气上升到肺，又通过肺呼出浊气。而息贯穿于一呼一吸全过程。所以，练功的人讲究养息、休养生息、守息。

吸与呼的时间都不短，可息的时间却那么短暂，但它的工作量却是那么大，它的作用是那么重要。所以无论是练气功，还是练禅定，都不是练呼，也不是练吸，而是练中间那一息。你将这一息练好了，你的精气神都好了，你的身体也好了，一旦进入禅定，就是这息能维持的时间长，能住的时间长，就是禅定的时间长，定上几个小时甚至三天三夜。

在这么长的时间里，你看他的鼻息好像都没有了，但他还是一个大活人，那你可能会问，他靠什么呼吸呢？他不是靠鼻孔呼吸，而是调动了身上八万四千多个毛孔来呼吸，这就是功夫。因为肺不但通鼻，而且通皮肤外的毛孔。当然，八万四千是一概数，有这么多毛孔在呼吸，当然就看不出来了，他这个息就换了另一种方式，是在息中呼吸。这是因为长期练的效果，练到息的时间增加到一定时候，中间还要换气呀！当然这不是一朝一夕，也不是几个月、几年的功夫。这必须很长很长时间地练下去，才能达到这种功夫。这样入定的时间、住息的时间也就长了。

内心无喘

我们再讲一讲住息的要领，这也是很关键的一条，就是意念必须与呼吸打成一片，联成一串，融为一气。如果意念与息没有融为一体，没有用意念来起作用，而是在胡思乱想，那可要误事。你不但要气存丹田，还要守住丹田，用意念来守，这个好多气功书上都讲了。这里讲的意念要纯，要单一，要正，不能掺杂念，也不能乱。

达摩祖师面壁九年，他面壁时首先是做到"内心无喘"。什么叫内心无喘呢？喘是喘气，人在疲劳时不是喘气吗？人到年老时或肺部有病时不也是喘吗？"内心无喘"是一种极高的境界，他做到了。气在鼻息中若有若无，像游丝，而且与意念打成了一片，他的意念无喘。这无喘就是守住了意念，不胡思乱想，这也就是意念与息融为一气了。

例如，我们一开始学骑车时要稍快一点，如果不骑快点，就会摔倒。一旦功夫熟练了，就可以随心所欲，可以骑得很慢，有时甚至还可以定好长一段时间。这就是一种功夫。平时我们都知道呼吸很重要，但却没有想到一呼一吸之间的息却更加重要，还那么值得去修炼。

2 电场、磁场、气场

电场、磁场

现在我们再将话题转一下。我在这里提出一个设想，然后大家去思考、讨论一下。有时大家讨论一件事、一个题时，是那么认真和有兴趣。我认为今天这个题目就更有意思。这就是电场、磁场、气场这三个东西。

什么是电场、磁场呢?

物理学界有这么一个争论:电荷与电荷之间,电流与电流之间,磁铁与磁

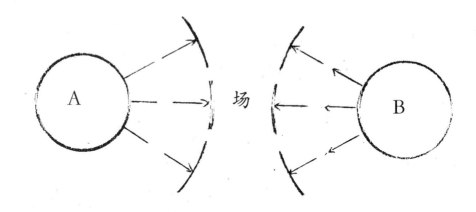

140　铁之间,都是有一定空间的,但它们之间互相排斥。这个中间到底是怎么回事?

两种意见:一种认为是"超距作用"。什么东西都没有,就认为是超越空间、超越距离的直接作用。另外一种认为,在电荷的周围、磁铁周围存在一种看不见、摸不着的物质,这种物质科学家称其为"场形物质"。场形物质是电场、磁场中一种无形状的物质,现在科学家称其为"暗物质"。李政道先生在人民大会堂讲课时就说,暗物质占整个物质世界的95%以上。如果真是这样的话,那么这暗物质就不仅存在于一个世界,而是多元世界里。

英国科学家法拉第称电荷之间的场形物质为"电场"。电场是传递电荷之间相互作用的媒介物质,起一种媒介作用。由此类推,磁场也是根据这个来的,也就是磁力相互作用的媒介空间叫"磁场"。科学上不也讲人身上也带电,也带磁,每个人都是一个电场、一个磁场吗?

气　场

那就可由此推理到气场。由电场、磁场的原理类推,应该是有气场存在的。

《黄帝内经》上讲,人体内有营气和卫气,营气为清气,卫气为浊气。营气在脉内运行,卫气则在脉外运行。天上有二十八宿,人体有二十八脉。天人星、脉相应,那么,天人气场也是相应的。

人一呼一吸之时,人身的体内到处都有气,每一个细胞里都有气,它不仅仅是有水,而且有气;我们的体外完全被气包围着,内外都有气,而且保持着

内外气压的平衡。像一个足球，内外都是气。这是一个气场，它的存在是不需要去怀疑的。两人之间有时能感觉到一种气息的传递，一种感应。有时你站在那里，从后面走来了一个人，你就能感觉到一种气息，感到后面有人，这就是一种气场。

我们呼吸时有一个气与风的区别。有人讲，风不就是气，气不就是风吗？不，它们是有区别的。如果是一种正常的健康的呼吸，它是气；如果在不正常或不健康的情况下呼吸，特别是呼，那就是风。为什么呢？因为那是一种急促的呼吸，是呼吸功能不正常的情况下的呼吸，有时甚至不是用鼻孔，而是张开嘴去呼吸，这就不是气而是风，这种呼吸没有选择。所以，风与气是有区别的。虽然有些东西看起来是一样的，实际上是有区别的，区别就在微妙之间，都是在我们看不见的物质中间运动的。

电场、磁场、气场我们是看不见的，物理学家在 20 世纪就提出了这个问题。有一种看不见的物质，现在已经定名为暗物质。电场、磁场、气场尽管是看不见，摸不着的，但它确实是实实在在存在的。下面我再讲两个东西，或许是有怀疑的东西。

3　信息场、意念场

信息场

第一个就是信息场，有人曾提出信息场是不是包括电场、磁场，这个问题我认为是对的，用电子和量子来传递信息。但我也要说一句，有些信息不是由电子和量子所能传递的。

《易经》的"中孚卦"里面有这么一句话："鸣鹤在阴，其子和之。"就像鹤在阴暗处鸣叫，它的小鹤离它很远，看不见它，但小鹤能听到母亲的鸣叫，它马上也应和着鸣叫。这不仅仅是声音在传递，如果只是声音在传递，那小鹤听到的还有别的鹤的声音，为什么只有母亲鸣叫时它才应和呢？这里面就是信息的感应、心灵的感应。

还有一种就是孪生兄弟，一个在东一个在西，相隔千里之外的两个人，如果其中一个的身体上某一个部位发生病变的话，那么，另外一个就有感应；如果某一个人遇到危险或大的灾难，另外一个也会得到感应。这是什么原因呢？难道是巧合？真的是一般电子和量子所能传递的吗？我们知道电子传递信息是要有条件的。如我们用手机，大家都明白它传递信息所需要的条件，这些信息的传递还是人为的，不是自然的。有些感应不是人为的，是不需人为的条件的，而是很自然的感应，所需的条件，不是电子也不是量子。传递信息所需条件不一样，那它们本身就不是电子与量子，而是另一种物质。

这里之所以补充这一点，是因为有人将感应视为一种唯心的、迷信的现象。其实，我们既要承认感应的存在，又不能迷信它，只是目前还没有破译它，它也是一种自然现象。现在我们还无法去证明这是什么物质，但随着科学的发展，总会解释或通过仪器能证实它的存在，像量子那样可以通过碰撞机去观察它。这个东西就是信息场，就是这么一个难以理解又确实存在的东西。

前几天我们讲了"微"、"希"、"夷"。其中那个"希"与这个"息"有相似之处。看它看不见称之为微，听它又听不到称之为希，摸它又摸不着称之为夷。难道这三种东西也是看不见的物质吗？现在科学家将它们命名为电场、磁场。其实老子在几千年前就已经给它们取了名字，曰"微"、"希"、"夷"，而且分得非常清楚。我想，现在有科学家提出有暗物质，有看不见的物质，好像是石破天惊的新理论，觉得现在人太了不起了，现在有谁去摘这个皇冠，能将它探索出来？为什么他没看出古代人就已经发现了，而且还取了名字，现在就等待科学家们去求证了？

高思维，高科技

《易经》曰："圣人有以见天下之赜。"这就是非常奥妙的东西，非常玄妙的东西。玄妙不就是看不见吗？

《易经》曰："阴阳不测之谓神。""神无方而易无体。"这里的"神"不是我们今天讲的有神、无神的那个"神"，不是道教庙堂里面的文财神、武财神那个"神"。这里所说的神是未知的东西。未知的是什么？就是暗物质，就是看不见的现象。我还提一下上次在北大，美国著名的未来学家奈斯比特讲"高思维，高科技"，好像这些都是现代人的。当时我就讲了，你没有想到我们古代人在公元前六百多年就发现了，就有了这种高思维，如纳米技术的高思维。惠施说："一尺之棰，日取其半，万世不竭。"这就是讲，只有一尺的小木棒，一天取它的一半，万世没有穷竭，永远取不完。这不就是高思维吗？现在的纳米技术还停留在这中间呢，后面不知还有多少比纳米更小的 a 米、b 米、c 米……

我们应该相信老祖先这种高思维，在这个里面，我们不能认为他们当时没有取名"纳米"就否定它。所以，我认为这个信息场中间有一种物质，在电子与量子传递信息之外，还有一种更微妙的物质传递着我们的信息。如果将这个领域开发出来，那才是真正的不可思议。

为什么不可思议？现代人异想天开地想寻找外星人，还花了不少的钱去造宇宙飞船，不断去探索，去寻找外星人。如果把这个领域开发出来了，那就只用将这种物质向太空发射出去，它传递速度之快、信息传递之准确是远远超过光波的。我认为我们今天在用电子、量子传递信息，外星人不用这个。在外星人眼里可能这个是最落后的东西。如果地球上的人类，已经开发出电子与量子以外的这种传递信息的物质，我想这种信息外星人会收到的；地球上的人也会收到他们的信息。这种想象是妄想，是空想吗？我想不是，因为这个世界上只有想不到的东西，没有做不到的东西，只不过一旦发现后的名词不一样罢了。我们不会与科学家去争风吃醋，但是我们大胆地去想象，大胆地去推测，我们运用理念的权利是有的，这不是科学家的专利。

我们这个题目就是讲无为而无不为的，如果我们连大胆的想象和正确的思考都没有，那还叫什么无不为呢？我们这个无不为不是空中楼阁，不是无稽之谈，不是谬论。我们是有依据的，是从人生的一呼一吸讲起的。从人生自身讲起，从每一个人的感觉讲起。我们的出发点是落实在实处，不是水上的浮萍，而是有根有据的。那么下面一个更有一点不可思议。

意念场

武汉有一位科学家说："实际上人类科学这么发达，而且只研究了物与物的变化，但物与物的变化这个领域里面所开发出来的只是很少的一部分。"按照比例来讲，物与物的变化还有很大一部分是未知的。从人类几十万年来所探索的与人类所知道的，仅仅是很少很少的一点点，更多更广的是未知的。另外还有物与心的变化呢，我认为这还是一个空白，还有意念与意念之间的变化更是空白。

意念与物的变化就像北京八中有位中学生讲的，他说："我想通过我的意念组成各种分子式，我想穿什么衣服、什么衣料，便在意念中组合衣料的分子式，这件衣服就成功了。"这就是意念与物之间的变化。

另外还有意念与意念之间的变化。这就是相互之间可用意念来传递信息，不用语言，不用眼神来传递，而是用心来传递。假如你在北京，我在纽约，我们不用手机，也不用电话、电脑等现代传递信息的方式，而是用意念去联系，这样多简单？不用交费，也不用害怕辐射对人体有害。有没有这一天呢？你能

意　念

说我是歪理邪说吗？不是。我还是那句话，我们既然讲无不为，就要大胆地去想象，当然，想象的东西是不能对社会、对他人有伤害的，只要是有益的，我们都可以去想。刚才不是讲了吗？只有想不到的东西，没有做不到的。我们应当相信人类的智慧是可以超越的。

现在我要回到刚才讲的意念场。信息场中间有一个息，信息传递也离不开一个息。意念场也就是意息场。上面我们讲了住息，住息的要领就是住息阶段要与意念打成一片，绵绵不断，融为一气，就是离不开意念。如果这个意念不正，不集中，不统一，这个息是住不下来的。意念一散，神也散了，气也散了。气散了，还能定得住吗？这是唯物的，是科学的，不是唯心的，不是迷信的，如彼此之间心照不宣，有些事只可意会不可言传，等等。为什么讲是科学呢？我想这个只要是懂得医学、懂得生理学的人都会承认的，都会认同的。这就说明意念很重要，意念是不是物质？也是物质，如果不是物质怎么会起作用呢？也就是讲意念不仅能产生电子、量子，更重要的是能调动电子和量子。意念像磁场这些物质一样，是非常微妙的一种物质。

开发意念电子

以前排字靠人工，有形的人、有形的铅字在有形中排，这些都是看得见、摸得着的，都是在有形中去进行的。现在电脑排字是在无形中进行的，而且排得又快又好。那简直不可思议，把电脑再向前推一百年、两百年，如果讲电脑排版和这很神奇的网络技术，那时的人会讲："你这人是讲大话。你这是歪理邪说，是胡说八道。"现代人谁也不会讲这话，连小孩子也知道是怎么回事。

我们想一想，电脑里面有多少电子在工作？有多少"0"、"1"在排列，在运作？如果能放慢镜头给你看一看，那简直神奇得不得了。人类的意念就像电脑里面的电子一样，人类大脑的工作也是靠很多很多的"意念电子"在工作。

我想这种"意念电子"比现在所发现的电子要高明不知多少倍，是无法估计的。如果真的将"意念"这个物质开发出来，那么，我认为我们到别的星球去就是一件很简单的活动了。

开拓意念空间

今天所讲的这些好像是想入非非的东西。但我们没有瞎讲，我们是根据自身这个落脚点讲的。另外，这不就是一种理念吗？智慧要去超越不就应该大胆地去猜想吗？哥德巴赫猜想为什么还是一种皇冠呢？我们为什么不能猜想呢？

我认为人要做到无为而无不为，就是要用自己的智慧去大胆地想象，大胆地去思辨，在想象中有更美好的世界。柏拉图的想象中有他的理想国，陶渊明的想象中有他的"采菊东篱下，悠然见南山"和"桃花源"，马克思的想象中有共产主义。但他们的想象不是一般意义上的想象，其实也是一种思辨。就像科学家的一种思辨，他们的想不是瞎想，想象里面有思辨，是一种很合理的推理，以现实科学为依据，并有严谨的逻辑。它不是空中楼阁，不是凭空想象，而是根据某一件事来启发的。像我们今天就是根据一呼一吸之间找到一个息场，这样讲，我们是有根有据的，是从我们的智慧中发散出来的东西，所以，我今天能理直气壮地讲这些东西。我今天讲的有没有离题，如果你们认为离题了尽管讨论。

总之，以上讲的电场、磁场、气场，乃至意念场，都是一种物质变化运动的规律，也就是老子说的"道"，在实践中科学地运用它，掌握它，就是为道。

145

第十七讲　为道"三观"

1　观物理现象——观色

观"四大皆空"

这一课和上一课一样，是我拜读了净慧老和尚的开示后感悟的东西，不知道讲得入法不入法。如果有兴趣，你们最好多读读净慧法师主编的《禅》杂志。如果有条件，尽可能参加柏林禅寺每年举办的"大学生生活禅夏令营"，那是令许多大学生神往的夏日生活。

现在回到正题。

关于"观"的理解很多，这里仅以宋代易学大师邵雍讲的为例。邵雍《观物篇》云："夫所以谓之观物者，非以目观之也；非观之以目，而观之以心也；非观之以心，而观之以理也。"冯友兰解释说："以目观物，即以感官观物，其所得为感。以心观物，即以心思物。然实际的物，非心所能思。心所能思者，是实际的物之性，或其所依照之理。知物之理，又以理之观点以观物，即所谓以理观物。"又有所谓静观者，程明道诗云："万物静观皆自得，四时佳兴与人同。"

练习瑜珈的人要观蜡烛、观香火、观四大。道家炼丹叫意守窍，其实就是观相于丹田。密宗教人观种子，五祖叫人观月轮，这都是一种观。

色是什么？不仅仅是指颜色，实际上是指形色。物质世界里颜色只是一种给人感观上的东西，这里的色就是指有形、有色的物质，是一个三维立体的世界。

色，它有几个特点，第一个特点，是看得见，听得到，摸得着，是三维立体（即长、宽、厚）的。这在印度传统文化里是指"四大"，所以，佛教里也有四大，如四大皆空中的四大。四大即地、火、水、风。古希腊哲学家亚里士多德也有一种四大：土、火、空气、水。他将四大称为简单的物体。在中国古代称其为五行，五行里面加了一个金，实际上金应归于土，说明五行学说产生于青铜器问世以后。金是从矿物质中提炼出来的，土生金，所以应归于土、归于地。中国的五行与印度的四大，与西方哲学里的四大实际上是相通的。伏羲八卦里面所讲的"天、地、雷、风、水、火、山、泽"这八种自然现象，正好也包含了四大，但不含金，可见八卦产生于青铜器问世之前。这些东西都是色，都是物质。

中国五行里面代表的东西比较多。如木在人体的五脏里面代表肝，在六腑里面代表胆，在颜色里面代表绿色，在味道里面代表酸，在五官里代表眼。这里只是举个例子说一下，以说明五行可以代表所有的三维物质和现象。

八卦里面的乾卦，不但代表天，同时还代表父，代表马，代表人的首，代表男，代表东西很多，还代表光明，代表刚健，这只是乾卦。亚里士多德将"土、火、气、水"称为"简单的物体"。这就说明了它的第二个特性，就是它的可变性，也就是它变异的一面。

观　色

理念世界的影子

谈到万事万物的变化，这里应用《旧约全书》里面的一段话：

一代过去，一代又来，地却永远长存。

太阳出来，太阳落下，急归所出之地。

风往南刮，又向北转，不住地旋转，而且返回原行原道。

江河都向海里流，海却不满。

江河从何处流，仍归还何处。

万事令人厌烦，人难以言尽。

眼看看不饱，耳听听不足。

已有的事，以后必再有；

已行的事，以后必再行；

日光之下并无新事。

这段话变来变去，我认为它把事和物的变化描绘得非常形象，所以，我们可以看出宗教是一种文化。《圣经》里的这段话，实际就是一种文化，描述的是自然的本体，万事万物就是这种现象，所以这里的描绘确实很生动。对于物质世界的变化我不想多讲，要讲的话那实在太多了，因为讲变易的时候也要讲。所以，我认为引用《旧约全书》的一段话，是很有启发的。

下面讲讲色的另一特点。这个特点是客体与主体的分别。什么是主体，什么是客体呢？以前也讲过。如柏拉图提出"理念是第一性的"、"可观的物质是理念世界的影子"，实际上这个说法如果刬除他那种"上帝创造万物"的观点外，平心而论应该是主体与客体的关系。如果把人作为万事万物的主体，那么理念应该是第一性的。为什么呢？如果我没有去观察事物，我没有与事物接触，没有与物质发生任何的联系，那么我就不是这物质的主体，这物体也不是我的客体，我们之间毫无联系。所以说这个东西的存在必须与我的理念、我的意识同时存在，而且已经对它有所关注，才能成为主客体关系。当然不能讲这个物质没有我的意识关注它，它就不存在，如果这样讲就是错误的。

观世界

谁在观

中国名家代表人物公孙龙说，虽然眼睛看不见坚硬的属性，手指触摸不到白色，但不可因此而断言世界上不存在坚硬和白色。这是由于不同的感觉器官有不同的感觉职能，而且它们又不能互相替代。

如果不以人为主体，而是以万物为主体的话，那就不是这么回事，所以，唯心与唯物应该有一个前提。如果以人为主体，那就应该是"理念第一"。以人为主体不排除万事万物本来就存在。我们的理念没有了，我们的眼、鼻、耳、舌、身、意没有了，它还是存在的。我们的这个题目讲了一个"观"，是谁观？应是大家都在观，都在看。如大家去看电影、看戏、看演出，去观察日食、月食，这都是观，是一个群体在观，还有"我"这个个体在观，在观察这个物质世界。

对物质世界的观察，在前面几课里已经讲过了，观察的目的是什么呢？是认识这个世界。如我们看电视，完全是为了一种娱乐吗？不是。我们可以在娱乐之余有所获得，获得一些知识，获得一些启示。观察并不是饱饱眼福而已，如讲福，那就必须有所获得才能称其为福。不仅仅是看得见的才称为观。你知识程度有一定修养，有一定功夫，也不仅仅是色界，还有声音、气味，这些都能通过听、闻而观察的，有时你听到某个声音你会想到它的形态，有时你闻其味也能想到它的形状，当然这要凭着一种经验去观。

观音菩萨，"观音"这个词的组合好像是有矛盾的。音是听，是闻的；观是观色、观形的。怎么能"观音"呢？在我们常人当然不行。但得道的菩萨可以办得到。因为菩萨的本义是觉有情，是带有情感的觉者。觉者也是人，而不是神，是觉悟了的人，而我们往往将觉悟了的人神化了。雷锋是觉悟了的人，爱因斯坦也是觉悟了的人，他们在人们的心中多少有些神化。我们这样理解就会明白，"菩萨"只是觉悟者的总称而已，就像今天的"英雄"、"劳模"……

五眼六通

五眼、六通，只指多种功能。五眼是《金刚经》里讲的肉眼、天眼、法眼、慧眼、佛眼。六通是天眼通、天耳通、他心通、宿命通、神足通、漏尽通。

天眼通：我们用肉眼看到的距离是有限的，还会受到一些物质的障碍。前面隔着一座山、一堵墙，甚至隔着一层玻璃也看不清楚，这就是人的肉眼的功能，有了天眼通，它就没有这些障碍。古人观月，认为"月有阴晴圆缺"。今天的人观月，虽目光不能及，也能看到月本无圆缺，借助的是科学知识，这就是天眼通的涵义。

天耳通：就是超声波、次声波都能听到。如果你真正静下来，环境也非常静，你就能感觉到周围有一种微妙的声音。这个大家可以实验一下，你先静下来，待静下来之后，你似乎感觉有种声音，不是用耳朵听到的，而是直接传到大脑里面的。我想这是每一个人都能观到的，只不过是要以真正的静为前提。观音菩萨观海潮音，觉悟了自然规律。怎样觉悟的呢？他听海潮音来时汹涌澎湃，但声音中有许多种层次，并不是噪声。一次次地听，便听出其中的规律。海潮消失时，潮音也是渐渐地远去而归于寂静，但此时又并非绝对的静。

这里仅以此二者为例，切勿误解了其中的真义。

149

2 观生理现象——观心

为什么会"走神"

观心的"心"不是指肉团心，肉团心不过是我们每个人身上的器官，它仅作为一个血液循环的中心。这里的心，是指能够思维、能分别的心。真正意义上的心是代表"我"，那个肉团心不能代表"我"。

例如，现在人身上的器官可以移植，假如一个人的心脏有了毛病必须换心脏，现在的医学很发达，应是没多大问题的。换心手术成功了，可这个人的性格、思维、分别心还是原来的样子，记忆也都没变。如果肉团心能思维、有记忆的话，那被移植后的人，他的性格、思维、记忆不就完全变了吗？不就变成捐出心脏的那人的了吗？这肯定是不存在的，我想大家都明白这个道理，这在科学、医学、生理学上也是讲得通的。我们讲的这个心是思维的心，这个心是代表"我"的，这个心不代表"我"那就不称其为"心"了。这就是讲物以人为主体，人应以心为主体，心以"我"为主体，心是代表我的，心即是"我"，"我"即是心，就是这个意思。

观　心

这里既然讲到"我"，那么"我"又是一个什么意思、什么概念呢？这个"我"有两个"我"，甚至是三个"我"。这里我只能讲两个：一个"真我"，一个"假我"。一般人会认为这两个词是佛教上的名词，是佛教上的理念。实际上西方的心理学家，还有我国的心理学家，他们已经接受了这种观念，人有一个"真我"和一个"假我"。什么叫"真我"？什么叫"假我"？我在这里举三个简单的例子。

小时候我们吃饭的时候，将碗捧在手上，不小心将碗掉到地上摔破了。回头一想，自己当时是怎么将碗摔下去的，这时已经记不清了，想不起来了。其实，这不是有意去摔，而是在无意识中摔的。为什么记不起来呢？这说明当时"假我"在那里做主，不是"真我"在做主。这个"假我"本身就与"真我"有区别："真我"知道这个碗不能放手，要捧得稳稳的；"假我"是六神无主的，这就叫"走神了"。

再说丢东西也是这样，几乎每个人都丢过东西，特别是丢贵重物品的时候，丢的那一刹那不记得了，似乎是迷住了似的，糊涂了，走神了，原因就是"真我"不在了，而是"假我"在那里当家做主。这"假我"当家与"真我"当家是相反的，明明将钱包放在那个地方，可走的时候就是不知道带走。如果当时是"真我"在当家的话，那么这样的过失是不会发生的。

古人讲："一失足成千古恨。"一失足，就是指人犯错误，有时候就在一刹那，一个念头出错了，失常了，就犯错误了。酿成大错后一旦回头，醒悟了，就会想"我当时怎么那样糊涂呀"。为什么糊涂呢？就是因为那一刹那"真我"没在做主，而是"假我"做主。如果说没有"真我"与"假我"的区别，那么自己做的事为什么会后悔呢？只有"真我"才后悔，"假我"是不会后悔的。这就说明有两个"我"。当然，我这是用比喻来讲这个问题。但我们不能讲用一个"真我"和一个"假我"就能准确地把事物存在的本体说清楚，实际上事物的本体比这个还微妙。只用一个"真我"和"假我"来说明，其实还是不准确，这里只能是这么比喻，让大家去体会，去体验这里面还有更深的东西。我所讲的东西都不是本体的东西，都不是准确的东西，我想谁也讲不准确，如果谁能讲得准确，那为什么自古到今还有那么多的争议呢？

牛顿是大科学家、物理学家，为什么他的一些理论、定理后来又被怀疑了呢？他讲的那些道理，他发现的那些定律，在当时是非常准确的，但随着时间的推移、后人的研究，人们发现他的成果也有欠缺的地方。同样，爱因斯坦的广义相对论到现在还是很准确的，但再随着时间的前进、后人研究的深入，我想也同样会有人提出他的相对论有欠缺的地方。为什么呢？我们现在还只能是相对而言的。

观自在

我们讲观心，必须讲到《心经》。《心经》有260多字，其他都不讲，只讲开头三个字"观自在"。《心经》讲到眼、耳、鼻、舌、身、意；色、身、香、味、触、法，实际上都是讲观，也讲到观色，都是衬托讲观自在的。特别是"自在"两个字，大家都是很熟悉的，"自在"这个词在我们日常生活中，无论是口头语言还是书面语言，应用的频率都不算低。

那么，"自在"这个词给了我们哪些更深一层的信息呢？也很简单。"自"是自己，"在"是存在，就是自己存在故名自在。其实，自在是一种良好的心态，对待万事万物，对待他人和自己，其价值取向是一个标准，而不是双重标准。有物才有事，有世界才有人类，有他人才有自己。

你是钱的主人吗

我曾经与一位很有钱的人谈过这个问题，我告诉过他："你不能认为这些钱是你的，因为你不能为这个钱当家。无论是谁，无论他有多少钱，他都不是这个钱的主人。"他当时"啊"了一声，意思是他不相信。他认为这钱在他口袋里，存折在他口袋里，银行的户主是他，有谁能拿得走？他并不承认我的观点，也没有理解我的意思。我当时问了他一句："你那次生病住院花了那么多的钱，如果你是钱的主人，难道你甘心与自己过不去，故意将这些钱送到医院去吗？还要吃那一番医疗的苦？"这时他似乎明白了，会意地笑了笑。

有些司机为什么要乖乖地到银行排队交罚款的钱呢？难道他是心甘情愿去交那个钱吗？不是，他肯定不愿意。为什么呢？因为他不能当钱的家，钱虽在口袋里，但他当不了钱的家，做不了钱的主人。大家可以细想一下。

自己在不在，如果你自己有一个当家做主的位置，有"真我"在那里为你当家，给你出谋划策，那样你就不会犯大错。但如果是"假我"在当家，那就不同了，那样你就会将碗摔在地上，就会丢三落四的，甚至犯错误。有的司机开车出事故，就是在那一刹那间是"假我"在当家，事后连他自己都不知怎么搞的。有一次，我骑自行车摔到河里，爬起来后怎么想也想不起是怎么摔下去的。其中有一段时间，全然记不起来，你说是"我"从时间里蒸发了，还是时间从我身上逃离了？

实际上我们不能讲真的有两个"我"在那里等着。这只是一个意识上的东西，这个"真我"的意识是一个正念。如果一个"真我"的意识、一个真正主体的意识没有做

观自己

主，这就不自在了；如果是另外一种杂乱或者邪恶的意识在那里做主的话，那就不同了。这就说明，"我"是一种意识、一种观念，也是一种思维，这只是一种形象的说法。

我们要经常观照自己，学会观照自己。例如，想自己不犯大错误，想自己堂堂正正地做人，在社会上有一片属于自己的空间，有你的地位，有你的权，有你的势，有你的利，有你的名，还有一个好的家庭，等等。

你必须先看看，在你的这个空间里是谁在当家，是"真我"还是"假我"。如果是"真我"在当家，那你的空间肯定是一片光明的，是对社会有益的空间；如果是"假我"当家，那么你的空间肯定存在一些隐患，那么社会是不欢迎你的这个空间的。所以，我们要时时观照自己在不在，不然就会天天摔碗，天天发脾气，那总不行吧？这里讲观心，主要还是如何去观照，要天天观照，时时观照，分分秒秒地观照。

3 用正念观照自己——观静

内动为静

静也要观，人们常讲在动态中观察，那静怎么观呢？实际上大动为静，何为大动呢？如地球，在人的意识中没动，是静的，实际上大家都知道地球在转，而且转速是很高的。地球的转动速度比足球飞速转动的速度要快得多，并且它的体积那么大，但我们并未感觉到它在动。所以，这就是一种大动为静的实例。当然也因地球太大而人太渺小了，这样一个大反差，反差中便能显示出一种真静。

既然静就是在动，那当然就能观察到。实际有两个动，一是内动，一是外动。

内动，前两天讲了气息，在息的阶段它有气在运行，在身体内部运行，似乎有一种物质运载着气，调动八万四千个毛孔来呼吸而进入禅定阶段。实际上不仅仅是气在周身扩散、运行，而是它有一个气脉，有脉络，或通过经络有规律地运行。大地有地脉，山有山脉，血有血脉，气也有气脉，脉就是动的通道。血在血脉中运行，这就是血在动，气也是在气脉中运动，但它们都到了一种高度的静中。

练气功的人，气走脏腑为小周天，大周天走经络。周天就是一个循环，凡是练气功的人练到一定时候，他都知道何时是小周天，何时是大周天。既然练到了这个程度，是周天在里面运作，那就不只是气了，而多半是意在行走。这时气就不是主体了，而是意念为主体；不是气在行而是意在行，这是动，而且是大动。

观　静

其实人的体内也是一个三千大千世界，所以这也是大静。我们学习之余、工作之余，花一点时间静坐一会儿，这种静没费多大的工夫，但就是这种静对我们也是有益处的。最起码在静中得到一种休息，可以消除疲劳，解除一些小的烦恼，这样头脑就会更清醒，这就是一种好处，这就是一种受益。如果我们每天都能坚持静坐十几分钟或半个小时，就会对我们的身心有很大的好处，这种益处是非常现实的。如果我们能真正去练这个静的话，观这个静的话，那么受益就相当深了。

静，其实就是生命力的大本营，生命力的后勤部，是人身精、气、神的总司令部。这个静的境界达到了一定程度时，精、气、神就在一种正常的运作之中。人在浮躁时，在烦恼时，在七情六欲非常旺盛时就不是静，精、气、神不是得增益，而是受到伤害。如怒伤肝，生气、发脾气时就会觉得很累，有时气都喘不过来。为什么每天我们静坐十几分钟就会全身舒畅？原因就是因为你的精、气、神得到了休息，得到了补充。这是讲到内动。

外动是一种活力

　　外动，就在我们生活、工作、学习中，在种种的活动中间，都是动。但这个动中也有静。这种静是什么呢？如现在佛教中有一种"生活禅"，河北柏林禅寺每年举办"大学生生活禅夏令营"，报名的大学生近千人，现已连续十届了。何谓"生活禅"？净慧老和尚用八个字作了概括："觉悟人生，奉献人生。"就是在生活中参禅，在参禅中生活，这好像不好理解。有人讲参禅不就是坐禅吗？坐禅不就是坐在房间里，或坐在什么地方静坐不动吗？那我在学习和工作时怎么去参禅呢？这就是在动中得静的奥妙所在。

　　古代好多文人在看书、写字时，有人端年糕给他吃，结果他将年糕蘸上墨汁吃下去了，他是在动吗？他在动，但这是一种专心一意的动。专心一意就是静，是静中之动。因为他在学，在思维。这样的事很多，许多热爱自身工作的科学家都闹过同样的笑话。例如瓦特，在新婚之日将新娘给丢了。有人会问他是不是不喜欢新娘？不是。是因为他不在动中，他在静中，静在他的事业上，静在他的思维中间。如围棋大师吴清源，他的朋友把他拉去看赛马。在那种喧哗的场所，他不是看赛马，而是望着天上的星星，联想到围棋的变化，他这就是在动中得静。毛泽东在马路边的路灯下看书，他也是在动中得静。

外　动

如果你真正想成就大事业，那你无论在何处都能学习。你打柴、放牛或在很喧嚣的场合都能学习，关键是你必须是一个有志向的人，有抱负的人，有很大理想的人，而且有很大毅力的人，并将自己的事业与追求当作一种精神寄托，然后将自己的身心全部定在这份事业上，定在自己的兴趣与爱好上。这不就时时都在静中吗？无论外面怎么动都对你没有任何影响，这就是在动中得静，静中有动，动中有静。

在静中观照自己

一个课堂非常静，但有多少学生在那里开小差呀？他的心在足球场上，在课堂外呀！这就是静中有动。所以如果不去分析这些东西的话，还不知动和静有这么多的微妙之处，这就是你观的问题，如何去观静，去观照这个静。如眼不见为净，耳不闻为静。我认为这净与静应对照着理解。

有一厨师在做菜时不讲卫生，假如你看见了，你还敢吃他做的菜吗？我想你可能不敢。但你没看见，不知道不卫生，还认为这个饭馆的饭菜挺干净的，吃起来也很自在，这就是眼不见为净。这个净也说明是意识在作用。

有几个人在沙漠里行走，但找不到水，到了晚上终于找到了，于是争先恐后地大口大口地喝，如饮甘泉。可到了第二天早上一看，那水源上面有一具已经腐烂的野兽尸体，水就从那腐烂的尸体上流了下来。当时他们不见时还喝得很好，因喝了水，所以一晚都睡得很香。可现在一看，坏了，就连五脏六腑都要吐出来了。这是不是意识在起作用？

我们观静要用意识来起作用，所以我们又回到这个问题上，看看是谁在观。是谁在观呢？是"我"在观，是"真我"在观，是"我"的意识在观，但这个意识一定要是正意识，是一个纯正的念头。东想、西想、胡想，这些都不行，更不能有邪想，不能有杂念、邪念、妄念、歪念。必须用正念，一个很纯正的念头去观。你想一个东西，只要是纯正的都行。瓦特为了科学，他是正念，是正事业；古人看书时将年糕蘸墨汁吃，他是在学正知识呀，读圣人书！吴清源不看赛马，看星星，将星星当围棋，这也是正念哪。我认为观静的核心是一个正念，它的真正的要领就是以一个正念去观照自己，自然入静，静到什么程度都看得清清楚楚。

真正的静可以得到三种受益：第一，能静出一个八面威风，这是勇气；第二，能静出一个坦坦荡荡，这是正气；第三，能静出一个信心满满，这是底气。

这三点好多人都想得到，但想得到这三点却不容易。你必须在静中去得，在这个静中你必须树立正念。我们有公民道德规范，我们可以按这个来规范自己的行为，但最主要的是规范自己的意识，规范自己的念头，如果你的意识、你的念头歪了，那你的行为也就不正了。如有人明知在公共场所不能随便吐痰、吸烟，但他意识中根本不把这当一回事，即使有警示牌他也熟视无睹，这就是意识在作怪，是念头不正，而不是不懂。所以，我们首先要规范自己的意识与念头，才能真正地规范自己的行为。法律是规范人的行为的，道德是规范人的意识的。所以，国家坚持德治与法治并行，必须是兴旺强盛的征兆。落实到一个家庭、一个人，也是如此。

今天讲的三观：观色、观心和观静。观色，是观物质世界；观心和观静，在禅宗里叫观息。我希望大家共同去理解，去思考，获得更多的启示。

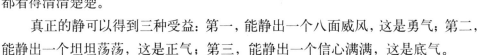

第十八讲　为道"三相"

——相名——正智——如如

1　为道的假相

木＋目＝相

相,由两个字组成,一个"木",一个"目"。这两个字给了我们什么样的信息? 左边一个"木"是树木的木,右边一个"目"是眼目的目。树木是物理世界, 眼睛是我们的生理器官。用我们的生理器官来观察物理世界的物体,这就存在 主体和客体的问题。主体是眼睛的 "目",是人去观察客体的树木, 这就称为相。形体成像了,形象是 存在于人的眼目的功能里,通过眼 睛又反射到人的意识里,就是这么 一个"木"与"目"同构共生的过程。 柏拉图讲"理念是第一性的",他 是从这个角度来说的。因为这个相 是人反映的相,树木本身所存在的 相与我们所观察到的相是有区别的。 就像爱因斯坦所说的"我们观察到 的世界不是世界",不是一个真实 的世界。因为我们观察树木就如同 盲人摸象一样,无论你站在哪个角 度去看这个树木,怎么看都不是树 木的全部,不是真实的树木,所以 "相"必须以人为主体。所以说"理 念是第一性的",这个树木是理念

157

相

的影子，这么去解释，我认为柏拉图的这句话是能解释通的，再联系到爱因斯坦的那句话，这就是"相"给我们的信息和启迪。

我们所讲的"相"与《金刚经》上所讲的"相"一样。《金刚经》上反复强调"相"："无我相，无人相，无众生相，无寿者相。"初看，怎么理解？怎么才能做到无相？哦，释迦牟尼佛是引导我们正确地去观察世界。什么叫无相？无相，就是说我们所观察的形象都是假的，都不是物体的全部，也不是它的真实面目。它的真实面目、它的全部是我们无法观察到的。就像量子，它始终都在运动中，我们无法去观察它的实相，一旦让它停下来再去观察它，它的属性就改变了。世界上的物体，一棵树木生长在那里不动，不像量子在运动不息，但我们同样无法用眼去观察到它全部的、真实的形象。我们想象一棵树的时候，只能是想象到它的侧面，它的这一面或那一面。"不识庐山真面目"就是这个意思。

夕＋口＝名

名，是对"相"的称呼。有了相，就要给它取个名字。通过眼睛观察了树木，留在我们的意识中即为一种形象。但是，在人际相互之间的交流中必须有一个名，用我们共同认可的名来互相交流。"名"字，上面一个"夕"字，下面一个"口"字。意思是说，白天通过眼睛去观察，观察到的一棵树是那样的形象；那么，到晚上看不见怎么办？那就用口说吧，用耳朵听吧。口头描述，就要给它取个名字，必须给它一个想象的依据，这个就是名字，名字也就是一种概念吧。那么，名是不是真实的呢？更不是真实的。现在的镜子，古代人叫它为鉴，日本人叫"它像我"。同样一个东西，它可以有不同的叫法，所以，名并不是真实的。

有人说："任何一件事物，有相就必然有名。"我认为这句话不对，任何物体有相就有名了吗？前年在一次会议上，我与首都师大高武教授坐在一起。

相　名

老子为道

158

他是动物学专家，他讲道："有许多小动物，没等到人类给它命名就灭绝了。"当时，我心里生出一种隐隐的颤动，有一种悲哀之感。那些小动物名字还没留下就全部灭绝了。这就说明，相和名之间并不完全是同步的，也并不是说有名就一定是指那个东西。像中国人民志愿军在朝鲜战场上，经常与当地人发生一些语言上的误会，我们中国人叫"簸箕"，在朝鲜，簸箕不是"簸箕"，而是一种污蔑人的话，这就发生误会了。这个名与相不是统一的，也就是说有相也不一定有其名。

理念是第一性的吗

所谓名和相，都是人的一种意识造成的，这就是说理念是第一性的。因为理念是第一性的，所以就有误区。柏拉图讲理念是第一性的，有它正确的一面，原因就在于此。人是以理念为第一性的去观察世界，所以出现许许多多的误区，有许许多多的片面性。只有真正的物质世界的本体为第一性才是真实的，才不会有误区。但是，我们能做到吗？不能。因为我们是观察事物的主体，而不是客体。让万物来观察我们是不行的，还是要我们来观察物，去研究物，去改造物，人还是主体。我们必须站在人的角度去观察，去分析，去研究，不能让物来观察我们。所以，我们还是离不开我们的理念作为第一性，即使有误区，即使有些片面、错误的东西，那也是难免的。没有办法，也许这是人类的权宜之计吧，不知道这个权宜之计还要延续多少个世纪。

相和名是从我们的意识的角度去观察的东西，所以，它既是变化的，又不是全面的，更不是真实的。为什么？因为我们是用分别心去观察它。分别，有许许多多的分别，东方人看待某一事物与西方人看待某一事物的观点有时候是截然相反的，民族与民族之间、地区与地区之间、现代人与古代人之间、哲学家与科学家之间，看问题都有自我的角度。自我的观点不同，这就是分别。

2 为道的实相

什么是正智

正智，从字面上来看是正智慧。什么叫正智慧？难道还有一个假智慧、一个歪智慧吗？不是这个意思。正，不是智的定语，不是修饰智的，它是动词，是让我们正确地去分别。这个正确只能是相对而言，绝对的正确是没有的。

正　智

在分别相、名的基础上，用一种科学性去分别，不是按主观上想怎么分别就怎么分别，想怎么说就怎么说。不是这样的，而是很严谨地通过研究、通过实验、通过论证，有它的科学性，这就是正智。

正智是在分别相、名的基础之上的，它必须以丰富的知识、广博的学问为基础。没有广博的知识是不行的，同时也还要有分别手段。现在的分别手段就多了，特别是在大学里各个方面都有。在这里我顺带讲一下，获得知识，分析一个东西，研究一个东西，无论是教还是学，都还存在一个主动和被动的问题。特别是学，主动是非常重要的。因为只有主动才能为学日益，被动是难以日益的，它无法唤醒自己的灵性。

启发式教学法

当代著名的理论物理学家霍金，两岁半时父母就送他到幼儿班去学习，去接触群体，但是，第一次他就嚎啕大哭。他父母没办法，结果，直到他四岁时才让他进了幼儿园。以后再上学时他父亲不让他上学，为什么？让他自己去阅读，上了几年幼儿班，大概认了不少字，你自己去阅读吧。读着读着，慢慢的，他主动了，不是被动了，到八岁时他才开始阅读。他妹妹四岁就开始阅读了。当时是在二战期间，英国没有给知识分子创造一个良好的环境，因此，知识分子的子女无法到国立学校上学，都是通过各种机会自学。这正好给他创造了一个机会，让他积极思考，对于感兴趣的东西大量地阅读。卢梭也是大量地阅读，在阅读中，在一种不知不觉的过程中获得了知识。这些知识是有益的，为学日益，慢慢积累起来就是。它不是灌输，不是被动地去囫囵吞枣，而是主动积极地吸纳。中国几十年的教育为什么还没有一个诺贝尔奖获得者？为什么？有一位大学教授就讲到了这个问题。从这一点就可以看出我们几十年教育是成功的还是失败的。满堂灌的教育只能以考试分数去评估，而无法用成果去评估。

以前，我在教学工作中也学过启发式教学法。我认为启发式教育很好。但是，我们在 20 世纪 50 年代和 60 年代都是盲目地去模仿，特别是去模仿苏联凯洛夫的教学方法。这些东西都是一套一套的，备课、组织教学、导入新课等，都是一种程式化的东西。而这些东西都会影响学生学习和大学生研究的积极性、主动性。没有主动性、积极性，智慧是无法发挥出来的。这里讲到正智，我顺便讲到这个，这是我个人的观点。正智，就是运用科学的教育方法，去启迪学生的智慧。这里正是动词。

3 为道的无相之相

什么叫如如

如如，又叫如如不动，真如自我。你们都看过《西游记》，它里面有如来佛。有懂佛教的人一提到佛就知道是如来。不错，佛就是如来，如来就是佛。曾经有人问过我："释迦牟尼佛与如来佛有什么区别？"我讲："释迦牟尼佛就是如来，如来就是佛。"他又问："那阿弥陀佛呢？"我讲："阿弥陀佛也是如来。"他问："那是怎么回事？"因为佛是觉的意思。觉悟了什么？觉悟了宇宙，觉悟了人生的实相。所以，如来的意思是如其本来。它本来就是这样，是指大自然的本来实相。如如也是这个意思，是万事万物的本来面目。真实就是如如。

如果说，用智慧去分别，正确地去分别是正智，那么用正智去分别的结果就是如如，它是事物的实相、真相、自然的本体。这里可以用一个小故事来说明。

古印度有这么一则寓言，有一粒盐听说自己是咸的，有人说它是海水变成的，它不相信。海水在什么地方？它也不知道。它还认为，那只不过是海水，在它的意识中这好像是玷污了它。"我是海水变的吗？这不是对我的一种贬低吗？""我就是我，我是天生的。"人家跟它讲，它不相信。又有人跟它讲："海大得很，伟大得不得了，海水是咸的。"他人这么一说，盐产生兴趣了。"原来我还这么伟大！"它想，这简直是不可思议的，我有这么伟大吗？那大海是什么样子呢？问了许多人，听了许多种描述，它还是没有搞清楚何谓大海。所以它就想亲自去看看大海，去体验大海。于是，它来到大海边一看。哎呀！海浪滔天，它一下子激动了："我就是海水变的，海水就是我的父母。""嗵！"它纵身跳进了大海，带着它的许多疑问一同纵身跃入到海水中去了。

如　如

到底它有哪些疑问呢？它想：我怎么会是海水变的呢？海水是怎么生出我的呢？海水到底在哪儿？是我咸还是海水咸呢？海水到底比我咸多少呢？等等。许许多多的疑问它都不能理解，一旦它跳入大海之后，被海水溶化，融为一体了。哦！真的，原来就是一个东西。盐一旦与海水融为一体，就是一个东西。这时候的体验就圆融了。这就是圆融，什么叫大彻大悟？这就叫大彻大悟——此时他明白了"如其本来"了。

这个小故事很有意思，也还真能说明问题。这小小的一粒盐竟然给我们这么大的启示，给我们上了一课。

今天，我们讲的是相、名，通过相去分别，这也是生活。我们天天都在分别相，分别名，都在分别相、名。但是这种生活是在迷惑中生活，为什么？在你分别这些名、相的时候，经常会产生很多很多迷惑，如今天晚上吃面条，怎么淡了呢？天天烧饭怎么把握不住咸与淡呢？这不也是一种迷惑吗？迷惑多了。这仅仅是举一个例子，而在我们生活中，这种例子还很多很多。你去分别吧，因为事物本来的面目及其他的全部面目，我们无法去分别。我们所知道的、所观察到的、所理解到的不是真实的，不是全面的，所以我们就会出现误区，一出现误区我们就会迷惑，一迷惑就会生出许多麻烦。

活在责任和义务里

哪一种人是在智慧中生活呢？就是有正智、有一种如如心态的人。正确地用智慧去理解、去分别，去理解事物真实的面目。这样我们就没有迷惑，起码是少一些迷惑。我们就是在一种智慧中间，明明白白地生活，这种生活当然是很清净，少了许多麻烦和烦恼，所以说这就是生活质量。什么是生活质量？有人讲，吃好的，喝好的，穿好的，用好的，这就是生活质量。实际上有人就是因为吃香的，喝辣的，一下子栽了跟头。有些贪官，最后受到法律的制裁，难道说他们的生活质量不好吗？用什么标准来评判我们的生活质量呢？我认为有这么一个标准：用智慧去分别名、相，这是一个标准，也就是说在我们平常生活中看事物，不要将一个东西看得真，看看这一面还要看看那一面，看看外面还要看看里面。如能够全面地、科学地去看一个事物，那我们就会破除迷惑，就会消除烦恼，就会得到一种清净，也会得到平常的心态。

这里我再次引用台湾耕云大师讲的人要"活在责任和义务里"。责任和义务是对社会，对自然环境，对一个家庭、一个集体而言的。我该做什么就做什么，而不是去分别这是你该做的，不是我该做的，没有这个分别。不以小我为主体，而是以大我为主体。既然以大我为主体，那你就知道哪些事你该做我也该做，也就是能够分别出责任和义务，也就能尽到对社会的责任、对社会的义务。能为社会尽一份责任和义务的人就具有一定的人格魅力。

所以，这里讲到相名、正智、如如，实际上就是生活禅。相、名是禅吗？是禅。是生活吗？也是生活。它是什么禅？是身在禅机中但没看到机会。它是什么生活？是在迷惑中生活。正智、如如是禅，也是生活。什么生活？在智慧中生活，在责任和义务里生活，在安详中生活。什么禅？它见到了禅机，见到了禅的本体。禅的本体就是如此，就是如其本来。就像一粒盐跳进了大海，这才真正觉悟了自己的"咸"的本来。

责任和义务

第十九讲　为道"三处"

—入处——出处——了处

1　青霭入看无

今天讲入处、出处、了处，这三个词出自于吴立民先生《禅宗宗派源流》一书的"绪论"中。吴立民先生的原话是这么说的："不立一法，才得个入处；不破一法，才知个出处；有法皆立，才明个用处；无法不破，才证个了处。"这是讲禅宗的。今天我们主要不是讲禅宗，如果要讲怎么不立一法，怎么不破一法，什么是入处、出处、了处的话，那我们会在禅宗的名词术语、概念、知见里纠缠不休。所以，我们首先要找个出处，跳出来，寻个了处。我们讲我们自己的主题，围绕我们的"为道"来讲，围绕"为学日益，为道日损，无为而无不为"来讲。

无论是做学问、办事业，还是在治学阶段，或者求学阶段，甚至于业余爱好、日常消遣娱乐，这些都有一个入门问题。就是进得去，还要入迷，入迷以后还要多少有所收获，有所成就。但真正要有所成就，还是要跳得出来，跳不出来也还是不行。为什么？从一个圈子跳入另一个圈子，实际上也还得一个台阶、一个台阶地上。要能够"回望眼，再上高楼"，这样才能不断地升华自己。仅这样还不行，还要放得下，了得脱，定得住，意思是说最终还得找一个落实

在哪里

处。落在哪个地方？有一个起点还要有一个终点，终点在哪里？在了处。了处又是什么意思呢？

今天，我想借用唐诗宋词来说，为什么？因为禅宗的境界就是一种对大自然的领略、一种感悟，内心有许多体验，但很难将它一一描述出来。诗人和词人正是用美好的诗句和词语来描绘的，虽然诗人、词人也还没能将自然本体的东西描绘得惟妙惟肖，但诗有诗意，词有意境，这种意境只可意会，不可言传。所谓"诗中有画"、"词外有景"就是这个意思。还是你们自己体验吧。这里借用唐诗宋词来说，我认为比较妥当。因为，禅宗里面有些东西你要将它弄清楚，也还是要到知见、名词术语里面去绕，也很难。我们绕出来，不在里面绕，我们在外面绕。唐诗宋词也是我们大家都熟悉的、都喜欢的，也许从自己喜欢的东西中容易找到入处。

2　"独"处才是入处

先讲入处。入处实际上是寻找入门的途径。应该怎么寻找？唐诗告诉我们：要寻找路径，就要登高望远。如不登高，望得不远的话，路径可能不是你所要望的那条，望错了，或者说目标望不着。像陈子昂的一首诗："前不见古人，后不见来者，念天地之悠悠，独怆然而涕下。"这首诗是他登幽州台时所发出的感慨。这种感慨不需多解释，大家都知道。我们再联想上一课所讲的"独上高楼，望尽天涯路"，我们就会发现这两者中都有一个"独"字，也就是说入门要讲一个"独"字。

入处在哪里？在"独"处。这个独并不是孤独、独立的意思，而是一种创新、独创的意思。无论是求学也好，还是治学也罢，必须要有创新。创新就要有一种独特的气慨，寻找到别开生面的路径。你顺着别人开辟的路走也很好，不费什么工夫，很省力，但跟着别人后面走吧，你始终只能是步其后尘，以至望尘莫及。就像我们搞城市建设，如果丢开了我们古都的特色，盲目地建高楼大厦、现代化的城市，则始终是落在人家的后面。所以要有自己独特的东西。入门有一个独特的东西，那就不同了。

门找到了，还要用敲门砖，我们来看看怎么使用敲门砖。"空山不见人，但闻人语响。"这是王维《鹿柴》中的诗句。他讲在空旷的山谷中看不见一个人影，但又似乎听见有人说话的声音。这就是一种境界，入门的境界。他找到了入门

入 处

时别开生面的路径，是一条独到的路径。我们现实生活中开店的人多，开服装店的、卖小商品的、卖菜的多，但有些事就不多，像做环保工作的、开发出一种环保产品的不多，如能找到这样一条路径，走进去也许就能见到别有洞天的内容。

再看看王维的诗句："白云回望合，青霭入看无。"这是什么意思？刚开始不见一个人影，登上某一高处，往回一望，白云已经弥漫在山腰了，好像已将这一个领域关合成另外一个世界了。再往前走，又走入雾中，仿佛自己也融进了雾里，自己也看不清自己了，如入无人之境。很少能有人问津的领域一般就是这样的，独辟冷门。特别是治学的人，就要找一些冷门的课题来研究，一旦融进去以后，就是别开生面，独特独创。

入了这个门后，还有另一番景象。像李白有这么一个感叹："蜀道之难，难于上青天。"这两个"难"字是不是哀叹难呢？是不是一种对困难无可奈何的哀叹呢？不是。而是他已经经过了、领略了这种艰难之后，回头一看，啊！一种豪迈啊。就像红军二万五千里长征，在翻越雪山后，"三军过后尽开颜"的一种胸怀，一种胜利的喜悦，"无限风光在险峰"啊！为什么有这种境界？因为找到了自己别开生面的路径，一条独立的、有创意的、别人很少去闯荡的路径，只有有志向、有毅力的人才会选择这条路径。一旦入了这门，对"难"的感慨就会像红军翻越雪山后的那种感慨，一种胜利的欢悦，一种常人很难品尝的欢悦，一种常人很难领略到的神韵。即使是"乌蒙磅礴"，也只是脚下的"泥丸"。

再看，经过了艰难以后又怎么样。如做学问的人，已经找到了切入的契机和灵感，切入后就很快了。像居里夫人，她不就是因为感觉到镭这种元素的存在，所以实验很快就成功了吗？这种境界借用李白的另一首诗来说，哪首诗？是他梦游浙江天台的天姥山时，用一种梦幻的意境写的四句诗，也是我在青年时代非常喜欢的："脚著谢公屐，身登青云梯。半壁见海日，空中闻天鸡。"哎呀！多美啊！你看，脚上穿的是谢灵运的木屐，是一种钉钉子的。谢灵运很有意思，他上山时将鞋前跟的钉子拔掉，下山的时候将鞋后跟的钉子拔掉。然后，登上像天梯一样的石阶。在半壁看见日出，像在云海中一样，同时还听到了天上的天鸡在啼鸣。这种意境太有意思了，是一种神仙的境界，梦幻般的仙境。太有意思了！这种境界是梦幻的，但实际上，对常人来说，就只能是可望而不可及，只能是高山仰止，望洋兴叹。但对有志向、有理想、有远大抱负、有毅力的人来说不是梦，这个美梦能成真。这里，我之所以借用它，也就是这个意思。

　　入了门，你就能拿到成果，到达你理想的境地，到达常人很难到达的境地，而且显出你的路很独特，有创造性思维。有人说，中国人做事喜欢"一窝蜂"，或者是"一刀切"这两种极端，喜欢炒作，喜欢掀起这热、那热的。所以，我选择这几句诗来讲入门是要说明一个道理：我们要有自己独特的东西。入一个门不容易，进入一个领域更不容易，要选择好入处，而好的入处就在独处。

第十九讲　为道『三处』

3　问自然——出处

　　再借用李白的诗："弃我去者，昨日之日不可留。"昨天美好的时光已经离开了我们啊，留也留不住。意思是说，不要再依恋过去了，还是向前看吧！那怎么办？在这种情况下，我已经入了门，很好，但还是向前看，再跳出来吧。门又在哪个地方？"何处是归舟？"又问何处是归舟，我这只船停靠在哪里呢？你看，诗人的回答"夕阳江上楼"。呵呵，回答了等于没有回答一样，古人说话是怎么一回事？那又问谁？

　　还是问问大诗人、大词人。那问谁？问谁都有分别心。"问君能有几多愁"，问一句有多少愁，他答"恰似一江春水向东流"。这词似乎是答非所问。我问你有多少愁，你却讲春水；再问"春花秋月何时了"，回答的比问的还要难："往事知多少。"是你回答他，还是他回答你？

　　你再去问小孩子吧。"少小离家老大回，乡音无改鬓毛衰。孩童相见不相识，笑问客从何处来。"你看，你问他没问着，还笑问你从何处来，你看孩子也有分别心。为什么？你是外地来的人，他还笑话你。大人有分别心，孩子也有分别心。

　　那问谁？问自然吧。你们看，大自然多有意思。问大自然怎么问？你问"桃

167

出　处

花尽日随流水，洞在青溪何处边"，你问洞在青溪的哪一边，洞在哪里？流水回答你不需要问我，问飘落的桃花吧。桃花飘在哪个地方，你跟着桃花走吧。哦，找到了，看来还是问大自然好。大自然不会撒谎，它也没有分别心。所以，要出得来，你不能有分别心。出处到底在哪个地方？

除了问桃花，再去问问月亮，月亮她会告诉你"人攀明月不可得，月行却与人相随"。这是李白《把酒问月》里的一句诗。意思是说人要想登上月亮，那是不可能办到的。但月光不是与人相伴相随吗？这个意思是指什么？你问月亮，她回答你了吗？月亮回答了，回答了你的出处。你的出处在哪里？在美好的现实之中，你认为得到了吗？在哪里？还是在你的现实生活之中，在你的身边。出处就在入处，还是转回来了。

是不是这么回事？你看："人攀明月不可得，月行却与人相随。"那个月亮我攀不上去，好像这个理想我达不到，但实际上月光还是与你相伴相随啊！也就是说，美好的理想不要寄托在外在的东西中，不要束之高阁，入处、出处都在我们的身边，在我们的现实生活中间，还是要靠我们一步一步去走。出处就在入处，这不就是一个落脚点吗？这月光不就告诉你我了吗？

唐诗和宋词就是这么一个很怪的东西，你看，这就是禅。再看："两岸青山相对出，孤帆一片日边来。"有人问："孤帆一片日边来"，禅从何处来？刚才你问月亮，月亮回答了你，你一下子领略到了。哎呀！回答了我，我找到出处了。那你这个答案从哪儿来的？还是从大自然中领略得来的，不是在书本里面得来的，应该是这么理解。当你看见"帆从日边来"，你问帆：禅从何处来？这还要问吗？帆和日都在自然之中，禅不也在自然之中吗？

4 忘我——了处

知 了

这个"知了"，前面也讲过，讲了"知了，知了，知了就了"。《红楼梦》里讲了"好了歌"，"好了就了了"。但这个"了"不能理解为消极的东西，应该理解成一种境界、一种超脱、一种忘我。

就像南唐著名词人李煜的词，他讲："春花秋月何时了，往事知多少。"这怎么了呢？往事不知有多少，春花开了又谢，秋月圆了又缺，何时才能了？往事一天天增加，你讲这怎么了？春花也没法了，开了又谢，谢了又开；秋月圆了又缺，缺了又圆；往事一天天地增添，你怎么了？这不就提出了一个疑问，好像是很难了的一个东西，这不就给人一种惆怅、彷徨吗？你不是要了吗？入处也有了，出处也找到了，但这个"了处"好像比入和出还难找。

那再听听苏轼是怎么说的吧，他讲："起舞弄清影，何似在人间！"了处在哪里？他讲在人间，还是在现实中间，在我们生活中间。再美好的理想，即使是梦幻般的仙境，也还是离不开现实。还是回到我们生活当中来找吧，他给我们指了这么一条路。是不是这么回事？这个地方能了吗？

我们来看看岳飞的诗句吧："三十功名尘与土，八千里路云和月。"哎呀！功和名犹如尘土那么轻贱，又如云和月那样可望而不可及。那我们再看看著名的女词人李清照，她是怎么讲的？她讲"此情无计可消除，才下眉头，却上心头"。为什么还是放不下？可见人间的愁绪繁多，绵绵不断，丝丝难解呀！

岳飞的功名难了，李清照的情思难了，都有代表性。"才下眉头，却上心头。"刚刚开心一点，想笑一笑，忧愁杂念又跑到心头来了，这个愁赶都赶不走。这个了真难啊。

我们再来看看陆游是怎么说的：

了　处

169

"一怀愁绪，几年离索。错、错、错。"哎呀！知道自己错了，功名不能了，情思也不能了，我真错了，连讲三个"错"字。但是知道错了，怎么办？你就要放下，要放下呀！怎么放？

我们再看看辛弃疾的那首《丑奴儿》吧。全篇吟诵一遍：

少年不知愁滋味，爱上层楼。爱上层楼，为赋新词强说愁。

而今识尽愁滋味，欲说还休。欲说还休，却道天凉好个秋。

少年时爱上层楼，这个事也想干，那个事也想干，很爱出风头，不知道愁的滋味。他本来不懂愁的滋味，但是为了写诗，勉强去说愁，说来说去说不像，因为他没有这个感受。少年时代无忧无虑，所以写得很勉强。到了老时，再看看他的体验又如何。到老时尝尽了愁滋味，想说呢，还要留一句。说来说去，只说一句话："天凉好个秋。"这个"秋"字，你看，了处在哪儿？"秋"字啊！秋天是什么样的景象？叶落归根了，瓜熟蒂落了。这不就是了了吗？这不就是了处了吗？该了时就要了啊！叶子该落时就要落，落到哪儿？回归到大自然。叶子是从大自然中来，依靠太阳的光合作用，大地给予的营养。果实给谁？回报给辛勤劳动的人们。这不是了处吗？这不是消极的了，是一种积极的了，是一种顺应自然规律的了。这个了是一种回报，也是一种回归。

这个了你还能怎么去理解？真像《红楼梦》上讲的"好了就了了"，那不一下子就完了，是不是啊？那是很消极的。这与我们的"无为"不同啊，无为了，哦，无为了就完了，那不行。我们还要品味那个"好"字，"天凉好个秋"。因为这种了是一种回报，一种回归，是大自然的规律呀，当然是"好了"。

为道还要回归到大自然里面。我们的智慧是大自然赋予的，我们还要让智慧结成丰硕的果实，回归给大自然，回归给我们的大地母亲，还有那些辛勤为之付出的人，这也包含了我们自己在内。

这是什么

今天讲到了这三个东西：入处、出处、了处，再回头还要讲到禅宗。不讲到禅宗不行啊。这是吴立民所长说的，他是中国佛教文化研究所第一任所长。他说，这是他的师父传授给他的。那我们还是用吴老自己讲的一个故事来说明入处、出处、了处吧。

他讲，以一个茶杯为例子，有位参禅的弟子问大师："什么是禅？"大师怎么说？他顺手将手中喝茶的茶杯举起来反问弟子："这是什么？"弟子心想，这好回答："这是茶杯。"大师大喝一声："错了！回去再参。"为什么？前面讲了，茶杯只是给它取的一个名字，茶杯的形象是一个相，取的名字为名，名、相都是假的。回答说"这是茶杯"不就错了吗？如果茶杯自己要说话，它会说："太冤枉我了，我怎么叫'茶杯'？你们给我取这个名字，跟我协商了吗？我这么一点自主权都没有。我本来有我的名字。"你要问："你的名字是什么？"它说："泥巴来自土，水来自空气，通过火烧制成，还有师傅的精心工艺，还有那些烧制的木炭来自树木，树木又来自山林中。如果我要回到我本来的面目，一点一点回去以后，你讲我是姓茶还是姓杯。你找不着我的真实面目。你要找我用的泥来自哪里？我用的水又来自哪里？用来烧制的木炭又来自哪里？还有哪些伐木工人、哪些师傅？还有他们的父母？再追索下去，无穷无尽。我的家太远了，也太大了，我的名字也太大了。你们叫我'茶杯'，太浅薄了。"弟子只好接着又回去参。

这就是"不立一法"。如果你要执著一个名义（立二法），你就找不着入处了。你只有"不立一法"，也就是说将名、相舍弃掉，就找到入处了。为什么？没有分别心，你知道怎么找入处，入处在哪里？到大自然中去找。

再说到出处。第二次，他的弟子再来问佛法，师父还是将茶杯对着他："这是什么？"弟子心想，我第一次回答"是茶杯"错了，于是回答："不是茶杯。"当头一棒。为什么？此时要不破一法。你讲它不是茶杯，它又是茶杯。为什么？

这是什么？

我们世间法中还是叫它"茶杯"，大家交流中没有一个名字总是不行的。你要到商场去买茶杯，买什么？那个、那个……用手比划半天找不着。这是大家约定俗成，都叫它茶杯，不要破它。所以这次还是错了，又挨了一棒，回去再参。

第三次，弟子又来了。这次他学聪明了，说"是"不行，说"不是"也不行，他就来一个折中："也是茶杯，也不是茶杯。"又是当头一棒。这次他先肯定，后否定，落了两边，又是又不是，模棱两可，不是自相矛盾吗？这个地方是说有法皆立，有法就要立起来。不破一法，有法不立也不行。

又参了一段时间，弟子又来问禅。还是要回答"茶杯"是什么。弟子就说："非是茶杯，非不是茶杯。"这是戏论，又是当头一棒，为什么？戏论，是开玩笑的话，又不行。还要回去参。

到了第五次，弟子再来，无话可说了：肯定的回答了，否定的也回答了，肯定之否定也回答了，否定之肯定也回答了，该用的公式用尽了，该说的几种情况都说了，再回答，没辙了。现在我实在无话可说，只好不吭声。无话可说也不行，师父大喝一声："快说！"同时，棒子高高地举起。弟子大惊，低下头去等着棒子落下，但棒子没落下来，就在这一刹那，他悟了？他为什么悟了？悟了什么？你们想想。

禅宗有一千七百个这样的公案。问什么？说不出来的，你自己去体验吧。当师父大喝一声，棒子高高地举起来时，他连挨了四次棒子，还不知道这个棒子的厉害吗？这个厉害早就尝到了。他已经深深地体会到，痛得受不了了，这一次更不得了。正准备挨打时，棒子没有落下来，就是这一刹那，当下大悟。是不是说已经找到了处了？

为什么又要回头来讲这个？这是禅宗的东西，又回到禅宗中。中间说到的唐诗、宋词，你们可以去体会、体验，体验我们的诗人、词人和我们的禅师们的大机大用。什么叫大机大用？就是他们既会找入处，又会找出处，还能找到了处。

第二十讲　为道与牧牛

——寻牛——牧牛——忘牛

寻牛、牧牛、忘牛，是禅宗《牧牛图》中的三幅图。禅宗有著名的牧牛诗、牧牛图、牧牛歌，都是以牧牛借喻修行过程。这种比喻就像清代一位学者陈士斌先生写的一本《西游真诠》，他讲《西游记》里所有人物的设计，故事的发生、发展、经过、结局，实际上就是一个道家炼丹的过程。他讲唐僧

师徒经过九九八十一难，实际上就是炼丹所要经过的小周天、大周天，即小西天、大西天。最后取得真经了，就是炼丹炼成功了。在唐僧取到假经时，也就是炼丹有一个假成功过程。《西游真诠》上还讲到《西游记》中的人物、姓名、服饰、相貌、兵器、性格、行为等都与炼丹中的五行相生相克及六十四卦的卦象、卦理、卦数有关系。这个说法很有意思，我的一位朋友江凌先生出了一本书，名《西游真诠》，他在书中作了一些评说，这里我不去多讲这本书。

牧牛图也是这个意思，也是这样的一种比拟，我这里以普明禅师的《牧牛图颂》为底本来讲。全诗有十首，每首四句。我们来看一看他是怎样描述牧牛，然后又怎么比喻修行的过程，一步一步往上推的。

第一首是《未牧》，就好像一个小孩还未上学，还未得到启蒙的时候一样：

狰狞头角恣咆哮，　奔走溪山路转遥。

一片黑云横谷口，谁知步步犯佳苗。

这首诗描写的是：一头野性十足的牛，头角狰狞，狂奔咆哮，也不顾谷口的危险。这里到处是禾苗、青草，这些新生的植物遭到了肆意的践踏。这就是

野牛的性格，还没有被驯服，没有被管制，它的鼻子还未穿上绳索。

这首诗比喻一个人在未上学之前还是顽童，或比喻人在未经修行之前的那种劣根性、那种恶习，恣意妄为，善恶不分，处处都可能对他人不利、对社会不利。他什么也不管，什么也搞不清楚。这是第一首诗所说明的意思。我们再看下一首。

第二首《初调》：

我用芒绳蓦鼻穿，一回奔竟痛加鞭。

从来劣性难调制，犹得山童尽力牵。

这就是用芒绳突然将牛鼻子穿上了，如果它还不驯服的话，就用鞭子狠狠地抽。大家可以想象，这么一头顽劣的牛，突然将其鼻子穿上，它能服从你吗？这是不可能的，它肯定会抗争的。牛的这种劣根性肯定是难以调教的，还是由牧童尽力地拉着，尽全力与野性难调的牛抗衡。

这首诗比喻初学的人、初修行的人妄念难除，俗习难改。在这种情况下，或是自己痛下决心，或是挨教师的鞭子，必须有严格的纪律约束他。这个时候必须强行地克制他、管制他。这个时候还必须是严格的，要强行地克制才行。

老子为道

174

第三首《受制》：

渐调渐伏息奔驰，渡水穿云步步随。

手把芒绳无少缓，牧童终日自忘疲。

那头野牛慢慢地开始驯服了，这是一个渐调、渐伏的过程。这个时候牛也没有办法，只有被牧童牵着在山边上、溪水边，你牵到哪里它跟到哪里，只有到处跟随。这就说明这头牛已不再反抗挣扎，不再狂奔乱跑了。你看，牧童仍不敢有所松懈，他手里的绳子稍稍放松一点都不敢，要牵得紧紧的。"牧童终日自忘疲"。没有办法，尽管很疲劳，但还是不敢放松，因为它的野性还没改过来呀！

这首诗比喻有的人本来犯了错误，通过强制性的教育，他的错误是改了，可一旦放松，他的老毛病又复发了。学习修养本身是一个很深的功夫。有时候，人的一些恶习、劣根性、野性、妄念是有些收敛了，但此时的教育还不能放松，弄不好他就躁动不安。这个时候虽然躁动平伏了些，但容易反弹。我们再来看看第四首。

第四首《回首》：

日久功深始转头，颠狂心力渐调柔。

山童未肯全相许，犹把芒绳且系留。

这里的"日久功深始转头"，说明自己也下了功夫，也通过了多种方式来管制它，这种功夫很深，是慢慢地有好转了。"颠狂心力渐调柔"，牛的野性和"我"的调教方法都渐渐变得柔了，这就不简单了。"山童未肯全相许，犹把芒绳且系留"，虽然它被调得温顺了，但是山童还是不能完全相信它，这个绳子还是要牵着、系着。

这里的"转头"指的是回头是岸，我认为这牛的本性应该是温顺的、善良的，只是因为长期没有调教，随它这么野性惯了，无拘无束中放任身心。结果怎样？那就是野性、狂心都有了。那么现在通过制服，通过用芒绳穿鼻子，然后还天天拉着、牵着，随着功夫的加深，它慢慢地也变温顺了，好像是本性的一种回归。虽然它的本性有一种回归，山童还是不敢相信它。

这首诗比喻求学、自学和修行也是一种回归。"人之初，性本善。"但以后染上了些不良的习气，有了许多的杂念与妄念，离原来的本性越来越远了。在这种情况下，通过启蒙教育，甚至于一种强制性的教育，通过种种手段以后，回头了，原来那个"本善"又回来了。但是这个时候只是刚开始往回走呀！你还不能认为他真的回头了。真的是大踏步往回走了吗？这就不一定了。他真的弃恶从善了吗？真的是浪子回头了吗？还不能完全地相信他，教育还要加紧，他的自我修养也还要加紧。我们再看第五首。

第五首《驯伏》：

绿杨荫下古溪边，放去收来得自然。

日暮碧云芳草地，牧童归去不须牵。

这里就有意思了，你们看，"绿杨荫下古溪边"，这时牛已经习惯了这种新的环境了，在绿杨的树荫下，在古溪的旁边，来来去去都很自然。一旦太阳下山了，碧云芳草，夕阳西下，多么美妙的情景中，这个牧童与牛一起回去。不像以前了，以前要牵着，这里已不用再牵了，而是牧童在前面走，牛在后面跟着。你看已是一种进步，而且已经进步不小了。

这首诗比喻求学、自学和修行的人达到了一种新的境界，而且可以讲他已经知道自己该怎么学了，已经到了一种很自觉的程度，有了自觉性，来去也自由了，这是一种境界。特别是后面一句"不须牵"，说明不需要牵就能跟在后面往回走，这说明它慢慢就得到一种自在了。

第六首《无碍》：

露地安眠意自如，不劳鞭策永无拘。

山童稳坐青松下，一曲升平乐有余。

看，这又上一层了，此时的牛经过制伏、驯服的阶段后，达到了一种理想的境界了。与牧童的关系已经达到无挂无碍的境界，已是随心所欲但不超出规矩，有方有圆。以前牧童老是惦记着它，现在是你睡你的觉，我吹我的升平曲，二者都无拘无束。

这首诗比喻求学、自学、修行的人浮躁的心态完全克服了，能安心专一地治学，已经到了事无碍、理无碍、理事无碍、事事无碍的境界了。

第七首《任运》：

柳岸春波夕照中，淡烟芳草绿茸茸。

饥餐渴饮随时过，石上山童睡正浓。

你们看，这里牛醒了人睡了，与上面的牛睡人醒是不同的。上面是牛在睡人在那里吹曲，吹曲吹困了的时候就睡着了。这时牛又醒了，这是一种多美的情境呀！他们在夕照中享受那种美妙的春意。这时的牛饿了就去吃，渴了就去喝水，再也不用人去过问了，它自己随心所欲。这时得道了，完全不用山童去管它了，它自己管自己了，任运自如了。这时的牛与人都领略了大自然的美，都融入到了大自然之中，人与牛和谐相处，人、牛与自然也和谐相处了。当然，此时的人与牛是不是为芒绳所系呢？没有。不为芒绳所系，这二者之间都是心心相系，这里别看牧童在睡，但他不是在家里睡，还不敢完全离开牛呀！还是在野外睡呀！

这首诗比喻求学、治学和修行的人已经到了随心所欲而不逾矩的境界。这种境界的人领略到了大自然的神奇，已经得到了一种得道的享受。

第八首《相忘》：

白牛常在白云中，人自无心牛亦同。

月透白云云影白，白云明月任西东。

牧童与牛之间，以前那种制服与被制服、牵与被牵、管理与被管理的对立关系已经完全没有了。不是改变了，而是完全没了。黑牛变成了白牛，并与白云、明月融为一体了，完全回到了大自然之中了。诗中五个"白"字，说明人、牛已与自然浑然一色了。

这首诗比喻求学、治学、修行的人这时已经有了一颗纯净明洁的心境。白牛、明月、白云三者都是白的，这时如人有目，日光明照啊！这种"明"是从哪里来的？是从智慧、从内心发出来的，已经得道了。再也分不开自己是学者还是教育者，分不出牛是被牵者还是牵制者，现在都平等了，已经平等到哪个程度呢？平等到"人自无心牛亦同"。人不像以前老惦记着，老是不放心，而牛也不需要惦记，他们从芒绳相系到心

心相系，再到心的系念都没有了，完全平等了，与白云、明月融为一体了。

第九首《独照》：

牛儿无处牧童闲，一片孤云碧嶂间。

拍牛高歌明月下，归来犹有一重关。

牛不见了，为什么呢？"牛儿无处牧童闲。"你看，一种无牛的景象（无相）。牧童独自观照自己。这首诗题为《独照》，照谁呢？就是独照自己。他发现牛相是没有了，可"我"相还有啊！以前看牛是那么狰狞，那么野性十足，因此老是对它不放心，而且用绳子将它牵着。因为那时有牛相啊！它是头野牛，后来慢慢地变为乖牛，再变成一头"白牛"，再变成朋友。那时还有牛相，但现在连牛相都没有了，它已经融入大自然了，他自己认为这牛已对他无心了，因为他们平等了，牛相没有了。但独自观照自己，发现"我"相还有啊，发现"归来犹有一重关"，还有一重关没有突破。

到了这一步就有意思了，这首诗比喻人求学、治学、修行时学问做好了，可回头一看，哎呀！我做人怎么样呢？我自身的修养怎么样呢？我的境界应该是同步的呀，而且学问越高，那么做人的要求也就越高越难呀！"为道"就是独自观照。

第十首《双泯》：

人牛不见杳无踪，明月光含万象空。

若问其中端的意，野花芳草自丛丛。

这里已是无牛相，无"我"相了，而且也无万物相了，四大皆空了，已达到了人我皆忘、无我无物的理

老子为道

178

想境界。这个时候只有明月光照别无他物，万象全空了。这个时候，自身的智慧之光已与自然界的光华融为一色，相映生辉了。你们看这种意境，如果不是用无"我"相、无牛相来解释，我想还真不好理解，这样一解释，我认为太妙了。"人牛不见杳无踪"，这就是人相、牛相都放下了。你看诗中有明月、野花、芳草，这都是自然的，它们哪里去了呢？哪里来的就回哪里去了，就是人与牛都回到了自然中间。

　　我们求学、治学、修行，学来学去，到最后学了什么东西？你研究来研究去，研究到了什么东西？不还是大自然吗？你学的、研究的还是大自然，还是大自然的本来面目。

　　今天讲的牧牛图，讲了寻牛、牧牛、忘牛。开始是去寻找牛，找到后就开始牧牛。这个牧的过程很艰难。我们自己回头来看一看，我们自己即是牛，自己还要做自己的牧童。我们目前还要将自己鼻子上的绳子拴得牢牢的，但是千万别将绳子老是交给他人，还是自己牵着吧！何时该紧我就紧一点，何时该松我就松一点。早上大好时光，我紧一点。早一点起床，起来洒扫庭院，迎接日出。

　　据说曾国藩的祖父一生游手好闲，到三十六岁的时候还是不务正业。有一天，他骑着马到很远的地方去玩，正与朋友一起喝酒时，他的一位远房亲戚正好遇上。他请这位亲戚入席，但是这位亲戚一看反而火冒三丈，将桌子掀翻，对他一顿大骂。这一骂把他骂醒了。他才发现，哦，我现在才认识到自我了。于是他不骑马了，而是牵着马回家。从第二天早上起，他就真正修行了，开始堂堂正正地做人了。他早上起来的第一件事就是洒扫庭院。他认为以前是太阳升起三竿高，我还在睡懒觉，他觉得他对不住太阳。现在他就趁太阳未出来之前，将家里的庭院打扫得干干净净，将门打开，迎接太阳的升起。一天有了美好的

无我无牛

开始，这一天也一定是勤勤恳恳的一天，心情舒畅的一天，也一定是成功和有收获的一天。如果天天有这样的开头，那么他的一生也一定很充实，一定很辉煌。

后来，洒扫庭院成为曾氏家族世世代代的家训。从他传到曾国藩，从曾国藩一直传到现在。现在，他们曾氏是一个很大的家族，在曾氏子孙中有许多科学家、学者、教授，人才辈出，但无论是海内还是海外，无论是什么身份，一直都延续着这个传统的家训——洒扫庭院，迎接日出。

我们好学、为道，不但自己做牛，也要做牧童。这个拴鼻子的芒绳不是让别人牵着，而是要自己牵着。当松则松，当紧则紧，这是一种境界。什么境界呢？那就是自我把握。到了忘牛阶段，人牛俱忘，这是很高的一个境界。如我们现在的阶段不能忘，一忘就完了。我们应随缘而忘。

我们今天所讲的题目，我想了好久，牧牛图有好几种，但我认为只有寻牛、牧牛与忘牛与这十首诗，最能体现老子"为道"这个大的主题，我们也可以从这里面得出一个结论，什么叫做"道"，什么叫"为道"。

有智慧的人，他会自己管理自己，他绝对不会将芒绳交给他人，他用自己的智慧来观照自己，这就是智慧，这就是在"为道"，"为道"没有智慧是不行的。自知者明，明就是智慧之光。我认为寻牛、牧牛、忘牛的过程，就是一种在智慧中为道的过程，也是一个人格跨越的过程。

附：廓庵禅师《牧牛图颂》

（一）寻牛

茫茫拨草去追寻，水阔山遥路更深。

力尽神疲无处觅，但闻枫树晚蝉吟。

（二）见迹

水边林下迹偏多，芒草离披见也么。

纵是深山更深处，撩天鼻孔怎藏他。

（三）见牛

黄莺枝上一声声，日暖风和岸柳青。

只此更无回避处，森森头角画难成。

（四）得牛

竭尽精神获得渠，心强力壮卒难除。

有时绕到高原上，又入烟云深处居。

（五）牧牛

鞭索时时不离身，恐伊纵步入埃尘。

相将牧得纯和也，羁锁无拘自逐人。

（六）骑牛归家

骑牛迤逦欲还家，羌笛声声送晚霞。

一拍一歌无限意，知音何必鼓唇牙。

（七）忘牛存人

骑牛已得到家山，牛也空兮人也闲。

红日三竿犹作梦，鞭绳空顿草堂间。

（八）人牛俱忘

鞭索人牛尽属空，碧天辽阔信难通。

红炉焰上争容雪，到此方能合祖宗。

（九）返本还源

返本还源已费功，争如直下若盲聋。

庵中不见庵前物，水自茫茫花自红。

（十）入鄽垂手

露胸跣足入鄽来，抹土涂灰笑满腮。

不用神仙真秘诀，直教枯木放花开。

第二十一讲　为道"三见"

——见山只是山——见山不是山——见山还是山

1　见山只是山，见水只是水

只是山、不是山、还是山，这是禅宗的三种境界。第一境界："见山只是山，见水只是水。"第二境界："见山不是山，见水不是水。"第三境界："见山还是山，见水还是水。"三句话中的"见"和"山"、"水"是同本，而"只是"、"不是"、"还是"则是异象。下面就分别讲一下。

"见山只是山，见水只是水。"这里的"见"是指观察，不仅仅是用眼去观察，同时用眼、耳、鼻、舌、身，用身体的各个部位去感触。用手去摸，看它是光滑的还是粗糙的，是热的还是凉的，这也是观察。这种直觉观察，就是"见"的直接的意思。那么，这个"山"和"水"也是一种代表，它代表了物质世界的所有万事万物。

这里的"只是山"、"只是水"，只是说明了一个局限性，局限在什么地方呢？局限在表面。有人讲初次见面叫第一印象，这个印象就是表面印象，一种初次的印象，也是偶尔留下的一种表象。所以说是一种表面的，也可以说是一种片面的印象。因为无论从你的眼、耳、鼻、舌、身，无论你怎么观察事物，无论你从哪一种角度，用什么方式去观察，都没法观察

只是山

到事物的全部，所以，你只能得到一个表面现象。在你观察的时候往往会有误区、有死角。有人讲，自己看自己的鼻子看不见，这就是视力的一种死角。还有一种说法："后脑勺上的头发只能摸得到，但看不到。"这也是眼睛的局限性。

由此可以看出，无论你怎么去看，都是"看山只是山，看水只是水"。实际上真是山、真是水吗？这只是一个假相而已。为什么讲是假相呢？前几课都讲过。因为这只是一个名、相上的东西。你作为一个主体，去观察山也好，观察水也好，观察树木也好，观察天上的雷电、云彩、日月也好，你怎么去观察都没法观察到它的全部，所以讲它只是一个假相而已，所以为"只是"。

如果反问一句：书本上的知识是不是都是真理呢？实际上它有它的作用，它能给我们介绍一些有益的东西，给你提供一些参考，也就是指指路。行人想找酒家问牧童，牧童只是遥指。这些书上的文字是知识吗？是知识。但这些知识只是起一个指路的作用，只是个"遥指"的牧童而已。真正来讲，它还不是事物的本体。事物的本体、真相是无法用语言表达的，所以老子说"道可道，非常道"。"道"就是指事物的本体，你能用语言表达的那就不是"道"了。你表达出来的东西不是真的，那也只不过是指指路而已。这里只是讲一下"只是"二字。

我们为学阶段，所学的都是这种"只是"而已。

2　见山不是山，见水不是水

"见山不是山，见水不是水。"这里的"不是"与前面的"只是"正好相反了。前面是肯定，这里是否定了，在为道阶段就是否定阶段。为什么呢？这个否定表现在什么地方呢？表现在怀疑、批判上，通过怀疑、通过批判再提出自己的假想，提出自己的观点；再通过推理，通过思辨、论证。那假想能成立吗？哥德巴赫猜想是哥德巴赫的猜想，陈景润的证明离皇冠只差那么一步。还有法国的物理学家安培，他提出一个假想："分子或原子中间的电子运动形成的电流是物质磁性的起源。"他提出这么一个假想，后来有多少物理学家证明了他的假想是正确的呢？

以前书本上的内容，有些地方有误区、有错误、有偏见、有缺陷，在此基础上我们提出自己的观点，甚至是新的发现。这里的"不是"是一种否定、一种批判，否定错误的，纠正片面的，实事求是地去探索事物的实质和全部，看得比"只是山"、比"为学"阶段要全面一些、深刻一些。这里的"不是"，是对"只是"的进步。

3 见山还是山，见水还是水

"见山还是山，见水还是水。"这里的"还是"又回到前面那知识表面上了吗？不是，也没有落到第二阶段"不是"的层面上。这个"还是"是指看出事物真正实质性的东西，通过对它表面的观察，看到它"只是"，再通过经验和思辨去推理、去分析、去想象、去猜想，然后形成一种独有的理念，看出事物的另一面，也就是更深刻的一面。但是这还不够，还要在这个基础上再进一步观察，在某种高度上观察，此时会发现原来"还是"这个东西。

如一棵大树生长在土壤里，不断地吸收土壤里的营养。不仅仅是用根来吸收，叶子也在通过光合作用吸取营养。根在地下不断地吸收各种矿物质、各种有机物质，然后使自己壮大起来，最后将自己的果实奉献给人类。人吃了这个果实又将它变成了垃圾，垃圾又回到土壤里，树根又来吸取它，如此周而复始地循环不已。在这条循环的因果链中，表象的物质"只是根"、"只是叶"，或者"不是花"、"不是果"、"不是某种营养物质"。然而，我们如果根据生物学原理观察分析，无论是根、叶、花、果，还是阳光、雨露、土壤，其实还是原子世界的"子民"，还是由这些"子民"组合成的各种小团体（分子式），又由这些"小团体"变化成根、叶、花、果等，这个"还是"就反映了这种生物链的原始反终的过程。

前年，我们在北师大听讲座，美国著名的自然教育家约瑟夫·克奈尔教授为我们演示了一个游戏，我们都参与了。他挑选了十几名听众，把排

不是山

在前一排的人比作绿色植物，如草木、蔬菜、水果之类；把排在第二排的比作食草性动物，如牛、羊、兔子这样一些动物；把排在第三排的就比作食肉动物，比较中型的，它们可以吃兔子、羊、松鼠；排在第四排的就是很凶猛的食肉性动物；人排在最后。他本人就扮演一个农民，给前面那些绿色小植物喷农药。农药喷上后，很快就被那些绿色植物所吸收，吸收到自己体内；然后第二排的食草性动物又将绿色植物吃了，于是残留农药被吸收进了体内。如是一层一层地传，传到大型食肉性动物的体内，人也被农药污染了。

还是山

在生物链中，一旦打破了生态的平衡，就会出现恶性生态循环效应。培根的一句话最形象，培根在《学术的进展》中讲："假如一个人想从确定性开始，那么他就会以怀疑告终；但是，当他走进了怀疑的层层迷雾后，他必须找到一种确定性，才能从迷雾中走出来。"这里面的确定性就是"只是山"、"只是水"。因为他开始确定了是山、是水，什么东西都是以肯定开始，那么又以怀疑告终。这里的怀疑也不容易，你能大胆地去怀疑，这也说明你的知识积累到一定的程度了，具备一定实力了。

这里开始是确定它，然后又去怀疑它。那么，如果想从怀疑的迷雾中转出来，又必须找到一种确定性才能出来，这不就是"还是山"、"还是水"吗？是不是这样呢？培根的这段话是不是很形象呢？当你走进迷雾，你还是要找到确定性，如果没有找到确定性，那你就不会从迷雾中走出来。你怀疑不就是否定了前面那个确定性吗？但你走进了迷雾，你还需要找到那个确定性，但这个确定性是新的确定性，这样才算走出来了。

当你走出来时，见到的是"还是"。当你见到"还是"的时候，也就达到一种无为境界啦。

4　真理在水井的底部

奏鸣三部曲

西方有位哲学家说："真理位于一口水井的底部。"我认为这句话说得对。为什么呢？水井底部的水与地下水位是相通的，永不枯竭的，也永不自满，而且很纯净。这就是真理回归本源了，它与它的源头相通了。

这里还有一个例子说明这三个层次，就是音乐里的奏鸣曲，一首奏鸣曲分为三部。

第一部是呈示部。何为呈示部呢？就是将这首曲子的第一主题、第二主题、第三主题以及小结论都呈示出来，让大家来欣赏。这就是"见山只是山，见水只是水"的阶段。

第二部是发展部。乐曲演奏至此，旋律开始激烈起来，你不是在呈示部提出了第一主题、第二主题、第三主题吗？此时围绕这些主题展开辩论。其中有激烈的交锋，有娓娓的谈吐，有幽默的妥协，有悲壮的沉思……这就是"见山不是山，见水不是水"了。

三部曲

第三部是再现部。再现的是什么呢？再现的是呈示部的第一主题、第二主题、第三主题，还有那个结论，前面是什么调还是什么调，甚至于旋律完全一样，这不就是"见山还是山，见水还是水"吗？但这个"还是"不是简单的重复，不是一般的再现，不是一种重叠。是什么呢？我们可以想一想，假如你是一位欣赏者，在北京音乐厅往那儿一坐，当你欣赏到前面的呈示部时，一个个主题和结论的旋律使你渐渐地进入音乐状态；到了发展部时，你的整个身心、你的感情也会随着进入那些激烈的论辩，会感到热血沸腾；到了再现部时，虽然还是前面那些第一、第二、第三主题和结论，但这时你的感觉、你的情绪、你的情感已经不再是开始时那样的了。尽管这个旋律还是那个旋律，没有变，但这个意境提升了，境界提升了，再也不是呈示部的那种情绪了。是不是这样呢？如果会欣赏的话，大家可以听听那些经典音乐，我想，你会从中得到很多感受，也会从中品味到以上三种境界。

以上引用培根的一句名言和奏鸣曲，我认为好像能说明这个问题。当然，既然这三种境界来自禅宗，就不能不说禅了！我再讲几个禅宗的公案吧！这里我想讲两个公案：一个是"打牛，打车"，另一个是"团团转，吱吱叫"，这两则公案的主人公都是马祖道一。

是打车还是打牛

马祖道一禅师在开大悟前认为，通过坐禅可以成佛。这时南岳怀让禅师已经开大悟了，他一看就觉得这方法不对头，他是怎样去开示，怎么去引导呢？马祖道一正在那里坐禅，谁去都不会理。怎么办？大师就是大师，怀让从地上拿起一个砖头，在马祖道一面前独自磨起来，这么一磨噪音很大，马祖禅师实在按捺不住了，开始发话："大师，你在干吗？"怀让大师讲："我在磨镜子！"马祖禅师很奇怪，问："砖头怎么能磨成镜子呢？"怀让反问道："那你在干什么呢？"马祖禅师答道："我在参禅哪！"大师又问："参禅是为了什么？"答："为了成佛啊！"大师马上回道："既然你参禅能成佛，那我的砖头也能磨成镜子。"马祖禅师"哦"了一声，似有所悟，问道："大师您说我应怎样做？您教教我。"大师举个例子说："假如有一头牛拉着一辆车不动，你是打车还是打牛？"禅师讲："那当然是打牛了。""哦！你知道打牛，但你不是在打车吗？"马祖道一禅师当下大悟了。

187

这个公案说明了一个什么问题呢？说明老是在那儿坐禅就是"见山只是山，见水只是水"。你所见到的不就是那么回事吗？别说成佛了，连你见到的都是假相。是不是这样？南岳怀让大师见到的不仅仅是"见山不是山，见水不是水"，而最关键的是"见山还

你在干吗？

我在磨镜子

是山，见水还是水"。坐禅不能说不能成佛，但我们不能执著于某一种形式。同样是坐禅，如果方法不对，心念不在佛法之中的话，不能与生死相系，那还是不行。无论你是用什么方式修行，你必须与生死相系。我们平时不是讲，不能与生死相系的那都是儿戏呀！因为那样就会认为无所谓。但一旦将修行与生死相系，那就是你将这件事当大事来办了，那你就时时刻刻不会忘记你所想干的事。这就是大禅师的大机大用，这是修行最关键的诀窍。看一个人是否开悟，关键就看他的修行是否与生死相系。

何为生活禅呢？就是在生活中参禅，在参禅中生活。换一句话说，就是在生活中间了生死，在了生死中生活。这就叫禅。你平时参禅，仅仅是前面的那句话而没有后面那句话，只是将参禅当游戏，那是不行的。好，我们再看看"团团转，吱吱叫"吧。

"团团转，吱吱叫"

马祖道一已经开大悟了，他不打车了，已经学会打牛，已经将坐禅与生死相系了。他以前的三位同参，听说他开大悟了，都想去试试他，想看他是真开悟还是假开悟。

他们三人同行去拜访马祖道一禅师，半路上看见一头牛拴在一棵树上。牛闲来无事就绕着树转，这绳子不是拴在牛鼻子上吗？转着转着，牛绳全绕到树上了，牛鼻子碰到树了。牛也算聪明，马上又往另一方向转，转着转着，鼻子又碰到树了。它又回头转，这样转来转去不就是团团转吗？他三人一看，马上就想到用这一问题去考考马祖道一。

他们又向前走，走着走着，看到一个很大的蜘蛛网，突然有一只秋蝉的脚被粘在网上了。秋蝉"吱吱"地叫个不停，就只好认命吧。这时，守了好久的蜘蛛看到了，马上就扑了过来，这时秋蝉一看，不好，不得不做出拼死挣扎

团团转

的决定，一挣扎，哎，还真的挣脱了，"吱——"一下就飞走了。三人一看马上又灵机一动，哎，这也是一个新的问题，我们去问问他是怎么一个道理。

他们见到了马祖道一禅师，问："什么是团团转？"他们不讲路上看到的情景，就只问了这么一句话。禅师答道："只因绳子系着，挣它不断。"他们当时都惊了，心想，禅师看见了吗？他怎么知道的？就是那么回事呀！马祖道一禅师是没有看见，但他知道人在名和利中转来转去，就像是被一根绳系着一样，这个绳子就是贪、嗔、痴，人不就是被这根绳子拴着吗？舍不得放开，就这样整天围着名和利转

吱吱叫

来转去，这不就是团团转吗？所以大师的回答使他们无不惊奇。其实禅师说的是生活中的普遍规律。

于是他们又问第二个问题："请问大师什么是'吱吱叫'？"禅师答道："只因脚下有丝。"他们又惊讶不已，禅师怎么又像看见了呢？大师回答的意思是人人都有忧愁，时时被愁思（丝）所困扰。古代诗人不知写过多少"借酒消愁愁更愁"的诗句。

生活中人们也常常叫愁，这不就是吱吱叫吗？他不需去见那个山，也不需见那个水；他知道还是那个山，还是那个水。那三个人见山只是山，见水只是水，而马祖道一禅师已看到实物的本来。事物的本来中，一就是一切，一切就是一；道理都是相通的，知其一，即知其二。上面的两个问题，他不就是从事物本相上去回答的吗？

前面讲到实物的本相时，我们可能有怀疑。也许你们会问，事物的本相我们怎么能看得透呢？如果我们要看这个地球，要将地球的全部看透，我们怎样看呢？不用讲整个宇宙，就是地球的全部都没法看，那么万事万物的本相怎样才能看透呢？这上面就告诉了我们一个方法，马祖禅师回答时只看事物的实质。

因为"理"在那里，他看到了"真理"，他只用一把钥匙就行了。小道理归大道理管，他在大道中看问题能不懂吗？他真开悟了，是万事万物"总司令部"里的人了，身在"总司令部"里，世俗间的事他能不知道吗？所有大大小小的问题他都知道，就是这么一个道理。

　　有人讲，一滴水能见太阳，再大的东西在他眼里都很小、很小，最小的东西在他那里又是大东西。他已经是大而无外，小而无内，但他又是能大能小，他的道是大的，理是通的，关键就在这里。马祖道一为什么能看到事物的实相呢？这是神通吗？不是，这是对事物变化规律的一种觉悟，一种把握。正如《金刚经》中所说："所有众生若干种心，如来悉知。"众生种种心思和念头，无非名与利、忧与愁，如来全都明白。当你觉悟了，你也会全都明白。

　　对于前面的三种境界，我们必须通过第一境界、第二境界跨越到第三境界，即那个"还是"。今天就讲到这里，大家好好地去看看山，看看水吧。

老子为道

190

第二十二讲　为道 "三易"

——变易——不易——简易

1　变易是事物的现象

变易是事物的现象，不易是事物的规律，简易是事物的本体。

什么叫变易呢？就是万事万物都是在变化之中。有人说过一句话："一个人不能两次跳进同一条河中。"就是说当他第二次跳进那条河时，已经不是第一次跳进去时的水了，许多方面已经起了变化，河底的泥沙也起了变化。

对于变化，佛教的教义有四个字："缘起性空。"这个"空"，就是讲变化的，并不是指没有。如果把"空"解释为没有，那是错误的。有人讲佛教里面的四大皆空是消极的，他就是把"空"当作"没有"给错解了。

有人曾经问一位禅师："什么是'缘起性空'？"这位大师端来一碗水，水里面放几粒米，然后在碗上面放一双筷子，什么都不说。

这是什么意思呢？就是讲给你碗，给你水，给你米，又给你筷子，请你吃饭吧。但它并不是一碗你想吃的饭。饭是哪里来的？要用米煮成饭，必须要一些条件，除了以上那些条件以外，还需要热量，要煮饭的锅，还要人去操作，同时还必须具备一定的时间，这些条件就叫"缘"。

那么这个碗里只有水，只有米，那热量呢？还有操作的人呢？所以这就是

191

变　易

缘分不够。所有条件具备了，饭煮熟了，饭熟了就叫"起"。如一种元素与另一种元素化合成了另一种物质，这就可以叫"起"。饭熟了就叫起，起了以后就不变了吗，就永恒了吗？一万年后还是一碗热气腾腾的米饭吗？不是。那就是后面两个字"性空"。"性"是指事物的性质、本性；"空"是指变化、发展。这碗饭的性质在向另外一个方向发展了，产生变化了。"缘起性空"，就是讲你的饭做熟了，熟了以后又在变化，从热气腾腾渐渐变凉，又渐渐变馊、变色、发霉、腐烂……最后随着时间的推移，这碗饭甚至已经没有了。这就是"缘起性空"的意思，这就是佛教的教义。如果把《易经》当作一本教材，它的教义也是"缘起性空"，你们说这是迷信还是科学？

　　这是不是变化？就这么一个简单的例子，能说明万事万物都在变化。所以佛教的教义是"缘起性空"这四个字，既简略又明白，不是迷信的，是唯物的，是辩证的。就这么一个简单的例子就说明了很深的道理。我们在为学阶段，也就是学这些变化，学了许许多多，都是物理变化、化学变化、自然现象变化、社会变化等各种变化。

不　易

2　不易是事物的规律

　　那么到为道阶段呢？是你开始去研究、去探讨的阶段。到你专攻一个课题的时候，那你就不仅仅是懂得它的变化了，而且要懂得它变化的规律。那么不易是什么呢？就是不变。万事万物的变化规律是不易的。

　　如水，有时能变成冰，有时又变成水蒸气，但它不是乱变，不是想变就变，而是有一定规律的。正常情况下，当水温到了摄氏零度时，水就会结冰；当水温到了100摄氏度时，水就会化成水蒸气。从古到今它从来不改变这个规律，这就是不易，不变的规律。所以有人将大自然比作是"大宇宙"，把社会比作一个"中宇宙",把人生比作"小宇宙"。这就说明万事万物,无论是千变万变,年年变,天天变,时时变,分分秒秒地变,但它万变不离其宗。变有变的规律,这就是不变的东西也就是不易。

为道,就是根据不易的原则探索变易的规律。科学家是用他的实验去证明,哲学家是用他的思辨去论证,文学家用他的想象去描绘,艺术家用他的技巧去表现,诗人用他的灵感去咏叹,政治家用谋略呼风唤雨,经济家就用金钱……这都称为"家",因为只有这些"家"才能去为道,为道就是掌握了规律,他们能以不变应万变。

3 简易是事物的本体

"一"与"易"

上面讲了变易与不易,再讲一讲简易。我们先看一下"简"字。《史记》中讲:"大乐必易,大礼必简。"意思是讲,大的音乐一定是平易近人的,大的礼仪则一定是简朴的。"大乐与天地同物,大礼与天地同节。"大的礼仪的最高理想是与天地阴阳变化同步的,这就是简易。越是复杂的就越是简单的,当你不认识它的时候,当你面对它束手无策的时候,它是很复杂的;当你认识它了,抓住它的规律的时候,那你就可以掌控它了,这样就变简单了,你就自由了。如伏羲,他将万事万物变得多么简单!变成了一个阴爻"--"和一个阳爻"—",变成了非常简易的两种符号。然后用这两个符号生四象,由四象生八卦,八卦分别象征天、地、雷、风、水、火、山、泽等八种自然现象。

爱因斯坦也是很简单的,就是一个相对论,认为物质之间的万有引力是由于物质周围的空间和时间性质发生变化而引起的最复杂的东西,将它变化的规律找到了,就有条理了。如果你第一次来北京,怎么给你指路你都是一头雾水,不知怎么转公交车,怎么出地铁。一旦你熟悉地形了,就认为简单了。其实它本来就是这么简单。

创办事业的理念越简易,事业的前途就越广阔。所以古人比喻说,勾股五寸长的曲尺,就可以穷尽天地的方形;圆规两只小腿,就可以画出日月的圆形。

天地间至简至易的是一个"一"字。老子说,天得"一"而清明,地得"一"

简　易

而宁静，神得"一"而生长，侯王得"一"而使天下安定。又说："道生一，一生二，二生三，三生万物。"

《史记·律书》曰："数始于一，终于十，成于三。"

《说文·一部》云："一，惟初太始，道立于一，造分天地，化成万物。"

传说伏羲"一画开天地"。《系辞传》云："天下之动，贞夫一者也。"在伏羲文化的理念里，一即是太乙，太乙即为太极。"太极生二仪，二仪生四象，四象生八卦。""一"的象征性意象中，既有表示天地的混沌、元气、葫芦，又有表示生命的人体和蛋卵。因"一"可以分解为二，天尊地卑，可以定乾坤；卑高以陈，可以列贵贱；宇宙万物可以一分为二，一阴一阳；生物之卵可以精血分离，一雌一雄；葫芦瓜壳既可浮水代舟，又可剖为两半，上瓢成天，下瓢成地。

《列子·天瑞》云："一者，形变之始也。"

《淮南子·原道训》云："一立而万物生矣，是故一之理施四海，一之解际天地。"

在佛教文化的理念中，一即是一切，一切即是一。如有弟子问禅："如何是佛法？"禅师竖起一个手指作答，意思是"万法归一"。再有弟子问禅，禅师示以拳头作答，指头不见了，意思是"一又归于无"。在活活泼泼、大机大用的禅师意境中，"无"就是万有，万有就是一切皆有，一切皆有又归于一。

所以说，天地间至简至易无过于"一"。

"简"与"诚"

再说，人生与人际中至简至易者当推一个"诚"字。

古人云："心诚则灵。""精诚所至，金石为开。"

《荀子·不苟》中说得更详尽了，云："天地是最大的了，没有诚信，就不能感化万物；圣人是最明智的了，没有诚信，就不能够感化万民；父子母女是最亲近的了，不真诚，就会互相疏远；君上是最尊贵的了，不真诚，就会受到臣下的鄙视。"

荀子又说："操持着真诚，就轻松愉快，就可以独自行动；独自行动，而且不放弃它，就能够成事。……所以，千万个人的事态，就如一个人的事态（可以类比）；天地的开始，就和今天一样（可以借鉴）；先王之道，就和后王一样（'道'是不变的）。君子审察后王之道，而把它和前人百王相比，就如同端容拱手一样从容不迫。推广礼义的观念，分析是非的等次，总揽天下的纲要，平治天下的事务，就如同指使一个人一样。"

由"诚"又回到了"无为"。世间万事至简至易就是无为。所以我在开头分析"无为"时就作了一个概括。在纷纭复杂的世事之中，有许多"有一种"值得我们去思索。

诚

195

有一种……

有一种教育方法，叫"放手"。不要老是拉着孩子的手，担心他跌倒。孩子跌倒了，不要去管他，让他自己爬起来。

有一种管理方法，叫"放权"。不要事必躬亲，要大胆放权，发挥下属的积极性和创造性。

有一种治学方法，叫"放达"。不要受世俗礼法的拘束，不要过于迷信书本和权威，要敢于怀疑，敢于猜想，敢于创新。

有一种比赛方法，叫"放开"。比赛时的紧张会抑制体能和技能的发挥，放开一搏，或许能超越极限。

有一种心理疗法，叫"放松"。当工作压力、家庭压力、学习压力太沉重时，情绪忧郁，心情浮躁不定，此时唯一的特效秘方是放松身心，有张有弛。

有一种自救方法，叫"放下"。逆境之中，恐惧面前，生死关头，最好的自救方法是万缘放下，不为名利、情感所束缚，处之于坦然，安之于常态，自然能化险为夷，转危为安。因为此时，越不怕失去一切，就越能保护一切。把不能失去的一切放下，大胆地面对危难，挑战风险，大胆地与生死对话。身心释然，坦坦荡荡，人生本来所具有的勇气、策略、智慧、本能，会突然暴发出来。

有一种进攻方法，叫"放弃"。拳头打出去前先缩回来，再次出拳会更有力；在人生两难的十字路口徘徊不前，如果主动放弃某种东西，前进的路会突然显现；在竞争或谈判双方胶着的情况下，如果放弃某种条件或利益，进攻的力度会加大，而不是减弱。

有一种用人的方法，叫"放心"。俗语说："用人不疑，疑人不用。"既然任用他，就应该信任他。信任是向心力的支点。

有一种养身的方法，叫"放怀"。随着人们物质生活水平的提高，精神生活也会相应提高。评估精神生活质量的标准并非表面的东西，而在于天天有个好心情，有好心情才能享受好生活。

也许你们会说，你说了这么多，本来"简易"的道理不是越说越复杂了吗？是的，这里我只想用一句话作为结语，其实一切都在不言中。还是大家去思考吧。

今天讲的三个易实际就是三个过程："为学"阶段你要知道事物的变化，学种种变化；到"为道"阶段就必须把握事物变化的规律；到了"无为"阶段，因为你把握了事物发展的规律，就变得很简单了，一简单不就无为而无不为了吗？不就很轻松了吗？这样连起来理解就是这么简单。

"立竿"、"见影"而成卦

变易、不易、简易，是对"易"的诠释。那么"易"又是由何来的呢？

先看字形。"易"字的甲文和金文，皆为"日"下带"勿"。上古先民祭祀时利用晷测量日影以定时间。晷是日光下立一标杆，杆上有横杆，横杆上挂上旌幡，"勿"即旌幡象形，上面加上一个"日"，即为测量日影的象形和指事。

再看字音。"易"与"移"音近。移指移动，日光移动，即时间、空间、事物均随之而有变化，故"移"为"易"，易又为变，所以有"移风易俗"一词。

其实，"易"的源头应在"易"字产生之前，即伏羲作八卦的时代。当时没有文字，结绳记事是最先进的方法。先民们每天要出门狩猎、捕捞，回来后要分配，这些都需要一种计算时间、判断方位、记录收获的办法，于是"卦"便产生了。人们立竿见影，测量日、月之光的影子，日光清晰，以"—"为符号，后人称为阳爻；月光若隐若现，以"－－"为符号，后人称为阴爻。他们将时间分为昼夜，天气分为阴晴，猎物分为雌雄，人分为男女，空间分出前、后、左、右、上、下，季节分出春、夏、秋、冬，方位分出四面、八方，根据这些如实记录日常活动。记录的方法就是结绳记事，用"—"、"－－"两种符号分别挂在绳结上。这样"卦"便产生了。后人根据这种情景，将测量日影的工具"圭"与测量的过程"卜"合为"卦"字。"卜"字中的竖即"立竿"，点即"见影"。

八卦中的算术

后来，随着时间的推移和经验的积累，单一的符号渐渐演变为符号重合和变化，单方挂绳记事演变为八方四面都挂，于是，"八卦"产生了。

八卦即乾、坤、震、巽、坎、离、艮、兑，每卦由三个爻组成。组成的原理为太极生二仪（阴、阳两种符号），二仪生四象（两个阳爻为太阳，两个阴爻为太阴；一阳爻下加一阴爻为少阳；一阴爻下加一阳爻为少阴），四象生八卦，二爻相重变为三爻相重，由二爻组成的四象，再加一爻，变化便增加一倍。这是一道非常简易的算术：

1×2=2　太极生二仪

2×2=4　二仪生四象

4×2=8　四象生八卦

这就是卦数的初萌。

八个卦又分别象征一种自然现象，其现象又分别具有一种德性（即性质），这就是卦象和卦德。简介如下：

乾卦，☰ 象征天和父，有健德。

坤卦，☷ 象征地和母，有顺德。

震卦，☳ 象征雷和长男，有动德。

巽卦，☴ 象征风和长女，有逊德。

坎卦，☵ 象征水和中男，有陷德。

离卦，☲ 象征火和中女，有丽德。

艮卦，☶ 象征山和少男，有止德。

兑卦，☱ 象征泽和少女，有悦德。

记住以上八个卦名，以及它们的卦形、卦象和卦德，对六十四卦就易于理解了。因为六十四卦就是六个爻相重，八卦为三爻相重，称为经卦，那么六十四卦就是由两个经卦组合而成。所以，8×8=64。

六十四卦每卦两经卦分为上下，即上经卦、下经卦。古人认为天圆在上，地方在下，如"鼎卦"为火上风下，即火下有风，火上有鼎（鼎原为锅）。但在实际运用中，上卦又为外卦，天在周围；下卦又为内卦，地在中间。如"恒卦"，外卦震卦，震卦为长男；内卦巽卦，巽卦为长女。意思是男主外，女主内。

当你熟悉了八卦，就熟悉了六十四卦；熟悉了六十四卦，就拿到了"变易、不易、简易"的钥匙，就掌握了处理世间万事的舵轮，就能成功地为道。

第二十三讲　为道"与时俱进"

——益——损——乾

1　与时偕行

　　从今天起，我又要以《易经》中的十二个卦来阐释"为学"、"为道"、"无为"了。千万不要误解，这里讲的卦象、卦理与《易经的智慧》中讲的虽然是一致的，但是由于角度不同，说法也有区别。每讲举三卦，这三卦都是与"为学日益"、"为道日损"、"以至于无为"相对应的，二者要参照着理解，举一反三，融会贯通，这样不但能扩大自己的知识面，更重要的是能拓展思维的空间，能启迪悟性，养成用悟性思维的习惯。

　　接下来要讲六十四卦中的十二个卦，哪十二卦呢？益卦、损卦、乾卦；恒卦、咸卦、坤卦；晋卦、明夷卦、家人卦；升卦、困卦、井卦。这十二卦分为四组，每组三卦，每节课讲一组。

　　为什么讲这十二卦呢？这几个卦与这次讲的总课题有密切的关系，我们可以从下面的卦形看出：

>风
>雷　　益卦是风上、雷下，

>山
>泽　　损卦是山上、泽下；

>雷
>风　　恒卦是雷上、风下，

>泽
>山　　咸卦是泽上、山下。

　　我们看，益卦与恒卦是风与雷相错，损卦与咸卦是山与泽相错，互为错卦，上下卦互相错位了。再看其他两组，同样不难看出相互之间的内在联系。

　　纵向比较我们可以发现有这么一个规律，有这么一种内在的联系，我们再横向看看益卦、损卦和乾卦，可以发现在它们的象传里面都有"与时偕行"。

（1）☷☴ 益卦，象曰："损上益下……与时偕行。"

（2）☶☳ 损卦，象曰："损下益上……与时偕行。"

（3）☰ 乾卦，象曰："君子终日乾乾，与时偕行。"

"损上益下"与"损下益上"有何区别？一上一下、一下一上正好相反，损与益也相反，但它们的"与时偕行"都完全一致，并与乾卦相同。乾卦也是"终日乾乾，与时偕行"，正好吻合。还是一层一层地看吧！这里已展开了，文字表面也看得很明白，也不需去看其他的东西了，先看看时间概念吧。"与时偕行"不是讲时间概念吗？这是关键。我们来看看三卦之间共同的"时"。

2 损益时间观

时之义大矣哉

《易经》中突出"时"的地方很多，如豫卦中"豫之时义大矣哉"，"随卦"中"随时之义大矣哉"，"贲卦"中"观乎天文，以察时变"等。下面讲讲时间的损益观。

（1）我们必须认识到，时间对于我们每一个人，对世界上的万物都是公平的、平等的。这个我想大家不会怀疑吧！

（2）时间与空间相生相随。如柏拉图讲过："时间与天空是同时出现的，它们被一起创造出来。"

（3）我们每一个人利用时间的观念和标准不一样。有些人的时间观念非常强，有些人的时间观念却非常淡薄；有的甚至在那里消磨时间，有的却在争分夺秒，充分利用时间。这个区别是很大的，千差万别啊。

（4）由于对时间的利用各异而出现时间观念的千差万别，所以，每一个人在享受时间的同时，获得的利益也是千差万别。

我们再来看看"偕行"，偕行就是现在常提的"与时俱进"，同时并进。偕行有几层含义。

（1）与时代偕行，就是紧跟着时代的步伐，也就是人们常说的"走在时代的最前列"、"把握时代的脉搏"。

（2）与日月偕行，古人云"日出而作，日入而息"，"披星戴月归"，这是古代农民的起居习惯。

一个人几时起床，几时休息，日常习惯中有懒与勤的区别，由此可以看出你是在抓紧时间，还是在消磨时间。还有一个就是生活规律、生活习惯。

（3）与分秒偕行，就是争分夺秒，就是硬去挤时间。有的人用业余时间自学，这就是挤出时间。每一个人所享受的时间与所得利益千差万别，千差万别的焦点就在"与时偕行"上。

与时偕行

与时代偕行，实际上是与日月偕行、与分秒偕行的累积，关键又在与分秒偕行。日常生活中需要"与日月偕行"、"与时代偕行"这样的口号，但如果与分秒不能偕行，那口号也只是一个空口号。所以，我们的日常规律与起居习惯非常重要。虽不能完全做到充分利用分分秒秒，起码你自己的起居习惯和生活规律，必须养成一个好的习惯。

时间是人人都能体验到的，但损和益与时间有什么关系呢？我们的圣人将损和益与时间联起来，"终日乾乾，与时偕行"里面有乾乾、健健，这与损和益又是怎么相联呢？

与分秒偕行

（1）这个"损"是指挤出时间，在哪里挤呢？我们来看一下损与益的关系。这一边是学习、工作时间，另一边是杂务、琐事、娱乐、游玩的时间。前者的时间"益"了，后者的时间便"损"去了。相反，后者的时间"益"了，前者的时间就"损"去了。就是这么个损益关系，那就看你怎么去利用了。这损和益就像一架天平，两边倾斜，"与时偕行"就看你哪一边"损"、哪一边"益"了。这个问题具体表现在我们日常起居习惯和生活规律上。如我们早上多睡一会儿，是很舒服，但我们学习与工作的时间就减少了呀！是不是这么回事呢？那么晚上到了该睡觉的时候，哟，连续剧好看，越好看就越要多看一会儿，这样就把看书、写日记的时间给损了。

再单独地看"益"，益就是集中精力专攻学习。上面也讲到了这一点，这里就不多讲。我们可以用《菜根谭》里的一句话概括。

《菜根谭》云："心地纯净，方可读书学圣。"要做到内心纯净，不就是损去内心的一些杂虑，使内心纯净吗？

（2）益卦与损卦，有一个"损上益下"与"损下益上"的问题，这个上与下，是指上卦与下卦，那么我们将它换一种说法。在六十四卦中，上卦实际又叫外卦，下卦又叫内卦，根据天圆地方的说法，天在上，地在下；依据天文科学，地球被大气层包裹着，天在外，地在内。所以，我们这里按内、外来讲。

"损上益下"就是叫损外益内，损外就是损去或尽量减少学习、工作以外的那些杂务、娱乐。当然也不是完全不要，减少也是损，但不是废弃。那么益内就是增加学习、工作以内的学习时间。

（3）相反，"损下益上"，即损内益外。损内就是损去内心的杂念、妄想与烦恼。益外就是对社会、对工作多用一些时间，做好本职工作，多做一些有益的事。这样你的气质、你的形象、你的各个方面都得到了增益。这是不是很自然的？这损与益、内与外，条理也很清楚。

我们从"损外益内"与"损内益外"中就可以总结这么一句话："思虑减损，则精神不耗；物欲减损，则大业可成。"这里的"思虑减损"不就是损内心的杂念、妄想与烦恼吗？"精神不耗"不就是指你的气质、你的各个方面都增益了吗？"物欲减损"不就是指减少学习、工作以外的那些物欲吗？"大业可成"不就是指工作、学习增益了吗？

所以我认为，"思虑减损，则精神不耗；物欲减损，则大业可成"作为概括益与损是最合适不过的。

3　天行健

终日勤勤

上面讲了益卦与损卦中的"与时偕行"，乾卦也是"与时偕行"，那怎么理解呢？就是"天行健"。健，就是勤勤，运行不息。

"君子终日乾乾，与时偕行"，也就是终日健健，终日勤勤，这勤勤是干什么事呢？就是用于学习与工作的，专打游戏机不是勤勤。

乾是健的意思，健是天地运行之道。天地要有一条运行轨道。这里我们

终日勤勤

再回到时间上来，刚才讲到了健是道，这运行轨道是空间，时间与空间是同时产生的，所以我们要回头再看看时间。那时间产生后与运行轨道又是什么关系呢？我们不妨来看看下面的话。

埃斯库鲁说："时间使一切发生着变化。"

《旧约全书·传道篇》说："凡事都有定期，天下万物都有定时。生有时，死有时；栽种有时，采摘所种之物亦有时；杀戮有时，医治有时；拆毁有时，建造有时；哭有时，笑有时；哀恸有时，跳舞有时；抛掷石头有时，堆聚石头有时；怀抱有时，不怀抱有时；寻找有时，失落有时；保守有时，舍弃有时；撕裂有时，缝补有时；静默有时，言语有时；喜爱有时，憎恶有时；战争有时，和好有时。"

这里列举的种种现象都是相反的东西，都有规律，都是在时间中发生的，都是沿着时间和空间的轨道运行的。两条轨道中间的一条轨道就是道。老子曾讲："道可道，非常道。"这个"道"是说不出来的，是无以言状的，一说就错了，一说就不是那个东西。讲到这里，你们会问："你这不是说出来的吗？怎么讲一说就错呢？"这里不是我说的，而是《易经》上说出来的，是八卦给我们展示出来的呀！当年伏羲从自然中获取了信息，于是他概括这些信息作了八卦。是不是这么回事？不是清清楚楚、明明白白的吗？

易，移也

《系辞传》中讲"易与天地准，故能弥纶天地之道"。甘肃天水有伏羲庙，进大门，门上的大匾就是"与天地准"四个大字。对《易经》研究了七十多年的金景芳先生一再地感叹，他讲孔子的这句"易与天地准"太了不起了，太不可思议了。这句话是非常有分量的，是言语难以表达的。大家可以想一想，是不是这么回事?

我们不妨再看看时间是怎么来的,《易经》为什么称为易,卦为什么叫卦呢?易字上面一个"日",日下面是"勿",就像晷,是古代观测日影以定时刻的仪器,上面挂几个飘带一样的东西,实际上就是上面是日,下面是那晷上的飘带,是测量日影的。易的音是同影移动的"移"字谐音,表示时间和空间都在移动,都在变化,是不是这么来的?大家想一想,是不是很吻合?

我们再看看卦。卦的左边是圭,古代的时候有一种圭尺,五寸长,现在经常用的一个字"桌",就是标准、标志法式。这圭就是测量日影的,就是用一个八尺长(古代八尺为一丈)的竹竿来测日影,叫"立竿见影"。竿立起就能见到影子,这就是圭的来历和本义。那右边的卜呢?卜就是竿子投下的影子。圭是测量影子的,测量影子的长度叫做卜;将它记录下来就是卦,既表示空间方位,又表示时间。

那什么是道?这道就在这乾、损、益三个卦中间,就在"与时偕行"的含义之中。为了做到"与时偕行",必须"自强不息",必然有损有益。其"不息"、"损"、"益",具体表现在日影的移动上。先民们根据日影的移动,测量其移动的时间和位置,并以此作为日常生活、生存的依据,这就是"卜"。

现在天安门前的华表就是由古代的圭和晷演化而来的。我们可以想象,我们的老祖先是怎么发现这个测影的方法呢?可以猜想,当初先民受树林的树影启发,然后就专立一根竿子来测时,后来又在上面挂上旗幡,祭祀的时候挂上旗幡表示庄严。这就是先有了圭,再有了测量的卜,卜以后再记录下来就成了卦,后来由八卦演变成了六十四卦。这个过程是很自然的,"易与天地准",以日影为标准而判断时间和方位。

全在一个"准"字

我们再看看"道",易经中有"天道",有"乾道",乾道就是天道。天道就是时间与空间,空间就是宇宙天体运行的空间轨道,这就是天道。还有地道,地球必须围绕太阳转,地球有地球的运行轨道。再就是人道,人道也要按规则运行,不能违背自然法则。天、地、人三才,难道人有另外的轨道吗?如"日出而作,日入而息",这是一个作息规律,人是不能违背这个规律的。

还有一个"君道"。君道就是一个国家的领导人,他制定国家的方针、政策,他也不能违背这个道嘛。历法就是君道,也是根据天体运行规律制定的。

再一个就是"臣道","臣道"是跟"君道"走的,家道也是跟着"天道"

与天地准

走的。一个人家兴旺不兴旺，首先视其家道如何。曾国藩的祖训是：早上起来，太阳升起之前，就洒扫庭院，迎接日出，就是家道，所以他家道兴旺。他的家训也是"与天地准"，所以他们家至今兴盛不衰，人才辈出。

"天行健，君子以自强不息"，就是"终日乾乾，与时偕行"。这么一看，是不是可以得出一个理念："与时偕行"就是"与天地准"？准就是与道相应了。那么我们智慧的源头在哪里？就是一个字，就是在"道"中。你只要明白了天这个轨道是怎么运行的，地又是怎么运行的，人就应怎样为道，万物应怎么生长。万物生长也分季节，候鸟也是根据天道的规律迁飞的。动物的繁殖、植物的生长、大海的潮汛、春夏秋冬的交替等，都是根据天道来的。东西南北、四维上下方位不也是根据天道来的吗？

无论是什么都是根据天道来的，只要这道真正地弄明白了，你什么事都在道中，你的智慧也是无穷无尽的，那你还不知如何为道吗？为道的智慧自然就有了。智慧的源头在自然中，大自然是智慧的源头。

这里讲了益卦、损卦、乾卦，看起来简单，益卦是六十四卦中的第四十二卦，损卦是第四十一卦，乾卦是第一卦。它们看起来是不相干的，没有联系的，这样一联系，这么一比较、一分析，竟然发现道在何处了，竟找到了我们智慧的源头。我想这一课大家不会虚度。当然如果我讲错了，大家可以提出来。

第二十四讲　为道之情可见

——恒——咸——坤

1　刚柔相推

现在，接着讲恒卦、咸卦、坤卦。我们能看出恒卦和益卦，咸卦和损卦之间的联系。现在我们来看这三卦本身还有一些什么样的横向联系。

恒卦	雷上	（外）	
	风下	（内）	（风雷相错）
益卦	风上	（外）	
	雷下	（内）	
咸卦	泽上	（外）	
	山下	（内）	（泽山相错）
损卦	山上	（外）	
	泽下	（内）	

再看恒卦、咸卦、坤卦三者的关系：

恒卦	雷上	（外）	"刚上而柔下……
	风下	（内）	天地万物之情可见矣。"
咸卦	泽上	（外）	"柔上而刚下……
	山下	（内）	天地万物之情可见矣。"
坤卦	地上	（外）	"万物资生，乃顺承天。"
	地下	（内）	"坤至柔而动也刚……"

温 馨

我们从象传里面来看看它们的卦义：恒卦是第三十二卦，象辞说："刚上而柔下，雷风相与，巽而动；……天地万物之情可见矣。"咸卦的象辞是："柔上而刚下，二气感应以相与。……天地万物之情可见矣。"最后都是这样一句话。那么，坤卦的象辞是怎么说的呢？它讲"万物资生，乃顺承天"、"坤至柔而动也刚，至静而德方，后德主而有常，含万物而化光。坤道其顺乎，承天而时行"。

尽管坤卦与上面两卦在象辞上看不出有什么明显的相同之点，但实际上，它们所表达出来的意思是完全一致的，同样讲了刚柔，刚其实就是阳。男人嘛，阳刚之气；动也为刚，健也为刚，刚健。柔表示阴，阴柔也是一个词，表示静，还表示顺、柔顺。你看，刚柔与阴阳，动静与健顺，它们都是这么一个关系。

上课益卦、损卦、乾卦讲的是"与时偕行"，讲到"道"的时候，我们就不难看出这个"道"是指轨道、轨迹。那么，刚柔、阴阳、动静、健顺所表现的也就是"道"。轨迹运行中所表现出来的是德，同时也表现它的一种规律、规则，还表现出来运行时的一种情形、情状。这不就是"天下万物之情可见矣"、"承天而时行"吗？德为用，道为体，这就是卦象中反映出来的东西。

"承天而时行"是这三卦的总纲，而这个总纲又必须顺承"乾道"，顺承"天道"，与"天道"偕行，与时间偕行。所以说，这一句又把"益"、"损"、"恒"、"咸"四卦都归纳到了"乾"、"坤"二卦之中，合为"与天地准"、"与时偕行"。

所以，《系辞传》说："动静有常，刚柔断矣。"它能用刚柔去断动静。"是故刚柔相摩，八卦相荡。""刚柔者，昼夜之象也。""刚柔相推，变化其中矣。""刚柔者，立本者也。"这些都是《系辞传》里面的，这些辞都通俗易懂，我就不一一解释了，你们自己去读吧。

2　男耕女织

　　下面，我们还是回到恒卦、咸卦、坤卦的本身上来，看看刚和柔在这三卦中间有什么表现。先看恒卦，"刚上而柔下"，上卦表现一种刚健，下卦表现一种柔顺。我们还是用内卦与外卦的方式来说吧！刚上柔下就变成了外刚而内柔，那么外刚而内柔又表现了什么呢？因为恒卦与咸卦都是讲家庭的，讲家庭夫妇之间的事，咸卦是讲少男与少女，而恒卦是讲长男与长女。咸卦里的少男在内迎娶少女，这是少女初嫁时。

咸

　　恒卦时就变成长男、长女了，从青年变成了中年了。外刚而内柔，就是讲男人在外显示一种刚健，女人在家显示一种柔顺。男主外，女主内，这是一种合理而正常的家庭结构，所以就恒久，这样的夫妻关系也恒久。他们从少男少女时的一见钟情（咸，感应的意思），到现在的男耕女织，和睦相处。男主外表现刚健和勤劳，女主内表现柔顺和俭朴，就像黄梅戏《天仙配》中唱的那样："你耕田来我织布，你挑水来我浇园。"一种使人向往、羡慕的男耕女织的、温馨和谐的家庭生活模式。这是恒卦表现的意思。

3　心灵感应

　　我们再看看咸卦，咸卦是"柔上而刚下"，就是外柔而内刚。这一卦讲"取女吉"，咸卦的外卦是少女，内卦是少男，正好表现少男在家里等候迎娶少女。到了恒卦就反过来了，是外刚而内柔，这正好是一个在家里持家，一个在外劳作的合理的搭档，这就说明了中国传统的一种家庭关系。后面有一个家人卦，家人卦也表现了这么一种家庭关系。这里就不多讲，后面还要讲到。

《易经》里面的卦的组合是非常合理的，咸卦与恒卦的组合也是合理的。咸卦表现的是柔顺的少女从外面嫁娶过来，刚健的少男在家里等着。咸字的下面加一心字就是感，即感应，两个人是心心相印的。那又为什么不用心字呢？就是说，这不是人为的，是天地感应，实际上是把这少男、少女作一个比喻而已，作一个象征而已，真正所说明的意思是天、地、人之间，天、地、万物之间的一种感应。这种感应不是有意识地产生的，而是他们之间本来就有的，这种感应是信息的传递。在农村可以看到孵鸡，一二十个鸡蛋，老母鸡伏在上面，主人天天数着日期，哪一天小鸡可以出壳，这是不是一种感应？老母鸡它也有一种感应，它知道什么时候小鸡会出壳的。这种感应不是用心去感应的，不是心里高兴怎样就怎样，而是自然规律。

所以，古人把感字的这个心字除掉为咸，说明这不是有为法，而是无为法。是不是这样？我们的祖先用字准确得很，其中的用意，如果不去琢磨，那我们就会与其中微妙的含义擦肩而过。就像咸字，为什么不直接用感字呢？可能会有人回答：过去的感字就是咸字。但我想它真正的用意应该是上面所讲的那层意思。

4 天地万物之情

《坤卦·文言》曰："坤至柔，而动也刚。"

至柔就是极柔，大动为静，极柔为风。大地的法则是极柔的，为什么这样讲呢？因为大地是绕太阳转的，而且经过太阳的光照和雨露的滋润就会生长万物，而且万事万物都是大地载着，这不是一种至柔吗？它将江河湖海那么多水都载着，还有那么多山川、大树、动物，它都很柔顺地载着，万事万物它都能包容，这就是至柔。坤至柔而动也刚，它动起来也是很刚健的，如果没有它的运行，地球上的万物也无法生存。实际上它的柔在运行中又表现为一种刚，就是柔中有刚。

上面讲的是恒、咸、坤三卦中的刚与柔，其表现各异。刚与柔在三卦中间尽管表现不一样，但是它们的规律是一样的，它们的规律没有离开天道，没有离开"天行健"这条规律。各有各的时空，这个是它们共有的。无论是男女之间的一个家庭也好，是君君臣臣也好，是父父子子也好，还是太阳、地球也好，它们的时间与空间是共有的，是共享的。你们能不能体会到这一点？这里面就讲了一个共性、一种规律。

《序卦传》中说的：天地初分就有了万物，有了万物就有了男女，有了男女就有了夫妻，有了夫妻就有了父子，有了父子就有了君臣，有了君臣就有了社会。这样的一个排序，从先有自然，再有家庭与人生，而后有社会。这是一个由人伦组合而成的大行列。

我们刚才谈到刚柔，我们再谈谈"天地万物之情"。这情是什么意思呢？恒卦里面讲道：有恒就必有成，所以亨通，不会有灾难。不过必须以坚持纯贞为前提。也就是讲，必须坚持正道，像天地一样纯正，所以就会恒久。就像日月依自然法则而能长久普照万物；四季依循自然法则而能变化永久，生成万物；圣人能坚持正道，所以才能教化天下。这是"易"中讲的恒久。我们只要观察这些就可以发现"天地万物之情"了。

在咸卦里面，是从感应中发现万物的真情的，是讲少男、少女能够互相感应，一见钟情，最后结成夫妻。天与地相互感应就变化生成万物，圣人以至诚感应万民因而天下太平。我们只要观察这感应的法则，就能体验到天地万物之情。这也就是恒与咸的相通之处。

这里不多讲，其中有不懂的地方可以细细地体会一下，再将它们与为道相联系一下，我想你们的印象会更深的，会得到更多的新启迪。

第二十五讲　为道与生活

——晋——明夷——家人

1　水火相济

昨天我们讲了六卦，今天我们再讲六卦，还分成两课来讲。今天讲的六卦如下。

这六卦之间有什么联系呢？首先纵向来看，"晋"与"升"本身就是一个词，就是"晋升"。晋升也可以说成前进的进，它们都有"进"的意思。它们还有一个

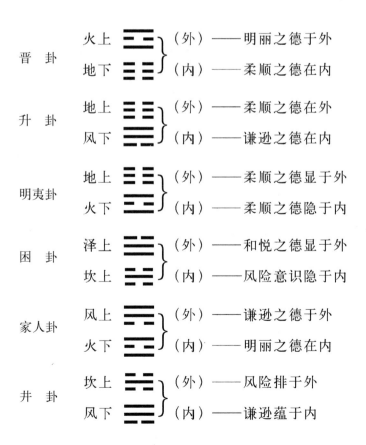

晋卦	火上	（外）——明丽之德于外
	地下	（内）——柔顺之德在内
升卦	地上	（外）——柔顺之德在外
	风下	（内）——谦逊之德在内
明夷卦	地上	（外）——柔顺之德显于外
	火下	（内）——柔顺之德隐于内
困卦	泽上	（外）——和悦之德显于外
	坎上	（内）——风险意识隐于内
家人卦	风上	（外）——谦逊之德于外
	火下	（内）——明丽之德在内
井卦	坎上	（外）——风险排于外
	风下	（内）——谦逊蕴于内

共同点，就是这两个卦都有一个坤卦，晋卦的坤卦在内卦，升卦的坤卦在外卦，坤卦的卦德为顺，"顺"德就是它们之间的内在联系。

我们再来看一下第二系列：明夷卦与困卦。明夷卦，上面是地，下面是火，火代表太阳，也就是太阳已经下山了，已经沉入了地平线以下了，转入了黑夜；困卦正好也是说明在黑夜里面有很多的困惑。你们看它们之间有什么联系呢？不难看出明夷卦中有离卦，困卦中有坎卦，也就是水与火。水火既济，火水未济。

再看第三个系列：家人卦与井卦。家人是以家庭为单位，那井卦是以什么为单位呢？是以村落为单位，因为水井一般都是一个村落的水井，所以它是以村落为单位的，这个我想大家都很容易理解。这里有家庭，有村落，它们之间有什么共同特点呢？家人卦以巽为外卦，井卦以巽卦为内卦，这里巽卦是它们内在的联系，巽卦的卦象为风，卦德为入，为逊下。同时，它们还有一个特点，它们都与鼎卦有联系，你看家人卦，它的错卦是鼎卦，风火家人，火风鼎卦。风火与火风正好错位。按卦序来排，井卦后面是革卦，革卦后面是鼎卦，也就是表示如果要安身立命，必须先革命，只有先革命才能立命。鼎者，立也。这就是先立命后安身的道理。这样一看它们之间都有这些内在的联系。

从这六卦的卦形、卦象、卦德中可以看出，它们横向与纵向都有内在的联系，都有许多的共同点。经过这样一个系列排列，这样的两个组合形成一个大的组合后，又能集中地表现一个什么问题，能够为我们提供哪些信息呢？那么下面分别来分析。

2　日出而作，日入而息

从卦形上我们可以看出，晋卦上面是火，是离卦；下面是坤卦，表示地，象征太阳起山了，太阳从地平线上冉冉升起了，是谓晋。另有一种含义，晋者进也。象辞上讲："明出于地。"就是上面的意思。

我们再看明夷卦，正好与晋卦相反，晋卦是太阳在上，地在下，这就说明早上太阳冉冉升起，到了傍晚又是夕阳西下，留下一片晚霞，渐渐进入了沉沉的黑夜。其实什么卦都离不开乾坤二卦。为什么这么说呢？乾坤不就是天地吗？天地就是日月星辰，日月星辰的运行（地也是星辰之一）都离不开"易与天地准"这句话，这句话就是讲天地运行，讲白天、黑夜，日出、日入。

这里我再说明一下明夷的"夷"字。对明夷的"夷"字的解释，许多人解读《易

日入而息

经》，都把它解释为"伤害"的"伤"，就是说"明"受到了伤害。但我一看象辞、象辞和爻辞，都没找到伤害的字眼，伤的对象是明，是谁伤了明呢？为什么伤了呢？这伤是从何说起？它为什么要伤明呢？这里我找不到任何依据，我觉得这伤仅仅是从夷字的本身解释的。我认为这里"夷"不能当伤害来解释，应该是它的本意：平。或用老子的那一句话：摸它摸不着，命之曰夷。看它看不见，摸它摸不着的"夷"，就是指太阳下山了，太阳光哪里去了？看不见，摸不着了，这就是夷，我认为这才是它的本义。它不是受到伤害，没有受到伤害，如果仅仅用伤害来讲的话，那必须找到一个伤害的主体和客体，如果说日月是客体，"明"是被伤害的对象，那么谁又是伤害"明"的主体呢？找不到，那一直是被"夷"字牵着鼻子走，被文字牵着鼻子走。苏东坡说"月有阴晴圆缺"，似月被阴、晴伤害了，其实月本无圆缺。这里也应这样理解。

我们不能离开"乾"、"坤"二卦，不能离开了《易》的本意，《易》的本意是"与天地准"的，我们始终要围绕这个转，它是讲宇宙，讲自然法则，讲天地之道，我们不能离开这个，离开了这个，讲伤是无源之本，没有依据。当然，这是我个人的理解。我认为将这个"夷"当成地平线来讲，那晋卦指太阳从地平线上冉冉升起，明夷卦又是指太阳沉没于地平线之下，留下一片绚丽的晚霞，再进入黑夜。这就是一个白天、一个黑夜，这正好是《系辞传》里面讲的："刚柔者，昼夜之象也。""通乎昼夜之道而知，故神无方而易无体。"不能离开这个道，否则就离开了《易》的本意。这里我作这么一个说明，仅供大家参考。

3 "家人"方程式

再来看看家人卦，这家人卦与前面二卦没关系呀！怎么从太阳起山，到太阳落山，一下子讲到家人了？古时有这么一句诗："日出而作，日入而息。凿井而饮，耕田而食。"这四句开头就讲，日出就出去做工，日入就回家休息。白天是各干各的活，家里只有女人在；到了晚上都回来了，团聚一起，这不就是家人了吗？这不也正好与前面两卦有联系了吗？这就是家人卦排在晋卦与明夷卦卦后的理由。

家人卦的上卦为巽，这个巽卦有谦逊的一面，还有顺的一面，更有柔的一面。巽卦是长女，下面是离卦为中女，这说明这个家是女人在家里操持家务。长女是主持家务，中女在辅助家务，是不是这个道理？但有人是

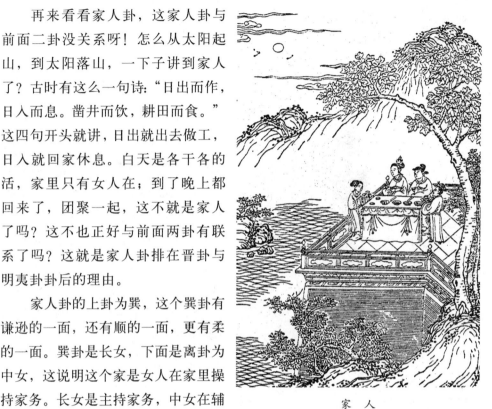

家 人

这样解释的，他讲家人卦中间有矛盾，这长女在外卦，这中女显得要泼辣一点，她想主内当家。我认为这与卦的本身没有什么联系，好像很牵强，我认为这离开了《易》的本身。将一卦独立开来解释是不太准的，必须与前面的卦联系起来，要突出它的柔顺。你看，上、下两卦都是阴卦（八卦中一阴爻二阳爻为阴爻，上卦巽，下卦离，却是一阴带二阳），阴卦是指女人，就是指阴柔。符合当时中国的传统习俗，中国一直到现在都还是这样，是男主外女主内。

家庭有两个特点。第一个特点：家庭离不开女人。这点我认为大家是可以理解的。如果一个人家没有女人，都是大男人，这个家里无论你有几口人，都绝对不像一个家庭。这就讲家庭是离不开女人的，这是第一个特点。

第二个特点：女人是柔顺的。我们看看前面两卦，明夷卦上面有坤卦，晋卦也有坤卦，坤卦的卦德就是柔顺，这是它们相通的地方，家人卦也有柔顺的一面，所以它们三卦都有相通之处。

太阳起山也好，太阳落山也好，都归到了柔顺这个家里。一下都落实到这个点上了，甚至可以用公式表示：

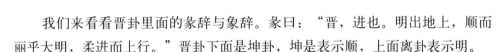

晋卦＋明夷卦＝家人卦

（光明＋柔顺）＋（柔顺＋热情）＝温馨

4　光明依附于柔顺

　　我们来看看晋卦里面的彖辞与象辞。彖曰："晋，进也。明出地上，顺而丽乎大明，柔进而上行。"晋卦下面是坤卦，坤是表示顺，上面离卦表示明。

　　再看看明夷卦的彖辞。彖曰："明入地中，明夷。内文明而外柔顺。"坤有柔顺之相，离卦是象征火的，卦德是附，火是不能独立存在的，它必须附着于一种物体，如柴草、灯芯，或是一种油，或是一种燃气。它必须附着于一种物质，它的火才能燃起。这是依附的特点。

　　查别的书是怎么解释的呢？以研究《易经》七十多年的金景芳先生为代表，

依　附

他是怎么解释呢？他讲："坤附丽于离，以坤之柔顺附丽于离之大明。"也就是讲大地依附于火，以柔依附于明丽。这个我怎么也想不通，我找出台湾出版的一个本子查了一下，那上面也是这么讲的，讲上卦离是依附，下卦坤是柔顺，但他回头又讲"象征万物柔顺地依附伟大的太阳"。我想这应该倒过来，要尊重事实，我们要回到卦的本身，应该是这个"明"依附于柔顺，具体而言是火依附于大地。为什么呢？因地为坤，坤能载万物。那么万物不都是火依附的载体吗？而且火本身也是一种物质，大地也能载它。我认为地不可能依附于火，坤卦怎能依附于离卦呢？这可能讲不通。它们之间虽然没有大小之分，但应有一个主次之分。既然以乾、坤为首卦，也就是以天地为准，所以应该是火依附于地，这是从卦象上讲的。

再从抽象上分析，就是光明依附于柔顺，柔顺是德，如一个人头上有光环，光环是明，也就是讲这个人有德，有大德。他的光环是依附于他的德性上的，如果没有德性，他怎么会有光环？先有德而后有光明，这是一个很明白的道理，不可能他的德性依附于他的光环。再如说一个人有智慧，智慧是明，但它必须依附于他的道德修养才能放射出光明。所以，我认为这里应该将它纠正过来，不能以卦解卦，不能讲到哪一卦就看哪一卦，其他的就不看了，这样不行。我们什么时候都不能忘记"易"这个字，不要忘了"易"的本意，不能忘记乾、坤两卦，不能忘了"易与天地准"这个中心的中心。

可以进一步分析，从中看得比较简单了。我的解释是：火必须依附于柔顺的德，才能大放光明，才能柔进而上行。这是一个条件复句，这前面就是条件，有了前面的条件，才有了后面的结果。那么光明从何而来？"柔进而上行"是怎么来的？都是因为火必须依附于柔顺的德，所以才能"大放光明"，才能"柔进而上行"，这个句子很完整也很简明。

我认为还是爱因斯坦讲的：什么是真理？只要是真理，就说明它的方程式是最美的。

如果这个方程式本身就不美，那根本就不用去推论，不用做实验就知道这不是真理。那么我们认为这种解释对不对，合不合理？我们只需看简易不简易，简明不简明，简明就是美。如果达不到这个简易，绕来绕去，将别人绕糊涂了，那它就不是美。不简明就不符合易的本身，我们解释易就必须语言简明，说理简易，让人一看就一目了然。一看上面那个条件复句，有条件有结果，就一目了然。为什么会大放光明？就是顺而丽乎的大明，大明就是大放光明，"柔进而上行"就不用解释了。

这个实际上是二重复句，第一重是火必须依附于柔顺的德。后面有两个结论，一个是"才能大放光明"，二是"才能柔进而上行"，两个"才能"就是第二重复句，两个"才能"中间是并列的。这里为什么要讲语法呢？就是为了讲明简易。

上面解释了"坤之德顺，离之德明而丽，坤附丽于离，以坤之柔附丽于离之大明"，这句话听清了吗？我认为绕了半天，大家可能还是不清楚，不简易，因太拘泥于文字了。我们不需拘泥于文字。应怎么样去理解？我不能讲我的理解就完全正确，还是仅供讨论吧。

5 积善之家有余庆

和善之家

这里讲的三卦，是讲到柔顺才讲到它们。晋卦与明夷卦的共同点就是柔顺。下面我们再来讲一下家人卦。

刚才我们讲了家人卦的特点，就是一个家庭必须要有女人，没有女人的家庭并非完整的家庭。家庭还有一个特点，必须有锅有灶。没有锅灶那这个家庭就是一个公共场所，或只是几间房子。所以成其为家，必须有厨房有锅。以这个锅我们可以联系到后面的鼎卦。

鼎使我们一下子想到我国古代，周朝的朝堂上有九个大鼎，都是铜铸的，鼎上铸有朝纲，为铭文。但实际上这个鼎开始的作用是一口大锅，下面架着三个脚，可以在底下生火。这个锅不是家庭中的锅，而是公共场所中的，或军队作战，或祭祀时用的大锅。周文王排卦之时为什么将家人卦与鼎卦互为错卦呢？我们可以看出他的用心是非常的妙，这就不是讲一个小家庭了，而是以家庭为单位作为例子来讲社会，讲大家庭。

如果直接讲社会，那太复杂了，讲不清楚，所以就先从家庭讲起，明白了家庭也就可以明白国家。修身为了齐家，齐家为了治国，治国而平天下。这是《大学》里的一句话，说明了这个道理。

家人卦里面是讲伦理的，男主外女主内，说明这是一个很合理的家庭，说明当时的伦理：君君臣臣、父父子子、夫夫妻妻是分得很清楚的。然后联系到鼎卦，那就不仅是讲一个小家，而是千家万户连起来这么一个大的社会。要以伦理治家，要以伦理治社会，要以伦理治国，要以伦理平天下。一个社会连伦理都乱了，那子可弑父，臣可弑君，子女可以不赡养父母，那别的关系就更乱了。当然，现代社会与古代社会都有这样反常的现象，不过那只是极少数，因为有人不懂伦理。如果懂得伦理，是不会出现这种反常现象的。

6 风火家人

家有"严君"

家人卦的彖辞曰:"女正位乎内,男正位乎外,男女正,天地之大义也。家人有严君焉。"这里的"严君"就是指很严格的当家人。"家有千口,主事一人。"家有家长,国有国君。当然,无论你是家长也好,国君也好,你依什么治家?依什么治国?必须依据伦理。所以孔子一再要"克己复礼",他要复的礼是伦理。这个国家谁当官,谁当民,这实际也是一个社会伦理、社会化分工。

如一国的总理,必须是有雄才大略的人才能担当,让这种人去做平民百姓,那不是浪费人才吗?让一个胸无大志只懂得一己之私的人去当总理,不就乱了吗?这里有"家有千口,主事一人"。这个人在家庭里为严君,在国家是国君。实际这里的"人"又是仁义的"仁",这个"仁"应指家道,治国之大道,也是指天地之道。这里也许讲得泛了一点,讲得抽象了一点,但实际上是这么回事。

《菜根谭》云:"家庭有个真佛,日用有种真道,人能诚心和气,愉色婉言,使父母兄弟间形骸两释,意气交流,胜于调息观心万倍矣。"这里的佛与道都是象征性的。这实际上就是讲家庭必须要有伦理,有一个严君来主持正义,主持公道。这里讲家庭有一真佛,有人解释为你到寺庙拜佛就不如在家里孝敬父母,父母也就是家庭的真佛。这种解释也行。我们解释就必须从卦上来解,这个"佛"就是严君,这个"道"就是伦理。在日常生活中、家务事中都要依据这个伦理,相互之间都诚心、和气、愉色,说话很婉转,出和雅音,使大家都很和睦,不分彼此,在意气中间交流就会无言胜有言,就胜于调息观心万倍。

《菜根谭》里还有这么一句话:"天地不可一日无和气,人心不可一日无喜神。"为什么天上每天都出太阳,为什么天天围绕太阳转?这就是使天地之间天天有和气,人也天天有欢乐,不要自寻烦恼。这个家庭的气氛应该就是要和,要喜,要乐,要意气交流,不然怎么显示巽卦的谦逊呢?卦中的巽为风,风代表气,这里讲的是一种和气。火就是火热,相互之间有热情。如果是谁也不与谁讲话,冷冰冰的,这就不是温暖的家庭。这个"火"就表示家庭的温暖,一种温馨。只有和气,意气交流,才符合这个卦提供给我们的信息。

何为大善

这个卦就讲得明明白白,只有这样才能成为真正的一家子。我认为有些东西是死的,但我们的思想是活的,我们看卦不能见文字只是文字,见卦只是卦,前卦是前卦,后卦是后卦,那样就不行,我们必须全面地去看。我们应像这一家人一样,父子、姐姐、妹妹、兄弟、夫妻都是和和美美的,大家都互相谦逊,满腔热情，显示出这个家的温暖，这样的一个家庭自然是"君子以自强不息"，自然是"厚德载物"，自然是"吉庆之家"，自然有余庆。坤卦里有"积善之家必有余庆"，这样的家庭肯定是积善之家。这善是什么？是大善。何为大善？善"与天地准"。人道与天道同行当为大善。

　　这样一看，我们就更加佩服周文王了，他真的可称为圣人，是一个很了不起的人物。如果周文王将这卦序不这么排的话，那就不会告诉我们这些道理。这里所显示的就是古圣人的智慧，智慧是一种光明，一直照耀到现在，还要照耀到光明的未来。希望这种智慧之光能照亮我们每个人的心田，温暖我们每一个家庭。你们触摸到这种智慧了吗？你们的微笑就是最好的答案。

老子为道

218

第二十六讲　为道中解"困"

1　晋升的阶梯

升卦，升是晋升的升，这是一个吉祥词，一步步晋升是多么惬意的事呀！又有谁不想晋升呢？作学问的人也想晋升，从小学到中学，到大学，再升为硕士、博士，还有连拿几个博士学位，还要当院士，甚至几个院的院士，所以谁不想晋升呢？经营的人也想晋升，一开始做创业老板，从做小老板到大老板。上次不也讲了吗？创业老板是既当老板又当伙计；小老板既当老大又当老二；准老板是一手大把捞钱，一手大把地投资；明星老板是上管项目策划，下管项目的运作；还有那种"贵而无位"的老板，到了这个层次就是"全年的工作只有几句话，公司上下管一人"，他就是这么轻松。这就是一种老板晋升的阶梯。

我们看升卦的卦形，它的内卦是巽卦，为风；外卦是坤卦，为地，名"地风升"。坤与巽都是指顺，都有柔顺之意，坤卦是指母亲，巽卦是指长女，母亲与长女都是很柔顺的。柔顺就会晋升，什么事都会顺利，是不是这么回事呢？这里升怎么是长女呢？有的人会想只有儿子才会上大学，现在时代变了，可是古代不是这样。周文王时的观念是重男轻女，我想，伏羲作

升　迁

219

六十四卦时就有了升卦，那时当处母系社会时期，当然不是那时女人可以上大学，但伏羲氏他们认为升还是以女人为主，不管谁升其中少不了女人的功劳。为什么呢？因为女人的教育最重要，无论是什么名人、伟人、圣人，他的启蒙教育者就是他的母亲，就是女人，女人是天下第一启蒙老师，这话一点不假。其实从胎儿、婴儿、幼儿时期，母亲就开始了教育。女人是人类第一师，多伟大呀！所以要升是离不开女人的。这里可能有人认为是我瞎说，其实就是这么一回事。

还要以谁为师呢？还要以柔顺为师。如果一个母亲是很泼辣、很霸道的，那她就不是一个好老师，那样也不行。为什么不以父亲为师呢？就是因为母亲柔顺，慈母就是柔顺的。如果你柔顺，就能承载万物，就能厚德载物，就能滋养万物，就能去治理天下。我们继续往下看。

2 大人吉，小人困

困卦。有人会问，怎么刚刚升了，就被困了呢？大人物也难做呀！想高升就必须接受被困的考验。无论你的学业升到哪种程度，你也会遇到困惑，遇到困难。学无止境，困惑和困难也会接踵而至，纷至沓来。以前有人就这么比喻：你已知的越多，说明你的知识圈子越大，但圈子外面都是未知的。你已知的圈子越大，那么你接触未知的范围也就越大。

有人讲，我刚刚入门的时候，自我感觉还不错，似乎一下子知道得很多，就很满足了。但一旦再深入，再深入，那就没边了，就会认为自己懂得太少了，好像还是小学生。这就说明有新的困惑。还有官当大了，风险也就大了，担子也重了。有的人发财了，财发得太大了，那困惑也就大了，孩子一个人出门都不放心，害怕有人绑票，当然还有事业上新的困惑。

困卦上面是泽，下面是水。泽是指江、河、湖、海，那水在泽的下面就说明水干了，水干了肯定也是困了。这是从卦象上来看的。

我们再看卦德，它的外卦是兑卦，兑卦的卦德是悦，喜悦，一种乐观的心态；它的内卦是坎卦，坎卦的卦德是险，风险。从内、外卦的卦德分析一下卦辞。卦辞说："亨，贞，大人吉，无咎。"这里的"亨"就是通，为什么叫亨而不叫通呢？古代原始人天天出去游猎、捕捞，经常会碰上一个个大石头挡住去路，那时不像现在这样交通方便，到处都没路。那时人也少，走的人也少，他们遇到大石头，就大伙一起去推，并且一起喊号子，一起发力，一起喊："哼唷，哼唷"，这样一哼就通了。"亨"就是这样来的。当然这样的解释可能过于想象了点，但我想这样的想象也是有一定的道理。

亨就是通，亨通，人人都喜欢官运亨通，财运亨通。有人讲，如果你要考试，或要去干某件大事，或者竞选什么职务之前，占上一卦，占的是困卦，那时你肯定发懵了：怎么会是困卦呢？这不好，不是好卦。你先别急，看后面，还有判词呢。这判词是"贞，大人吉"。哎，我是大人，又不是小孩。不对，这大人不是指大人、小孩，也不是讲当官的大人物，也不是有钱的大款。这个大人是指有志向，有毅力，有目标，有宏伟的理想，意志品质高的人，这种人才是"大人"。这不是按贫穷贵贱来分。困卦是大人

困惑

吉，有人一看又迷惑了：心想，我算是大人还是算小人呢？那我们下面就来分析一下。

困卦，困住了小人，大人得吉祥。那困住的是哪一种人呢？又是哪种人困不住呢？我们来看卦，卦告诉我们，不要去问卦师，不要去占卜，卦本身就告诉我们了。那困的人是怎么被困的呢？这里有条件，第一个内卦坎，坎卦象征水，水下陷，陷而有险。就是我们内心有风险意识，对于自己的处境、自己的事业以及学业和一些想干的事，心里明白其有一定的风险，心里已做好了准备。这是第一个条件。

第二个条件是，困卦的外卦是兑，兑卦象征泽，泽润而万物生长，万物生长而生喜悦。它的卦德是悦，喜悦、乐观，这就是讲外表还很乐观。

风险意识和乐观态度这两个条件结合起来就是"大人"，这样的大人是不会被困的。因为他内心有风险意识，有了思想准备，什么样的困难都能对付，都预计到了，就是有"明知山有虎，偏向虎山行"这种勇气。同时，外表还看不出他有沮丧，看不出有担忧，反而很乐观，很轻松，很潇洒，遇上困难眉头

都不皱一下，有一种永不言败的精神。像这样的人困不住，这才是"大人"。

哪种人是"小人"呢？哪种人会被困住了呢？一种是内心既没有风险意识，稀里糊涂，外表又乐观不起来，总是一副愁眉苦脸的样子，很是沮丧，萎靡不振。这种人是肯定会被困住的。

第二种是内心有风险意识，明白风险有多大，有哪些风险，但对所做的事畏首畏尾，不敢举步，被困难吓倒了。这种人的风险意识与"大人"迎难而上的风险意识是相反的。而且这种人的外表也被风险吓得乐观不起来了，一种沮丧的心态，一种萎靡不振的样子。这种人肯定被困住了，因为他畏葸不前，举步维艰，一开始就被困住了。

还有第三种被困的人。这种人外表乐哈哈的，非常乐观，沉溺于吃喝玩乐之中，只要有钱花就行，没钱花去借钱花。这种人不知道这样下去的结果会如何，内心里毫无风险意识，不知道前面有风险在等着，即使有人提醒他也满不在乎。这种人总有一天会被困住的。

困卦，虽在卦辞里面讲不困人，讲亨通，讲无咎，但实际上困人哪！困的就是上面讲的那三种人。它对"大人"的困不是困，是对他们的磨炼，是考验，是"天将降大任于斯人也，必先苦其心志，劳其筋骨，饿其体肤，空乏其身，行拂乱其所为，所以动心忍性，增益其所不能"。大家想一想，是不是这么一回事？

有人被困住了，还找不出原因，认为是别人的运气好，只在"大人"的外表找原因，如他家祖坟好啊，门向开得好啊，他的机遇好啊，他家有关系呀，等等。认为自己条件不好，运气不好，是人好命不乖呀！种种的外在原因都来了，实际上怪来怪去怪什么呢？只能怪他不懂易理，不懂人生的道理。他要是懂得这些道理，他懂得易理，懂得困卦不困"大人"，学习"大人"也能成功，不也能走出困境了吗？不也能走进辉煌，成为"大人"了吗？

你们看这困卦是不是很有意思，困是在水火中闯荡，这是不是很困难？而且与上面的明夷卦对照来看，是在黑夜，在水火里面闯荡呀！古代的黑夜，多么恐怖呀，不像现在的黑夜，到处都是灯火通明！古时的夜晚野兽多，晚上一两个人是不敢出门的。

其实困难并不可怕，怕的是你没有信心，没有勇气，没有魄力。困难也怕一种人，它怕的是"大人"，但困也欺负一种人，就是欺负"小人"。

3 学习"井德"

我们再来看看井卦，为什么要将井卦提出来讲呢？古希腊有一位哲学家讲："真理在水井的底部。"

这是不是很奇怪，这水井的底部有真理？那么我们找真理就容易了，只要到井底去找了，不用到别处去苦苦探索了。不过，井卦确实也告诉了我们许多道理，那它的真理是什么呢？能捡得起来吗？那我们就来看看。

井卦的上面是坎卦，下面是巽卦，名"水风井"。刚才讲到家人卦的时候就讲了，"家人"是以家庭为单位，井是以村落为单位，它描写的是一个村落的事。那么，我们这里就讲讲为什么这里要用井卦。

困卦中的大人没被困住，他走了出来，那么大人在困难中走出来了就行了吗？就大功告成了吗？就可高枕无忧了吗？就可永世辉煌了吗？就可一步登天了吗？没有，还早着呢。万里长征才走完第一步呀！我们党和军队走了二万五千里长征才逐渐迎来新中国的成立，到现在成为一个世界大国，现在还在提倡艰苦奋斗，所以讲走出困境后还要修德呀！是的，你闯过来了，但要不要德呢？肯定要。当初那种勇气、那种魄力是一种德，但还要具备井德。那井德是什么呢？下面我讲一讲井德。

"井"有三德，第一德：无论天上下多大的雨，无论下多长时间，江水容易暴涨，湖水容易横溢，河水容易暴泻，池水就更不必说了，唯独海水不满，唯独井水不满。这井水竟然有与海水同样大的容量，一大一小竟然是相通的。当然从表面上讲有人会说：那是因为井台高呀，井口小啊，当然这也是一个原因，但主要的原因还是因为井水与地下水位相通。既然与地下水相通，再多的水它也容得下。这就是它永不自满的德性，这是"真理"。

我们再看看第二德：人们天天从井里汲水，无论有多少人，也无论是什么人，大家天天去汲水，井会枯竭吗？它是永不枯竭的，真是汲之不尽，用之不竭。这也是因为它与地下水位相通的原因。这也是它的一德，它无私奉献，不分亲疏，不分贵贱，不分贫富，在它眼中真正是人人平等，谁来了它都给予，而且都会使你满意。这就是第二德。

第三德：井水最清亮，最甘甜，没有污染，给人以纯净的水，冬暖夏凉。这仍然是因为它与地下水源相通的原因。这也是井的一德。

上面所讲的就是井的三德。君子得了这三德，那就是永不自满，无私奉献，纯正、清明和柔顺。这就是井的三德。它所包含的内容是非常丰富的，这里只是简单地说一下这三德，也是我们常见的，看得见摸得着的。学佛之人经常诵《阿

井　德

弥陀经》,《阿弥陀经》上有这么一句话:"白鹤,孔雀,鹦鹉,舍利,迦陵频伽,共命之鸟。是诸众鸟,昼夜六时,出和雅音。其音演畅,五根、五力、七菩提分、八圣道分……皆是阿弥陀佛。欲令法音宣流,变化所作。"

法音宣流不就是宣扬佛法吗?佛法不就是自然法则吗?有人会问:"鸟能讲自然法则吗?"释迦牟尼佛是不是在骗我们呢?没有,释迦牟尼佛不是在骗我们。释迦牟尼佛是用最好的教育方式来教育我们,用伟大的教育方式来教育我们哪。你看井都在教育人哪!它教人要修三德呢。鸟能唱歌,它也能告诉我们很多德呀!《易经》小过卦中说:"飞鸟遗之音。"形容"小过"的程度,以飞鸟飞过,遗音在耳。这里有一物理现象:光速比音速快,所以人们感觉中,是形色在前,声音在后。仔细想一想,鸟告诉我们的自然法则是什么,我们就会想到佛陀的伟大,佛陀他没有骗我们哪!在大自然中,一草一木、一花一鸟,都在给我们启示,给我们提供信息,给我们宣讲自然法则,只是我们不明白,不去琢磨,不去观察,不去体悟罢了。我们只要去体悟,那么处处都是学问,处处都有老师,处处都是法音宣流。难道只有西方极乐世界才有法音宣流吗?其实西方极乐世界就是大自然,大自然中的万事万物都在法音宣流,只是我们不明白呀!是迷呀,不悟呀!当年佛陀在菩提树下悟道,他是到西方极乐世界悟道的吗?不,他是在我们所处的这个世界悟道的呀!他是坐在菩提树下悟道的呀!我们中国禅宗六祖慧能大师他是怎么悟道的呢?他不也是在打柴中悟道的吗?他天天打柴得到了山水灵气,再听他人诵《金刚经》中的"应无所住而生其心",他就悟了。如果他没有得到大自然的灵气,他怎么听这么一句经文就能有所悟呢?是不是这样?

有位大学教授曾经与我说过这样一句话,他说:"现在我们的大学都办在这么一个喧闹的城市中,如果我们能组织学生到大自然中去领略一下大自然,那就可以得到很多的灵气。"我国宋代,庐山的五老峰山谷中就办了一个白鹿洞书院，与岳麓书院齐名，朱熹在那里亲自讲学任教。明代的王阳明也在那里讲过学，培养了许多人才。为什么将书院办在山上呢？就是为了得到山水之灵气呀！有人曾经说过：天不生无灵性之人，地不长无灵性之草，人独得天地之灵气。

所以，我们讲井德，它是昭示于人的，以自然本体的东西昭示于人。我们再回到卦上，作卦的圣贤可不是凭空想象的，不是凭空虚造的，他是根据自然来的，那可是"易与天地准"啊，是按自然法则演习的。

有人讲，八卦是占卜的，是迷信的东西，那就错了，太冤枉了，作易的人听到这句话当作何感想呢？是多么的难过呀！他会几天都吃不下饭的呀！

4 先立命，后安身

我们来看看，井卦后面是什么卦呢？井卦的后面是革卦，革卦后面再到鼎卦。鼎是鼎立，这就是讲人安身立命，是先立命后安身。要立命必须先革命，你从困卦中走出来再修井德，一面修养井德，一面革自己的命，将以前的那些坏的习气、不好的东西改掉或换位成德，这个换位不就是革命吗？只有革了命，然后才能立命，就是鼎立。立了命就能安身，安身不就是有"家人"了吗？看，一目了然。立命立到何处，安身安到何处呢？我们将这六卦联起来说。

晋卦与升卦是讲人生的进步，一步一步地晋升。到了明夷卦与困卦时，就是到了黑夜之后的一种困惑中，就有许多人被困住了。有志向，有目标，有理想，敢与风险挑战的人，从困难中走出来了，从黑夜中走出来了，从困惑中走出来了。在这种情况下，再修了井德，又学了"家人"的伦理。这样有了井德又有了伦理这两件法宝，现在我们就明白立命应该立在井德和伦理上，安身安在"家人"上。

立 命

这里讲以伦理与井德立命，其实伦理与井德是一回事，是什么呢？那就是天道，就是天德，也就是讲我们立命是立在天道中，立在人道中。那安身安在何处呢？安身是安在家中的吧，有家不就很温馨了吗？这样的理解也对，但是狭隘了点吧。当时做《易》的圣人们，并没有想到自己立家，而是想到以天下为家，以天下为公。是不是这样？这个家只是作一个比喻，这个家应是一个什么样的家呢？从一个小家庭来讲，就是一个讲伦理、讲和气、讲喜乐、讲温馨的这么一个家庭。那么大的家庭是什么呢？是一个村落，一个由许多村落组成的大的社会，这个社会应该是讲伦理道德规范的，就是讲公益。如环保就是一种公益，资助希望工程也是公益，一方有难八方支援也是公益，自觉维护公共卫生也是公益，但这些公益必须有一个公益的环境。那么《易》中哪一卦讲公益呢？

大家想一想，我想大家已经想到了，那就是井卦。一个村落就这么一口井，而这口井，不分东家、西家，不分贫家、富家，全不分别，不论是谁，它都提供清甜的井水，这不是公益的吗？这不就是一个很好的公益环境吗？这水是没有污染的，这不也是公益了吗？这个家，这个社会有这么两大好处，一个是有伦理道德规范大家的行为，而且有这么一个公益的环境，利益共享的环境，这个社会就是一个多好的社会呀！要是安身于这么一个家多好呀！有多安全呀。所以说这不是小家，而是大家。

如果人人都仅仅是想安身于一个小家庭，那么即使吃得再好，穿得再好，房子住得再好，房子装修得再好，社会却不安定，有外来的侵略，房外垃圾成堆，白色塑料袋满天飞，那人在家里能住得安吗？那个美丽的家还能美丽长久吗？赶紧逃难去吧！这就说明有了小家要顾大家呀！有了自身利益，还要兼顾公共利益呀！是不是这么回事？我在这里不是讲大道理，我讲的是不是实事？我想还是大家评价评价好。我认为我不是讲空话，我是模仿古代人讲现代语，当然，我这个"古人的话"还没说完全，还没学好，还是牙牙学语呢！只是舔古人的口痰而已！

老子为道，这是一个大的题目。本次讲座大的框架是"为学日益，为道日损，无为而无不为"。这里有人会问，你讲的这六卦与这个大题目，与整个这么大的框架沾边吗？我要肯定地回答："沾边，而且不只沾一点边。"

我认为安身立命，在这么一个有伦理道德规范、有公共利益环境的大家中间，难道说这不是一个理想的境界吗？不就是我们的"理想国"吗？不就是我们向往的"桃花源"吗？难道说你求学、治学，想创大业，你就没有这么一种追求吗？你只想自身发点财、捞一点权，那么你也太狭隘了吧！我认为真正的求学者，真正的治学者，真正的创大业的人，应该有这个理想境界，应该这样安身立命。把这作为终生的梦想，作为人生的追求和崇高的志向。

理想的实现，不正是"为道"的展现吗？不就是人格的升华吗？你的事业成功了，智慧就依附于你的事业，依附于你的公德而大放光明，放出智慧之光。是不是这样？好，大家认可了，我也自在了，都可以回到各自温馨的家了。

第二十六讲 为道中解「困」

第二十七讲　为道与自然

——易——禅——自然

1　易与天地准

什么是"卜"

今天讲"易·禅·自然"，也就是第27课，最后一课。易，那当然是指《易经》；禅，你们也知道，是佛教里面的禅宗，这里不仅仅是讲禅宗，而是讲禅的文化；自然，当然我这里不是当一门学术、一门科学来讲，是联系着易和禅来说。易源于自然，禅也源于自然。前26课，实际上也是围绕着易、禅、自然讲的。如果老子所说的"道"是自然的本体，那么，易与禅又归于"道"。所以今天，也可以说是一个小结吧。

下面分头来说，先讲易。我想讲这么几个问题：第一个问题，我们所讲的周易，并非迷信占卜的书；第二个，讲讲易的天道思维；第三个，讲讲易的日常运用，为道就是要运用啊；第四个，讲讲如何来读易；第五个，我们来联系总题目——"为道"讲讲这个易。

我们先讲讲第一个，《易经》并非是迷信、占卜的书。对于《周易》，有许多人，甚至有些专门研究《易经》的人，特别是有一些对《易经》一知半解的人，人云亦云的，妄下定义，妄下断语，说《易经》是占卜的书。这句话是有失偏颇的，为什么呢？当然，《易经》有它占卜这么一种功用，有人把它拿去占卜，但实际上它的主体、它的主要功能不是这样。我们怎么来看这个问题呢？我看应该由历史来说话。这里引用一些大家公认的、历史公认的经典。《周礼·春官太卜》这么说：太卜掌三易之法，专门指掌握易卜的人。古有三易：一曰《连山》，二曰《归藏》，三曰《周易》。这个太卜，是指这个占卜的卜师。如果按照当今的说法，是一种咨询的形式。现在有军事顾问呀，有经济顾问呀，有政治顾问呀，有外交顾问啊；有专门研究外国政策的，有专门研究欧盟的，有专门研究俄罗斯的。这些研究者就是"太卜"。把这些东西研究出来还要观察，有专人去观察天象，把一年的气候气象还有各种变化，提供给执政者作参考。他们的工作就是这个"卜"，那么这个"卜"是什么意思呢？你看卜的原义。前面已经讲过，这个"卜"中的竖是一个标杆，这个标杆就是用来测日影的，也就是测时间，测方位。右边这一点就是这个标杆所投下的影子。然后有专人天天在那里记录，记时间、记方位等。这就可以看出来，这个卜并不是我们现在用几个铜钱往桌子上一扔，占一卦，其实这完全就是两种概念。你们都误解了，这个太卜实际上就是政策顾问、技术顾问、天文顾问。

我们可以用《史记》里面一句话来证明。《史记》中有这么一句话，占卜啊，它实际上是这个国王闲而无事时占的，不是国家主要大事，是一般的事，占得好玩，是游戏而已。真正的大事他不是这样做的。所以说不能有误解。

"三坟"与"三易"

刚才讲到三易，在《左传》里面有一个记载，它说"三易"呢是指"三坟"，坟墓的坟。楚国的左史能读《三坟》、《五典》、《八索》、《九丘》。

那么孔安国在《尚书·序》里说："伏羲、神农、皇帝之书，谓之《三坟》，言大道也。"它是讲大道理的。

"少昊、颛顼、高辛、唐、虞之书，谓之《五典》，言常道也。"也就是说，它这是讲日常的事。郑玄在《周礼·外史》注里说，"三皇五帝之书"即"《三坟》、《五典》"。

我们现在能够看到的只有《三坟》。这"三坟"是哪三坟呢？分三部分：一是天皇伏羲氏的《山坟》，二是人皇神农氏的《气坟》，三是地皇轩辕氏（即黄帝）的《形坟》。

伏羲氏的《山坟》被夏代继承发展为《连山易》，以艮卦为首，艮为山；神农氏的《气坟》被商代继承发展为《归藏易》，以坤卦为首，坤为地，为藏（载万物）；轩辕氏的《形坟》被周人继承发展为《周易》，以乾卦为首，以既济、未济为末，表示周而复始。这说明《三坟》的源头是伏羲氏的《山坟》。

所以，《系辞传》里面讲："古者包牺氏之王天下也，仰则观象于天，俯则观法于地，观鸟兽之文与地之宜，近取诸身，远取诸物，于是始作八卦，以通神明之德，以类万物之情。"

《易经》是占卜书吗

讲了这么多，还是没说明《易经》是不是占卜的书啊。有这么一本书，叫《古

易

易新编》，是王赣等几位老同志合著的。这本书有没有权威性呢？我只说明一点，在首届国际易学研究会上，这本书是唯一的一本赠书。当时在会上向每一位与会者发了一本书，就是这本书。这本书有没有权威性？可想而知。而且这几位老同志是非常严谨的。王先生现在已经去世了，但是他给我们留下的著作很有用，我认为是很有参考价值的。这里引用书上一段文字，他讲："《周易》里六十四卦的内容完全不是算卦用的，连一点吉凶、祸福的影子都没有，只是一种朴实、唯物的逻辑思维形式结构。取材全是西北高原上的自然现象，与其说是卦象，倒不如说是西北地区的天文、地理识字课本。但在那些朴实、文静的词句中，却又包含着原始的唯物辩证法和逻辑学，使人在观察理解自然现象时有纲有目，懂得每一事物都有纵横交织的内在联系。至于天、地、日、月、山、川、灵、气，都是用的卦爻符号。"

上面讲到《易经》里面的卦辞、爻辞是西北地区的天文地理识字课本，为什么呢？因为当时的周和周的诸侯国就在西北地区，即现在的陕甘地区。再往西去，就是伏羲的故乡天水，那里有卦台山，有大地湾文化遗址。在那里看不出一点点占卜的影子，他们都是很严谨地去考察，去论证。我们从前几天讲的四课，讲了十二卦，对这十二卦综合来讲，一分析，用卦上的话说，它也不是占卜的。至于有人将它拿去占卜，那是别人的事，与《易经》本身是无关的。就像上次我们举例，一个歹徒用菜刀杀了人，责任不在菜刀。这里我想再说明一个问题。

我们要把握住这个东西的起源点在什么地方，它的源头在什么地方。我们天安门前有两个华表，这个华表的原形是测日影的标杆，这个上次我讲过了，这里就不再作详细说明。这个东西就说明，我们的原始祖先天天与大自然打交道，必须直接地观察大自然，直接地观察气候，观察方位，不像现在我们有这么多观察大自然的设备，有观察气候的仪器，还有测时间的钟表。我们现在根本就不用肉眼来观察，有个手机在手就什么都搞定了。可古人不同呀！他就凭着一个标杆测影子，太阳在天上什么位置，于是立竿，用圭尺来测影子，这实际就是根据日影与月影来测量时间、测量方位，以此来决定他们一天狩猎的方位与他们捕鱼的方向，这是日常生活逼着他们必须这么去做的。这是一个特定历史时期的思维定式，人类思维定式是一个阶段、一个阶段往前推进的，我认为这是有阶段性的。

亚里士多德提出"地心说"，认为太阳是围着地球转的。后来哥白尼又提出了"日心说"，认为地球与其他行星是围绕太阳转的。再后来伽利略也证明哥白尼的"日心说"是对的。这种思维定式一直维持了很长一段时间。亚里士多德的"地心说"也一直持续了一段时间，在那段时间里一直也是按他的"地心说"的思维定式去思维的。这里的"日心说"思维定式一直持续到近代，随着科学发展，才发现哥白尼的"日心说"也有它片面的一面。我们现在的思维比他那时又进了一步。这就说明人类的思维定式是一个阶段、一个阶段地向前推进的。

我们的祖先在当时，在很长的一段时间内，甚至是几千年、几万年中，都是围绕日影、月影来判断自然，来决定自己的行动。他们就是在这种思维定式中生存了几千甚至上万年。八卦就是在这种思维定式中产生的，八卦的占卜也是在这种思维定式中产生的。那么，这种占卜与今天那些江湖上的占卜有什么关系呢？

我们首先要认识一点：我们的祖先并没有神化自然，中国古代没有崇拜上帝。他们生活在理性的思维定式里。回过头来看今天，科技高度发达了，用来"占卜"的工具还停留在龟、筮、铜钱上吗？我们怎么能钻进非理性的思维定式里呢？

《易》的思维

下面我接着讲《易》的思维。还是回到原点上，古代人和我们现代人有一点还是相通的，就是认为天大，天在决定我们，天是不可战胜的，天有好多奥秘是无法探索的，深不可测的。现在有人讲人能胜天，那只是说说而已，口号喊得多响也没用，天还是无法去战胜的。如果人真的战胜了天，那么，自人类诞生以来几百万年，人类探索宇宙两千多年，人造卫星上天以来半个多世纪，连太阳系都没出，连小小的月球都没征服……所以说古代人对天的崇拜向往、观察甚至于依赖，是可想而知的。在那样一种生活环境中，在那样的思维定式中，

观　察

他们慢慢地观察到天体运行的轨道，而且与时间同步起来。他们那时的思维不可能像我们现代人这样用语言来表达，用文字来表达。他们知道是怎么回事，就像一个小孩明白了一件事一样，但他明白的东西说不出来，也写不出来。实际上他们观察的东西，也就是一种智慧中的东西，他们当时的智慧是一种非常质朴的东西，对大自然观察与被观察是非常直接的对话。

现在有那么多先进的仪器，还有那么多资料可查，这些东西当然好，但事物有利的一面，也有弊的一面，它的弊的一面就是有它的局限性。局限了什么呢？局限了我们的思维，我们的思维有些依赖于它了，太依赖资料了，资料上没有的大家就不承认，各人查的资料不同，就会是各人认可的观点也不同，所以现在科学界、学术界一直在争论不同的观点。西方有好多的大学者就是因为自我独异的观点献出了自己的生命。不管你正确与否，只要与当权者的观点不一样，他就将你送上绞刑架。这就是人类有了知识后，文明发达的情况下的一种局限性，以及互相的摧残。

我们的原始祖先没有那些辅助的东西，也就没有这种依赖，他们只依赖于自己的眼光与心灵，他们只相信自己。有人认为古代的人没有现代人聪明，那理由是什么？是因为他们连文字都没有吗？这个我想不会是理由，因为这是一个思维定式的发展过程。

曾经有一位作家讲过这样一句话："在西方意大利的文艺复兴时期，大家对音乐非常感兴趣，好多人家对孩子的培养都注重音乐上的培养，那样就很容易造就杰出的音乐人才，甚至音乐家。如果按现在这样的培养方式来培养音乐人才，一年要培养好几打音乐人才。但现在有几个贝多芬呢？有几个音乐家呢？"

这个问题出在何处呢？就是因为每个人都认为自己认识几个字，还有这么多书，这样我们就应该聪明，就应该有智慧。这是错误的，这个不能代表智慧，现代的科学仪器不能代表智慧，那只是智慧的产物，只能是智慧的一小部分而已。

我们不能否定古代人的智慧，更不能认为古代人比现代人要笨些，愚蠢一些。那种认识是大错特错了。

自然文明

现代人提出了"物质文明"、"精神文明"概念，我认为，这两个文明都建立在"自然文明"基础上。而我们的祖先的智慧，那种原始文明，就是自然文明的直接反映。

如果我们现代人也用质朴的方式、直接的方式去观察天象，天空中的透明度有古代那么好吗？我认为，即使是偏远的大山林，从来没有被现代文明干扰过的地方，我可以讲，即使到那里去观察天象，其透明度可能也没有古代那么好。是不是这样？这个大家都是可以认可的。整个生物链已变成残缺的了。

还有现代的生物链，整个自然生态的平衡被破坏到哪种程度？生态平衡上有一环被破坏了，对整个生态都会有负面影响。何况现代破坏的不只一处，无论是大气、水、土壤，还是生物的种类，都受到了严重的破坏。在这种情况下，那自然的结构、自然的本来面目、自然的那种规律都乱了，你现在怎么去观察呀？

现在观察的已经不像古代那么真实了。简单举例吧，现在城里人想要观看日食、月食、流星雨，必须去郊区。由于城区的高楼、灯光、大气污染，什么也观察不到。

现代的那些先进的观察大自然的仪器，我认为都没有古代人那种洞察一切的肉眼那么灵。去过天水伏羲庙的人都有印象，伏羲像真是目光如炬、灵气袭人啊。有一位在日本工作的杨女士，她每次回国都走进我们这个圈子，来与我们谈这个环保问题。我认为我们应该正确地用历史的眼光、科学的眼光来看待这个问题，所以这里我讲了，无论是伏羲也好，还是神农也好，还是古代的周文王、孔子也好，他们所处的那个时代，那个环境几乎

自然文明

没有污染。我认为，古代一千年的垃圾也比不上我们现代北京市一天的垃圾那么多。我的这种认识，搞环保与不搞环保的人都会认同的，我们的古人是一种天道思维，他们的天道思维是辩证的，是唯物的，是朴实的。这里我讲的可能不太透彻，我希望也能给你们一些启示。

占卜占什么

下面我来讲一下《易》的日常应用。我刚才讲《易》不是占卜的，但我现在又回过头来讲《易》是占卜的。我想每一个人的生活中天天都在占卜。家庭主妇一大早到早市去买菜，她心里想今天是买什么菜呢；我们出门之前心里想，我要坐几路车，到哪里，再转乘什么车，然后是打的呢还是坐地铁。这不也是占卜吗？我们每天看的天气预报不也是占卜吗？所以，我们不能将《易》的占卜完全看成是一种迷信。当然，大街上的那些占卜是不可信的。我们生活中的占卜是预测、估计、判断、推理，或是计划、安排，我们的生活离不开这些东西。

那么我们用《易经》能灵吗？我想能灵，《易经》能帮助我们判断事物。例如，我们想办一件大事、上个新的项目，我们事先不是要做一下计划吗？是不是也要做一些市场调查呢？是不是要做一些筹备工作呢？这肯定是要做的。那我们怎么做呢？

坤卦的初爻就讲了"履霜坚冰至"。

当踏到薄霜时，就应预测到结冰的季节就要来了。这里就看你怎么走了，你是往前走呢？还是等一等，等到冰解冻了再往前走？这就需要三思了。有的人会大胆往前走，他想他走过坚冰就是春暖花开时；有人会想，等到春风化冻时我再开始吧。

上面的两种想法，哪一种是正确的呢？我想都正确，这都是根据各人的实际情况，有两条路摆在那儿。我们不能指责"等一等"的那位是消极的，不是。他的实际情况告诉他只能等，如果冒险往前走的话，那可能会对他不利。大胆往前走的人，他是不是太盲目了呢？也不是。因为他预见到自己不能等，必须往前闯，因为机会不等人。在这种竞争激烈的情况下，他只能从百分之一的希望夹缝中向前冲。如果他想等一等的话，那么机会会与他擦肩而过的。

所以我又讲《易经》可以占卜，那又是怎么占卜呢？我想并不是用几个铜钱去占卜，更不是到大街上去请那占卦的江湖人士为你占卜。我们占卜是要实事求是的东西，科学的东西，要辩证，要唯物。正如荀子说的："善易者不占。"

我刚才举的那个简单的例子，就说明《易经》是科学的，是唯物的，是辩证的。

其实《易经》已经讲得非常合理，关键就看你怎么去认识它，怎么去应用它罢了。如果你将它当作一种迷信的东西，一个玄妙的东西，那当然不行，你要将它当成一个实实在在的东西，那样你就会应用了。

"诚"字当头

《中庸》说："诚者，天之道也。"诚，不仅是人道，而且是天道，这就厉害了。

前面我们讲过困卦，就是看你怎样去对待你所面临的困难，看你内心怎么认识前面的艰险。内心有风险意识，就是说在战术上要重视困难，在战略上要藐视困难。这就是讲内心有风险意识而外表很乐观。

这些是谁告诉我们的呢？是卦上告诉我们的，还有前面讲的井德，那不也是卦告诉我们的吗？我们为人处世，怎么去决断，怎么去修养，都在于《易经》怎样去应用。有一点一定不能违背，就是"贞"字，《易经》从头到尾讲的这个"贞"。"元、亨、利、贞"四德，贞就是正。

如果有人想去干一件事，干一件破坏环境的事，去捕杀那种国家保护动物，或是去捕杀青蛙那一类的益虫，甚至去剥红豆松的树皮，以此谋取个人或企业的暴利，这个首先就是一个"凶"字当头，是有祸、有害的，是不利的。即使他占卜到大吉的卦都是凶。为什么呢？因为他们干的这种事本身是错误的，是会遭到谴责，是会遭到处罚，甚至于会遭到审判的。也就是说，这些行为危及自然生态，危及社会安全，危及他人利益，为天理不容、法理不容，常理、情理也不容，易理能容？"易与天地准"，我们就不能与天地相违。所以讲"贞"、讲"正"是非常重要的。有时即使不是去做坏事，不是危害社会，但心里七上八下的，胡思乱想，异想天开，这样也不行。本来你是想做一件好事，在做这件事时，你心里想我将这件事办成后发了财，我就很风光了，就露脸了，我就能得到享受了，这种动机就是不正。这样也是不行的。

这就是讲，我们的思维要正，动机要正，正就是一个"诚"，以"诚"当头。在社会交往中，要一个正思维，要以诚待人，以诚办事，诚是社会公德。这就说明，在大街上给人占卜的那些所谓的江湖人士，只要你给钱就行了，如果测一些不可告人之事，只要多给钱，他也会给人占卜的，他给人占卜的思想正吗？所以我们不可信他，我们在应用上要以"诚"为本。

那么我们又如何来读《易经》呢？有好多的人一讲到《易经》，就会讲：《易经》好，是一本好书，但我读不懂，所以就无法去读它。我认为读《易经》最好的办法就是先将八卦的卦名、卦形、卦德弄清楚了，然后根据这个去推理、去思考就行了。至于里面的卦辞、爻辞，许多不懂的话，你可以暂时绕开，我们先了解一个大概，一步一步地来。这个我就不多讲了。我们下面来了解一下"禅"。

2 禅是生活的共相

什么是禅

那么，什么是"禅"呢？我又如何回答呢？我想借禅师们的一句话。

禅师们讲：佛口说出来的是佛经，佛心里想的但表达不出来的是禅。也就是讲佛说出来的是经，心里想的是禅。这么一说就简单了。

还有这么一种比喻，禅是指月。有人问月亮在哪里，你将手一指，如果只是看手指，那就与禅无缘，如果沿着手指的方向一眼就望见了月亮，那就看到了禅。为什么呢？因为禅是直指人心的。也所是讲"当下"就是本来，这就是禅，就是当下你所看到事物的本体。刚才讲的《易》里面有这个东西。

凡是禅，就是一问一答，片吟半句，扬眉瞬目，一竖臂，一抡拳，在在处处无处不是本地风光。只有本地风光才能一下子和盘托出来。迷的人是头头都错过，而悟的人是左右都逢源。

在一个班级里面，有的同学与其他同学的关系、与老师的关系都好，他就能办好事；有的同学呢，左也不是，右也不是，而且有时还好心办坏事。这是什么原因呢？因为前者有一种悟性，后者是迷了。那后者迷在何处呢？前者左右逢源，原因是什么？讲不清，讲不清的就是禅。前者得了禅机，他处处都把握了那一点点的东西。而后者却没有把握好那一点玄机，所以他办事就会不自在，就会受批评。

禅

在生活中参禅

得禅者就能得定力。如果老是胡思乱想，胡乱猜疑，心思不在学习上，心思不在班级之中，不在与同学的关系之中，当然与禅离远了，那当然也把握不住机会。而你心在学习中，在师生情谊之间，在班级的氛围中间，时时都定在其中，所以就能够得机。熟悉了这一套，知道什么时候应该是怎么样，甚至一个眼神，都能心照不宣。所以讲禅要定，定就能生慧，禅就是一种智慧。

再讲一下生活禅。什么叫生活禅？就是在生活中参禅，在参禅中生活。就是刚才讲的那样，在学习中参禅，在参禅中学习。生活与禅是相连的。

有人认为禅就是在一间小房间点上香，不受外界的干扰，关好门，然后坐在房中间参禅。打坐时要做一些准备，然后又想着大周天、小周天，然后进入四禅八定。这样就是参禅吗？是，但只是其中的一种形式。

一个人天天都在工作，天天都在学习，心念都在定中，他的精力全部都定在这份工作当中，定在学习上，定在某一件事上，这就是禅。

我们要在工作、学习、生活中去参禅，在参禅中去工作、学习、生活。在禅定中我们自然而然地就有了智慧，在生活禅中我们就可得到自在，就可得到智慧。

柏林禅寺的净慧老和尚是生活禅的倡导者，人们已经习称他为"生活禅"的导师。这里，我想读一段老和尚的开示录，你们听过后，会从中得到一种真感悟、真享受。

"生活禅"的宗旨是：

觉悟人生，奉献人生。
继承传统，适应时代，
祥和社会，净化人生。

"生活禅"的口诀是：

将信仰落实于生活，将修行落实于当下，
将佛法融化于世间，将个人融化于大众。

"生活禅"的理念是：

在尽责中求满足，在义务中求心安，

在奉献中求幸福，在无我中求进取，
在生活中透禅机，在保任中证解脱。

精神生活更充实，物质生活更高雅，
道德生活更圆满，感情生活更纯洁，
人际关系更和谐，社会生活更祥和。

从心理状态看：

安详是禅，睿智是禅；
无求是禅，无伪是禅。

从自然现象看：

满目青山是禅，茫茫大地是禅；
浩浩长江是禅，潺潺流水是禅；
青青翠竹是禅，郁郁黄花是禅；
满天星斗是禅，皓月当空是禅；
骄阳似火是禅，如风徐来是禅；
皑皑白雪是禅，细雨无声是禅。

从审美意识看：

空灵是禅，含蓄是禅；
淡雅是禅，向上是禅；
向善是禅，对称是禅；
遗憾也是禅。

从做人看：

善意的微笑是禅，热情的帮助是禅，
无私的奉献是禅，诚实的劳动是禅，
正确的进取是禅，正当的追求是禅。

老和尚在上海讲生活禅时，第一课讲"什么是禅"。禅的标准是：

禅是一种境界。

禅是一种受用、一种体验。

禅是一种方法。

禅是一条道路。

禅是一种生活的艺术、生活的方式。

3　天人合一

唯我独尊

这里讲到自然，我就顺便讲一下《辞海》里的解释。那里第一个解释就是天然、大自然。第二个解释为不是故意做作的，不是勉强的，不是人为的，不需装模作样的。这就是自然。这是《辞海》里的解释。我这里也有一种解释，我认为"自"就是"我"，"自然"就是我的样子。我的样子就是自然，我就是我。为什么？"天上地下，唯我独尊"，这就是我，不是你讲这个是红的我就跟着你讲这是红的，你讲白的我就跟着你讲是白的。我不是这样，唯我独尊，我有我的主见，我有我的思考，我有我的办法。别人的劳动不能代替我的劳动，你认为那是红的，那是你观察的，你判断的，你去分析的，你去思考的。我必须通过我的思考、分析、判断与观察后，我认为是红的，我就讲是红的。我如果认为是白的，我就讲是白的，这是我的劳动。我通过我劳动所得的东西，我就有我的认识，我就按我的认识去做。这就是我，这就是我的样子，这就是自然，就是自然中的一分子。

东施效颦。西施病了，皱着眉头，按着心口，东施看西施很美，东施也学西施那样。西施怎么走路，怎么打扮，她都跟着学。结果是越学越丑，而且丑得可怕。不是这么回事吗？因为，她那样子不是"我"的样子，是西施的样子。那样自然吗？当然不自然。这就是一个很好的例子。

我是谁？我是天，我是地，我是我。那我又与天有什么关系？天人合一呀！天、地、人三才是并列的，不是别的关系，是兄弟关系，是同学关系。它们是不分你我的，它们是你中有我、我中有你的关系。天，如果没有万物，没有人，谁称你为天呢？当然，人也不能没有天，不能没有万物。这也就说明它们是缺

239

一不可的，是不能分离的，这样才能形成大自然。所以老子倡导"天人合一"，并且做了一个描述，叫"同其光，和其尘"。所以我们要爱护大自然，要保护大自然。

　　我们为什么将易、禅、自然连起来讲？我认为易与禅，易理与禅理是相通的。荀子讲："天下无二道，圣人无两心。"所以讲易理与禅理是相通的，伏羲与释迦牟尼佛两位圣人是一个思维，他们所悟的道是一个道。释迦牟尼佛在印度睹明星悟道，他看到的天也是这个天，伏羲在卦台山"仰则观象于天"的天也是这个天。是同一个天，是同一个道的，所以讲是同理的。到底同在何处呢？是同在无为法，而不是有为法。

　　《金刚经》云："一切贤圣皆以无为法而有差别。"

　　贤圣与凡人的差别在什么地方？贤圣他们是无为法，我们这些凡夫就是有为法，什么事都自作聪明。

　　那如何为道？是从无为法中为道。我们为道就是要无为而无不为。我们怎样从易、禅、自然中去为道呢？让我们大家在日常生活中去为道吧！

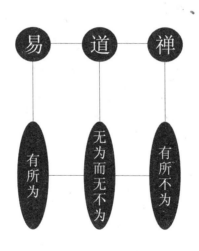

在北大讲老子

第二十八讲　老子为道与和谐社会

1　怎样为道

现在开始谈正题。

会长（中华老子学会会长邸振兴）让我讲讲"老子为道"，是因为我最近出了一本《老子为道》。大概出版发行了不到两个星期吧。出版社给我反馈说："深圳、北京、上海、长沙发行比较好。"而且我在家里也接到读者的电话，似乎有一些影响。所以，今天冒昧地来给大家做这个汇报。

第二点，有点底气的就是我对传统文化，对我们的《易经》、《老子》、《论语》，对我们的圣人、祖先有一种情感，这种情感是一种特殊的情感。为什么呢？我觉得我们的民族太伟大了，伟大的源头就是我们的祖先给我们留下这么多的经典文化。

这个月的 18 日，钓鱼台国宾馆有一个"国际易学论坛"。在论坛上有一位从德国回来的学者，他在德国访问了二百多个城镇和乡村。他说，使他大感意外的是，在德国，几乎每个家庭的书架上都有中国的经典，《易经》、《老子》、《论语》乃至《孙子兵法》，这使他感到非常吃惊。回到国内，反而没有这种现象了。

当然，这是一个对比。当时在场的专家，包括在主席台上就座的北大教授朱伯崑（北大哲学系）和任继愈馆长（国家图书馆），他们都感到惊讶，都很感动。

我这里讲的题目是"老子为道"。为什么讲"为道"？我的意思是，老子的"道"是什么，什么是"道"，那是专家的事。我们处事、为人，关键还是"为道"，怎么样去做，我认为这个比较重要。但是对《老子》也好，《易经》也好，大家都有这样的情况：我接触青年人比较多，他们都有一种向往，希望能读读《易经》，读读《老子》，读读《论语》，但是，又有一种"望文生畏"的心理。所以，我也是在不断地追求传统经典的普及性。因为我在青年时代就开始对这个方面产生兴

为学日益，
为道日损。
损之又损，
以至于无为，
无为而不为。

趣，有所追求。在这方面我就想了，这些东西，难道我们仅仅从书本上去读吗？读来读去化不开，成了读死书。我参加过许多研讨会，这些研讨会，讲实话，都是在打架，打一百年还是原来的论点、原来的焦点。就是 18 日的那个会，还是那些老生常谈的问题在打架。

我觉得，这些事打一百年也不会解决问题。我联想到量子对撞机。为什么呢？我们看《老子》也好，看《论语》也好，我们在书本上看是平面地看，平面地看不是活的了。为什么呢？你们想，西方只有上帝，没有祖先，他们找不到祖宗，所以，他们的上帝死了。我们中国呢？没有上帝，只有祖先，我们的祖先还活着。就因为我们的祖先还"活"着，为什么还要在书本里看我们的祖先，平面地看呢？这个问题我讲了，就相当于量子。这个量子，要它静止下来，看看它是什么形状，它就不是量子了。只有用对撞机在运动中去观察这个量子。

那么，我们能不能找到一种对撞机来看《老子》呢，来看《易经》呢？所以，我就这样寻找，找到《老子》第一章后面有句话："玄之又玄。"以往人们被这个"玄之又玄"障碍了。"玄"吗？那怎么办？这个"玄"的真实本意不是"玄奥"，不是"深奥"。深奥、玄妙是它的引申义。现在往往用引申义去讲解老祖先的思维，只是平面的、书本的，只是寻章摘句而已。

玄——黑色 ⎫
　　　　　⎬ 本色、本体
素——白色 ⎭

那么，它的本意是什么呢？"玄"为黑色，"素"为白色。那么黑色也好，白色也好，都是本色。本色就是本体，也就是本源。我认为这个东西很关键。这个既然是本色、本源的，就好办了。为什么呢？有"本"就有"根"，就有"源头"。有源就能流长，能流长就能周而复始。

2　为学与为道

《老子为道》的出版有个缘起。那是 2000 年，我一位堂弟的儿子考上了哈工大，他们夫妇二人送儿子上大学，在我们家住了一个晚上。他们夫妇二人都是中学的语文教师。我当时送侄子一套书，是我主编的《中华上下五千年》和《世界上下五千年》，是当代世界出版社出版的。我想，写点什么呢？想来想去，想到侄子现在上大学了，不是"为学"阶段了，马上进入"为道"阶段了。噢，我就想起了《老子》里讲的："为学日益，为道日损。损之又损，以至于无为，

（左侧边注）

老子为道

244

无为而无不为。"于是，我就把这个写在书的扉页上，作为赠言，互为勉励。

他父亲看过后问我："这是什么意思呢？"我简单地讲了一下，还举了个例子。他们很感兴趣，他们一感兴趣，我就感兴趣。我有这个习惯，兴趣来了一个晚上睡不着觉。一个晚上就这样兴奋，一下子列出十几个与之相应的标题，也就是与这段话内容相似的其他内容。第二天，我又对家里的孩子讲。讲了以后，又兴奋了，一连列了二十七个标题。他们就要求我讲。好，我就讲了。二十七个标题加上前面的引子，共二十八课，每一课五十分钟。讲完以后，经过录音整理、修改，直到今年出版。

我当时是怎么解释的呢？二十七个标题中，我今天想把"六个标题"很简单地讲一下。

首先讲"他——你——我"。

这个例子是什么呢？"他"就是指为学阶段，读他人的书、前人的书、祖先的书，这些都是人家通过观察得到的知识，你去读"他"的，只能知其然，不知其所以然。是不是？主要靠背、靠记。那么第二阶段呢？是"你"。你、我之间开始讨论、研究、辩论、分析，这其中就有了怀疑和批判。那就是"为道"阶段了，"为道"就是"损之又损"了，你认为哪些不对，你要损掉。到第三阶段，是"我"。我的东西、我的风格、我的著作，甚至于我的思想。哎，这样就能自成一家了，甚至能够自成一个体系。这是一个例子。

第二个例子呢？就是：蚕——蛹——蛾。

农村人养蚕，蚕、蛹、蛾是一种动物、一种昆虫。蚕的阶段，是一天二十四个小时不间断地吃桑叶，那就是"日益"呀。"日"是时间，"益"是天天要吃，吃东西就长了，长得很胖，成了白胖胖的"蚕姑娘"。吃胖了它就开始吐丝了，天天吐，天天吐，二十四个小时不间歇地吐，这不就是"损"吗？"为道日损，损之又损"呀。"损"到什么程度呢？损到"作茧自缚"，就是用丝把自己裹起来，蚕又变成了蛹，不吃不喝不动。什么叫"无为"？这就是"无为"。那它真的是"无为"吗？不是，它在长翅膀呀。"无为"，是为了"有为"，而且是为了"大有作为"！它长翅膀做什么？翅膀长好了，又把茧咬破，飞出来了，蛹又变成了蛾。蛾就能展翅飞翔，自由自在而无不为了。这就是从一个自由王国升华到了必然王国，那就不得了。是吧？美丽的蛾把自己的翅膀展示出来，与大自然和谐统一，成为另一种美。同时它还要产卵呢，还要繁衍后代呀，这就是"无不为"了。

再讲吸——呼——息。

学而时习之，不亦说（悦）乎？

有朋自远方来，不亦乐乎？

人不知而不愠，不亦君子乎？

这是我们每个人天天都要面对的。吸气比作"为学日益"，吸进新鲜氧气，这个好理解。呼气比作"为道日损"，呼出二氧化碳。二十四个小时，无时无刻不在呼吸，连植物也要呼吸。你睡着了，你还在那里呼吸，是吧？这个"吸"和"休息"的"息"还不一样。人在"吸"和"呼"之间有一个"息"。"呼"和"吸"时间长一点，是有形的，它的工作量和工作任务并不大，真正承载着繁重任务的是"息"。"休养生息"也是那个"息"。这"息"是什么呢？人在吸气的时候，马上要接收，把它运送到每个肺气泡里面去。然后呼出来的时候，它要提前把这个准备好，把废气、浊气输送出来。这都是息的工作。练气功的人、参禅的人，讲究的就是这个息。把这个息练好了，功夫深厚的人可以几个小时、几天不吃也不动。他这个时候甚至于停止了呼吸。真的停止了吗？没有。他进入了那个息的状态，然后，用身上八万四千个毛孔来呼吸了。

老子为道

246

也许我这个讲得有点玄，不是，在这里也就不多展开了。因为在我的《老子为道》书里讲得比较多，我在这里讲一下它的来处。这是净慧老和尚在一个开示中说到的，我是得到他的开示。我在书上已经注明了，这是净慧法师传给我的。柏林禅寺每年都举办大学生生活禅夏令营，好多大学生都参加过，今年是第十三期。这个就不多讲了。

下面我要讲"不亦说（悦）乎"、"不亦乐乎"。

大家都知道《论语》的开篇第一段："学而时习之，不亦说（悦）乎？有朋自远方来，不亦乐乎？人不知而不愠，不亦君子乎？"

对于这一段，我在做编辑的时候曾经有过一个解释。朱熹的解释，把三句的意思分割开了，似乎不妥。我认为这是一个整体，绝不是孤立的三句话。

"学而时习之"的"习"，朱熹解释为"温习"，以后还有的解释成"练习"。我说"练习"练什么？那个时候，孔子讲课，他有教材吗？有课桌吗？有教学仪器吗？有练习本吗？布置家庭作业吗？说回家去练习，不符合当时的教育条件。我认为应该是"思考"。这就好比"为学日益"阶段。这个"时习之"的"习"，当然应该是"思考"。老子、孔子讲过课以后，他的学生回去思考。通过思考，得到感悟，你们应该深有体会。

你们都是名牌大学的学生，这种体会应该是很深的。一旦有了自己的体会，那当然"不亦说乎"呀！这时你很想找人切磋切磋，找人分享你的愉悦和体会。正好，有朋友来了，仅仅是喝酒、吃肉吗？不是。是玩游戏机吗？更不是。那是什么？心得、体会、感受和成就感，"不亦乐乎"。这就好比"为道日损"的阶段，这也是"你"的阶段。如果你不认同，有相悖、相左，那没问题呀，你们同学之间可以经常展开讨论，辩论越激烈大家越兴奋。有时通过辩论，又损去了许多偏见、误解和疑点。

"不亦君子乎"，通过争论以后，上升为君子。道家境界是"超凡入圣"，儒家的境界是"君子"。做君子，就是"无不为"阶段，那就能治国平天下了，就可以"无不为"了。

再说说禅宗一个很著名的公案："见山只是山，见水只是水；见山不是山，见水不是水；见山还是山，见水还是水。""见山只是山，见水只是水"，这是"为学日益"阶段。"为学"阶段就是"1+1=2"，就只能等于"2"，你跟着学就行了。乘法口诀就要背熟，这是讲最简单的，学的时候就是这样。书本上怎么讲，你就怎么学；老师怎么讲，你就怎么听。这就是"只是"阶段，也就是"是什么阶段"。

那么，到"为道"阶段呢？"见山不是山，见水不是水。"特别是你们上大一、大二以后，就开始有这个东西了。就是说，对许多观念，书本上的东西、老师讲的东西，对有些权威讲的东西，你们开始怀疑了，甚至于批判，开始对学过的知识问"为什么"了，这就是"为道"阶段。那些经过研究、分析、论证，认为"不是"的东西全部损掉，而且损之又损。你们开始"为道"了。

那么，到第三个阶段呢？是"见山还是山，见水还是水"。哎，回过头来，还是这个东西，是什么？"本来"。就是《金刚经》上讲的："如来者，如其本来。"

书上讲的，老师讲的，主要的知识（当然不是百分之百）都是前人通过自己的观察、实践、实验得来的东西。他们从哪儿得来的东西呢？是从事物的本体、大自然的本体中得来的，然而，你们看到的只是文字，看到的只是理论知识。这些知识就像是一棵棵移栽的树，它的"本来"、"本原"是什么？不知道。于是产生了怀疑，是因为你知识丰富了，但你只是怀疑，你还没有自己的东西，你"破"了还不能"立"，会"破"还要会"立"呀。你"破"了，"立"不起来，还是不行呀！所以，我经常讲，毛主席的像还挂在天安门上，苏联斯大林偶像早已破灭了。当时赫鲁晓夫只知道"破"，但"立"不起来，后人也立不起来。我们邓小平先生非常明智，知道这个不能"破"，我们全国人民心中伟大的偶像不能"破"，"破"了"立"不起来。这是很关键的东西，"破"了不能"立"，就干脆不要去"破"。

所以，我们到了第三个阶段开始"立"了。这个"还是"跟"只是"、"不是"不一样了，你"知其然，知其所以然"了，你看到它本质的东西了。你通过书本上的东西，通过老师讲的，通过理论，看到了实质，看到了真的东西，看到它的"玄"，看到它的"白"和"黑"——事物的本质。那么，见到了什么？见到"道"呀！"道"在哪儿？

道理就是真理。有一句谚语："真理在水井的底部。"为什么在水井的底部？因为水井的底部与地下水位是相通的。井里的水不是我们吃的自来水，是地球本来的母乳，是母亲的乳汁呀！所以，它那里面有真源。"道"在哪儿？道在"本体"。

把这些例子讲完了，就有了这本《老子为道》的书。里面有许多观点，很多地方讲得不是很确切，希望大家能给我批评、指正，像杨振宁教授在人民大会堂发言时讲的，把我批得体无完肤也很自在。这是 9 月 3 日杨振宁教授在人民大会堂上讲的，讲到最后又回头讲，你们别把我批得体无完肤了。不过，他真的是有预见性。

3 为道是"金饭碗"

那么，我讲第二个问题："经中之经。"

我们刚才讲的"为道日益，为学日损，损之又损，以至于无为，无为而无不为"是《老子》第四十八章中的半章。全章有六句，这里只讲了三句话，另三句话没讲。《老子》共八十一章，有五千言，这里只讲二十三个字，为什么？因为我想，难道讲《老子》，非要讲八十一章吗？难道我们的这些大学生都要把八十一章，一章一章地读，一句一句地读吗？寻章摘句，咬文嚼字？我想，应该因人而异，对于大多数人来说，没有那个必要，关键是我们现在做不到。

佛教有部《大般若经》，《大般若经》"大典一函六百卷"。六百卷有多少字？你们想，有那么厚一套。但其中的《心经》只有二百六十个字，它是中心的中心，核心的核心，经典的经典。哎，这个《心经》只有二百六十个字就行了。寺庙里面天天做早课，就诵《心经》。

几年前，我在天津的一个集团公司，为他们的管理人员讲课。安排两个人讲，我讲上午,他讲下午。公司老总是光华学院的研究生,他给我出题目:"讲做人吧。"那时我就想,人应该从三个字做起:"观自在"。开始我没有说这是《心经》,怕他们有抵触,有反感。我就讲"观自在",三个字就讲了一个上午。中午吃饭时,老总当面说:"下午还是你讲吧。"

这个"观自在"竟然得到了认可。所以呢,东西不在多,并不是说要倒背如流。以前我认识一位作家,他讲他的一个同学,以前也是学中文的,他从上小学、中学时《红楼梦》就倒背如流,但是他连小小说都没有发表过一篇。原因在什么地方呢?他就是有入处,没有找到出处。确切地说,他进去了出不来,出不来是不行的。这个问题就是他会"立"不会"破"。

为什么说"经中之经"?我刚才讲了那个"玄"字。为什么说"玄"?"玄"是本色。它的本色是什么?就是它的"道",刚才讲的水井底部的那个"道"。这个"道"就是说,一旦你们出了大学门,走向社会了,你去讲"道"是什么,什么是"道",你讲得头头是道,又娓娓道来,讲得非常精彩。但是你讲不清如何为道,自己在实践中也不知道如何为道,那么,我估计你找不到饭吃。但是,你要会"为道",你的处事、你的为人、你的工作、你的创业,既有"日益",又有"日损",既有有所为,又有有所不为,那么,即使你不懂什么是道,你也在事物的发展规律之中,规律就是"道"呀!哎,这样你一定会有饭吃,会有一个金饭碗。我认为这个还是关键的,所以,我必须找一把钥匙——"经中之经"。

4 也说"天下"

那么,现在讲第三个:"道中之道"。

我为什么把这个称为"道中之道",当然我有我的思维,这种思维对不对?我今天提供给各位同学互相切磋,互相探讨。因为"道"呀,在《礼记·礼运篇》里有一句经典的话:"大道之行也,天下为公。"哎呀,我想,为什么孙中山先生非常崇拜这句话?这句话到现在大家还能够接受,就是这个"大道"。因为每个人身边都有"道",每个人都身在"道"中。这个"道"不是个人的,不是一己、一私的"道",而是天下的"道",所以《老子》里面提到"天下"这个词有五十七处,上经《道经》里面二十处,下经《德经》里面三十七处。下面展示一下:

天下美、天下贵、天下正、天下目、天下事、天下母、天下示、天下先、天下往、托天下、寄天下、取天下、知天下、观天下、立天下、强于天下、治于天下、修于天下，天下难、天下易、天下之大事、天下之北、天下之交、天下之贵、不为天下先。

这是简单地罗列一下，但在这里我又发现一个现象。什么现象？因为"天下"这个概念，是《易经》里面有的，但《易经》里面没有"天下"这个词。根据我的初步判断，这个词是老子第一个提出来的。另外一个意思是：在先秦诸子百家中，如道家、儒家、墨家、法家、名家、纵横家、杂家、阴阳家、小说家等中，各成思想体系，每一家都有每一家的思想体系。它们之间还相互攻击，互相争辩，好像差异很大。实际上，他们有一个共同的东西，都有"天下"这种思维。

庄子就有《天下篇》，怎么说的呢？"配神明，醇天地，育万物，和天下，泽及百姓。"庄子也是道家。

我们再看墨家。《墨子》中讲"兼爱天下"，"授之政，天下平"，"周行天下，上说下教"，"一统天下之义"。

我们来看法家。法家主张"法治天下"，韩非子是法家集大成者，他是荀子的学生，明明是读孔子书的，竟然从老子那里又演绎出法家的思想，创立了法家的思想体系。他是怎么说的？"凡治天下必因人情"，甚至称"越国为天下中央之国"。另一位法家代表人物慎到说："以天之义为天下。"

我们再看名家。名家的公孙龙说："正名实而化天下。"宋钘、尹文说："愿天下安宁，以活民命。"

我们再看纵横家。鬼谷子教了四个学生，两个兵家，两个纵横家。鬼谷子说："可以说人，可以说家，可以说国，可以说天下。"他的《量权之术》就是"量天下之权"。另外，他还说："以天下之目视者，则无不见；以天下之耳闻者，则无不闻；以天下之心虑者，则无不知。"这是纵横家。

后面要重点来看儒家。儒家主张"天下大同"，经典的就是刚才讲的："大道之行也，天下为公。"还有最经典的，也是《礼记》里的，单独成为一篇的《大学》，四书五经里的第一篇。《大学》里面讲了格物、致知、诚意、正心、修身、齐家、治国、平天下（也叫"天下平"）。《论语》中"天下"一词也很多，如"天下有道则见（现），无道则隐"，"三分天下有其二"，"君子立于天下也"等。可见"天下"一词是诸子百家的"同心之言"。

5 东西方的"天下"观

联系《易经》，联系《老子》，讲到这个问题，我就觉得，这个里面好像有个东西文化的差异。这个差异得从"天下"说起。当代人的"天下"概念是"全球化"、"全世界"，乃至"全人类"等。但"全球化"似乎有一种西化的趋势，所以，我在这里想对中国传统的"天下"概念与西方的"天下"概念作一个比较。比较以什么为依据呢？我想以《大学》中那个著名的"人生流程"为依据，这就是：格物→致知→诚其意→正其心→修其身→齐其家→治国→平天下。

这个"人生流程"也可以说是人生理想的八种境界，或者说是人生的八个台阶。

"格物"指对外部物质世界的观察和研究，经过研究而达到"致知"。这是东西方相通的地方，大同而小异。但从"诚其意"开始，西方仍在走它的"射线"，在满足了对物质世界的了解后，一直循着射线的模式发展：格物→致知→享受→再享受→掠夺→侵略（战争）……而此时的中国则依然故我，当物质基本满足后，又在追求精神的享受和开发，首先是"诚其意"、"正其心"，然后以此"修其身"、"齐其家"，乃至"治国"、"平天下"。

我们的传统思维不仅仅是知识，不仅仅是认识物质世界，还要有精神世界。精神世界是什么？"诚其意，正其心，修其身。"认识了物质世界，又认识了精神世界以后，你才能"齐其家，治国，平天下"，这就是我们中华文明之所以不间断、源远流长的核心价值。我们的"道"呀，不仅仅看作是物质的世界，我们还研究精神的世界。所谓"平天下"，不是去做联合国的秘书长，认为那样才是平天下。雷锋同志就做到了"平天下"。为什么？他的榜样变成了社会的精神财富，使很多人心里得到了平和，使我们的社会变得更祥和，在雷锋精神面前，人人都有平等，真正平等了，这就是"平天下"。

现在，我们的社会有许多劳动模范、英雄人物、先进分子等，他们的事迹都是非常感人的。当你们以后走上社会，只要你们对社会有贡献，就是"平天下"，就能使"天下平"。起码在你的单位，你分管的地域能得到"平"，就是这么一个效果。但是西方怎么样呢？他们认识到物质世界以后，一下子被物质世界所迷惑了。迷惑了以后，沉迷于其中，引起物欲横流，不可自拔，只知道对物质的享受。享受还不行，还要追求刺激，不刺激还不叫真享受，那样就越刺激越享受，越享受越追求刺激，越刺激越追求消费，消费不够就掠夺，掠夺不够就发动战争。西方走的就是这样的一条路。

上次我们在安阳参加第七回世界易经大会，回来的火车上，有一位年轻人和我们辩论。他讲："我们要学美国，像美国那样发展，我们现在太落后了……"我跟他讲："学习美国，你这个成本交得起吗？美国的人口只占全世界人口不到5%，但每年所消耗的能源、资源却占全球能源、资源的31%以上。这种成本，这样高昂的代价，谁交得起？中国交不起，地球上的人类都交不起。一旦我们都这样，恐龙的时代可能就出现了。"所以，我们应该有责任感，这绝不仅仅是为我们一个民族、一个国家，我们应该为这个地球想一想。

那次，我在你们北京大学里听梁从诫先生讲课，他是环保组织者、《自然之友》创始人。我想，你们当中，一定有环保爱好者，是不是？梁先生讲："一位大学教授，在四川老林里，看到一棵一千多年的大树被伐木工人用油锯仅用三分半钟就锯断了，伐倒了。三分半钟伐倒一棵生长了一千多年的大树。伐木工人每人都带着油锯在砍伐。当然，这个不能怨伐木工人。"他还讲了很多很多……

252

我回家后，一个晚上没有睡觉，越想越流泪。当晚，我就写申请。第三天，我就和女儿一起赶到《自然之友》总部，报名成为环保志愿者，每年参加各项环保活动。我们每个人都要尽自己的所能做事。我今天能在这里和你们讲，我没有做到，没有修德，我就不敢来面对你们，你们太伟大了。我不敢欺世盗名，坐而论道，仅仅说说而已不是道，"非常道也"。"道"是要为，要真做、真行。所以，《老子》开篇就讲："道可道，非常道。"仅仅把"道"挂在口头上说一说，这不是"常道"呀！"常道"在"人之常情"之中，我在引子里说：只有"人之常情"里面，才能见到"人之常道"。

看到一棵被伐倒的千年古树，老教授流泪了，谁不流泪？树也在流泪。树被锯倒了，它当然在流泪了。想一想这件事吧！今天，这样讲不要有误会呀。我这样讲，不是绝对的，不是讲公式。就是这么回事，东西方文化就是这样一种差异。你们北大的乐黛云教授，专门研究东西方文化，还与法国跨文化研究院合办了一份《跨文化对话》。我这里仅仅是在说一种观念，不能说是一种公式，只能是一种启示而已。这个我必须说明。

6　什么是"至善"

第四，我们又回到正题"为道"，如何为道？"止于至善。"这是《大学》里面开篇第一段："大学之道，在明明德，在亲民，在止于至善。"你们现在不仅仅是上了大学，能够进入这所名牌大学，而且是真的在学大道理呀！这个大道理不仅仅是处事为人的道理，上学求职、创业的道理，重要的还是学治国、平天下的道理。

我这里讲一个"善"，这个"善"很抽象，很不好理解，但是《三字经》里面有："人之初，性本善。"这个"善"怎么理解呢？我们还是回到"玄之又玄"这一句话。"玄"是什么？是本色。本色就是"善"。"人之初"那个"善"，就是本色，它本来就是这样。它是"无善无恶"，才为本善、真善。它与"恶"既是对立的，但也要看到二者也有互相融通的一面，没"恶"显不出"善"，"恶"也能转化为"善"。

那么，为什么叫"至善"呢？至善，到了最大的善，就是"玄之又玄"。"玄之又玄"是什么？中国人的思维是什么思维？是圆的思维。人生不是线段而是一轮圆。你不能把人的这一生，从生到死看做线段，这不对，是一轮圆，这就是"原始反终"，是这样一种循环。而且不是重复，是螺旋式的。"玄之又玄"，回到了本色，回到它的本源。至善，就是当初的善又回到了当初的至善，回到它的本源。这个回到本源，不是重复，而是像中关村那个标志物一样，是螺旋跟进的。讲螺旋上升也不对，真正说，宇宙中间没有上下之分。所以，我认为这个"至善"应该这样去理解，不然，大家说"至善"是什么？你给量化一下，拿一个标准给我。

现在讲许多东西都讲个统一标准、讲科学，科学的标准是什么？什么样可以为标准？我们中国人的思维，它的标准在天地之间。这个就是《易经》否卦的一句话："其亡其亡，系于苞桑。"苞是"草"字头的"苞"。"苞"是什么？是芽苞。"其亡其亡"，就是说"中华民族到了最危险的时候"。就是说这是一种居安思危的忧患意识、风险意识。这种时候，我们不要怕。

"系于苞桑"，怎么系？心系于本源，心系于我们老祖宗，心系于我们的传统文化，心系于我们的民族。"祖宗"是什么？我们不能没有祖宗呀！美国，只有两百年的历史，但是他们的华盛顿、林肯，即使只是一张纸，一点点东西都放在那里，陈列在那里，让国民世世代代瞻仰。他们那么一点点文化，他们还很珍惜，这是他们的祖宗。两百多年，他们也很珍惜。何况我们几千年的老祖宗，这么博大精深的文化，我们为什么不珍惜呢？所以，这种现象我们要深思。

首先，"止于至善"，关键是"止"，是要回到本源上来。关于这个"止"，在《老子》里面三处讲到。"知止所以不殆"，就是能止就不会有危险。这是老子讲的。荀子讲"天下无二道，圣人无两心"，天下没有两种"道"，圣

人没有两种思维。释迦牟尼佛讲的，老子讲的，孔子讲的，都是一个东西，只是说法不一样。就像你们老师讲课，如果都讲同一个内容，讲法可能不一样，讲的基本内容还是一样

般老师与全国人大副委员长许嘉璐在人民大会堂

的。所以《大学》中说："知止而后有定，定而后能静，静而后能安，安而后能虑，虑而后能得。"其目的就是能"得"。

现在你在大学阶段"为学"也好，"为道"也好，目的就是要"得"。无所得你学什么？所以要想得的话，你先要止，这需要一个过程。所以，我讲六十四卦时，就讲《易经》不是讲吉凶结果的，而是讲过程的。因而"潜龙勿用"不是让你不用，而是让你暂时不用，暂时不用是为了大用，暂时不为是为了大有所为，这个很关键。不是你到大街上占卜一卦，占到"潜龙勿用"。他会讲，哎哟，这件事你不要做，他讲的你不能用，不能为了。那你觉得我想做的这件事，很有把握，条件也具备，放弃了有些心不甘。这个东西就误人呀！所以，要真正从本意去理解它，不然的话，潜龙，"潜"怎么样去修炼？修炼有目标，就是为了要"飞龙在天"。你想"飞龙在天"，你不去修炼行吗？所以，目的是为了"飞龙在天"才去修行的。"勿用"就是"止"，止是为了"至善"。"为道"就是为了"得"，而且是为了"大得"。

7 "平天下"是为了"中和"

再回头看《老子》第四十八章后面半章："将欲取天下，恒无事。及其有事，不足以取天下。"你看这两句话就是：你取了天下必须处于无为，如果你是有

为的话，你就不足以取天下了。那么"得"就是为了"取天下"。你不要理解为去做成吉思汗，这里不是这个意思啦。中国人的传统没有侵略，典型的例子是郑和下西洋，浩浩荡荡的船队所到之处，只交朋友，从不掠夺。这个"取天下"就是"平天下"，这个"平"字要连起来理解。所以，我们要联系到现实，"平"就是"中和"，就是"和谐"。

现在中共中央一再提出科学发展观，什么是科学发展观？也许我们同学会讲，"治国、平天下"是古人提的，我们今天面临的是去求职，要去就业，要去创业。但是，我这里有一句话：你没有把大目标弄清楚，你没有把自己的心量扩展开，你的小目标也很难实现，你的小目标甚至于都找不到。小目标在哪儿？小目标要跟着大目标走呀，你的小理想要与国家的大理想同步呀。一旦你有了大目标，就有大动力、大起点、大信心，一定会有大成功。我本人就是这么走过来的，我没有经历过的，不在这里坐而论道。因为我从年轻时就喜欢看报纸，一直到现在我每天按时看《参考消息》。以前有一副对联："风声雨声读书声声声入耳；家事国事天下事事事关心。"

古时候有一句话："秀才不出门，能知天下事。"何况我们今天呢？我们现在是全球化，在全球化的视野下，我们中华文化怎么办？就在今年四月，中山堂有一个学术研讨会，就是讨论全球化视野下的中国传统文化。全国政协副主席周铁农亲自作了开幕词，国内外专家讨论这个问题，国家很重视呀！全国人大许嘉璐副委员长曾在人民大会堂两次讲了这个问题，休息的时候，站着和我们谈心。他慷慨激昂地说："我为中华民族文化自觉而呼喊，我为看到一个个民族文化自觉的事迹而欢呼。愿意和我们知识界，包括海外华人，包括台湾同胞，香港、澳门同胞，大家一起努力，在新的时代，构筑我们中华民族新文化的大厦，让中华民族凭着她的高度发达的经济、科技和高度发达的能够援救陷于混乱的中华民族文化而共同努力。"

所以我们必须知道，我们以后求职也好，创业也好，要知道天下的形势、国内的形势和民族的命运，必须了解，必须同步。就如我在天津讲的一段话：

太极图

"每一个人都有一个圈子，圈子小的钻进了别人的大圈子。如果你是大圈子，你就套住了别人的小圈子。你是钻呢还是要套呢？其实，人人都在别人的圈子里面。圈子小了是不行的，你只能钻别人的圈子。但是，你要学会把自己的圈子做大，如何做大呢？以天下之利为依止，以国家之利为依止，以社会大众之利为'至善'。"

8 均衡、协调、持续

我再讲一下"科学发展观"的三个东西：均衡、协调、持续。只有做到均衡，做到协调，才能做到持续。均衡，如何理解？不妨看看太极图里的阴阳鱼，阴鱼和阳鱼都是对等的。但是，在现实生活中不是对等的，不是绝对平均的。有时在谈判桌上的妥协和让步是为了平衡，这种平衡不是五五对等，有时七比三、八比二也是双赢。水分子由氢原子和氧原子构成，也不是对等的，它们对等了就不能化合成水。有时候一比九可能是和谐美，这就是均衡的概念。

那么，怎么样来做好协调的问题？《史记》里面有一句话："合符节，通道德。"一个"合"，一个"通"。光符合了还不行，还要道德观念相通。现在讲协调，完全靠法律的话，恐怕很难办到。法律的作用也是有限的，国家的政策、法规也是有限的。但是有一个东西，它的作用是无穷的，"通道德"——道德的作用。所以，不仅要用法律治国，还要以德治国。人际关系，各部门、各行业之间，各个地域之间，国与国之间，要协调，仅仅靠法律和政策还不行，还要靠道德。道德是什么？心理学里有一种解释：道德是根据社会行为准则评价别人和要求自己的。

那么，再看持续。什么叫持续？我们中华民族文化为什么能够持续、源远流长？这是一个事实。我们看《易经》六十四卦的第一卦乾卦，乾卦是以龙为象征，坤卦又以马为象征。第三卦屯卦还是讲马。到以后又讲到鸿，鸿就是鸟。又讲孵，中孚嘛，孵化的"孵"。最后，六十三、六十四两

乾卦（龙）——未济卦（狐）——太极（鱼）

卦既济、未济，是讲狐，而且是讲小狐。

　　未济卦的最后一爻是怎么讲的呢？开头有一个"濡其尾"，最后有一个"濡其首"，就是说，"既济"、"未济"。"济"就是渡，渡河的"渡"。狐的尾巴是最粗的，渡河的时候要把尾巴竖起来，怕它沾湿了会下沉。它开始"濡其尾"，尾巴已经沾湿了。"濡其首"，头也沾湿了，沉入水中了。既然沉入水中了，那就是"凶"了，或者是"咎"呀，或者是"吝"呀。都不是，无咎、无凶，只有一句："有孚失是。"什么意思呢？"濡其首"，沉入水中了，却无吉无凶，没有问题。因为它变了，不是狐了，变成鱼了，变成太极里的阴阳鱼了。

　　为什么最后是狐呢？为什么鸟孵化不出鸟，而孵化出狐，狐又沉入水中，变成了鱼呢？大家知道，狐是善变的。《易经》就是讲变化的，而且狐是知道修炼的。它要修炼到鱼，然后由鱼修炼到龙，狐又变成了龙。它不是线段，是又回来了，回到了乾卦的初爻"潜龙"。哎，它又回到"潜龙"了。它仅仅变成了龙还不行，还要"修行"。你看，狐修炼到鱼，鱼到龙要修炼，龙还要修炼。

　　那么，从既济、未济卦到乾卦是不是重复呢？不是重复而是螺旋跟进，这个就是"持续"。"周而复始"、"原始反终"，这就是"持续"。"持续"这种观念是我们中华民族传统文化的一种特色。建设中国特色的社会主义，特色是什么？刚才讲了"天下"的观念，现在又讲了"原始反终"的概念，这都是中国的特色。

　　《礼记》里还讲了个"郊祭"。"郊祭"是什么？是到郊区去，到野外去祭祀。秋季丰收的时候到野外去祭天、祭万物，感谢那些今年为丰收帮了忙的，哪怕是虫、是鸟……什么东西都要感谢，感谢土地、感谢阳光、感谢水……古人把这种感谢叫什么？叫"报本反始"。"报本"的意义是报答和感恩，"反始"是指明年还要播种，明年还有寒暑往来。你们想，明年又是一个春秋呀！又是一度寒暑往来呀！明年还要依靠它们的帮助才能获得丰收。你看"报本"就是为了"反始"。

　　在我们生活中间，有些人一件事做完了，不知道去感谢人家。那么，以后再去求人家，哎哟，没法求了。他不知道"报本"，不知道"报本"的目的是"反始"，以后还要去做。这里面道理很深的，可见"为道"就是这样为。我今天讲的时间可能长了一些，啰唆一些。讲得不好，请大家多多批评，多多指正。请专家、教授给我批评。

第二十八讲　老子为道与和谐社会

257

第二十九讲　老子为道与中和之道

1　只赞扬不是真和谐

老子为道

今天要讲的是"老子为道"与"中和之道"，分三个方面与大家探讨。一、《老子》对西方人的影响巨大，对中国人的影响有多大？二、历史上解读《易经》的第一人是孔子还是老子？三、如何理解"老子为道"？我们还要以此为题开展互动，大家共同探讨。

在我们进入正题之前，将拙作《老子为道》这本书向大家作个简要介绍。《老子为道》是2002年我给一些年轻人讲课的内容，当时没有讲《老子》的八十一章，也没有逐字逐句讲五千言，只讲了其中第四十八章中的半章二十三个字。这个问题可能有人要提出，你这个不是《老子》的全部，也不是《老子》的真正内涵。

《老子为道》元月一日发行后，已先后接到全国各地的电话、邮件几百件。天天有人打电话，几乎都是赞扬。但是，我要跟你们说明的是，其中也有一位广东的读者来电话说："我要找你们的会长。"我说："你要找他干什么？"他说："我要找他谈谈《老子为道》这本书。"我说："你是不是对这本书有什么意见？"他说："是的。"我说："你对这本书有什么意见可以对我说，我就是作者。"他说："有好的意见，也有不好的意见。"从他的语气中听出还带有那么一点冲动的意思。于是，我就打电话给邸会长，请示他是不是给他电话号码。邸会长说："给他。"我马上把会长的电话号码告诉了他，现在也不知邸会长收到那位读者的什么意见没有，也许是把我骂了一顿吧。

今天是讲"中和"，讲"中和"也就是讲"和谐"。中共中央最近提出"构建和谐社会"，我认为：一片赞扬声并不是真正的和谐，其中哪怕只有一个人提出反对意见，也要用满腔热情去欢迎他、接受他。这是很难得的。可惜至今尚未收到哪位读者的意见。我认为什么东西都是在以"中"求"和"，而不是向一边倾斜，这才是"中和"。"和"有它的过程，它的过程由"中"而来，所以今天在《老子为道》前顺便讲一下"中"。

《心经》是《大般若经》"大典一函六百卷"中的一篇。《心经》只有二百六十字，它是"经中之经"。所以，我按照这个把《老子》第四十八章中的半章称为"道中之道"，《道德经》中的"经中之经"。

也许这是一种模仿，为什么叫模仿呢？当时我的理解是这样，以前年轻人经书还读一点，但是现在的年轻人文化生活非常丰富，玩的东西也很多，要讲八十一章五千言，逐章逐句去琢磨、去研究，可能有些困难，有些做不到。所以，我只在这半章中讲"为学日益，为道日损，损之又损，以至于无为，无为而无不为"这二十三个字，从这里面讲"为道"。老子讲道，并不是直接单纯讲什么是"道"，而重点是教人们怎样去"为道"，怎样去实践。真正落实在"无为"上，"无为而无不为"，从而达到人生的最高境界，这也是人们为道的目的。所以今天把它分作三个标题来讲，大标题是"老子为道与中和之道"。

2　西方人眼中的老子

《老子》对西方人的影响巨大，对中国人的影响有多大？

《老子》一书已传遍全世界，那么，将《老子》传出国门的第一人是谁？据我个人考证是唐玄奘，他将《老子》译成梵文，从此《老子》跟他西游列国。《老子》传到西方之后，很快被西方人接纳。关于西方人评价《老子》的言论，如果收集起来应是一本厚厚的书，有很多非常精彩的故事。首先是爱因斯坦说的："我们犹太祖先及先知者，和中国古代贤哲们了解到并表明：铸就我们人类存在的最重要的因素，是一个目标的产生与确立。这个目标就是要通过内心不断的努力摆脱反社会的，具有破坏性的天性，使人类变成一个幸福的群体。"所以德国著名作家、诺贝尔文学奖获得者黑塞说："《老子》与《易经》一样，平庸的头脑不可能读懂。"

英国学者劳伦斯·比尼思说："因道家精神而创作出来的艺术作品明显地具有一种激情，它能把人类灵魂提高到这样一个境界。在这里尘世的思虑与其说是抛弃，还不如说是得到了升华。"

世界著名小提琴演奏家、指挥家和作曲家梅纽茵将老子的"道可道，非常道；名可名，非常名"作为自己的座右铭，贴在小提琴盒中。

著名的美籍华人建筑设计大师贝聿铭说："老子的书我读得很多，我想也许他的思想对我的建筑思想的影响超过其他任何东西。"

当代英国哲学家约翰·詹姆斯·克拉克考证后认为："西方自由市场思想原理的来源是《老子》。"这真是我们想象不到的。

诺贝尔化学奖得主、耗散结构理论的创立者、比利时科学家伊利亚·普里高津坦言，他的理论曾受益于中国的老子，这里含有禅理。

德国物理学博士彼得·洛伦兹说："我们这里如果有人要找中国书籍，那么他最先接触到的便可能是老子的名著《道德经》……在学习《老子》的过程中，我感到《老子》可借用……"

"老子在他生活的社会里已经体验到人的生活、社会形态的主旨、精华，并把它们用精练的笔墨总结记载下来，这一切使老子及其著作与人类共存……《道德经》对我来说是包罗万象的。"这是他在《老子在一个德国人眼中》这本书中写下的。

今天我在这里要强调的是，大家都非常熟悉的19世纪俄国著名大作家托尔斯泰。当他的那么多书出版以后，有一位出版商问他："你有这么多著作，那么，对你的著作最有影响的人是谁？"他讲："中国的孔子、孟子对我的影响很大，而老子对我的影响巨大。"这个"巨大"出自一个外国大文学家之口是不可思议的。我们看看托尔斯泰，他的思想在欧洲的影响是很大的，而他的思想又受中国传统文化思想的影响，在他的人生当中受老子的影响巨大。大家都知道他的名著《战争与和平》、《复活》，等等，不需要去例举其他的著作了，仅一部《战争与和平》已经说明他达到了文学的高峰。

这里提出一个思考，什么思考？为什么说老子对他的影响是巨大的呢？对他有影响的三个人，都是中国古代圣贤，老子占最高位置。与之相比，我们自己几千年以来对老子、孔子、孟子是怎么学的呢？我们所有的著作、文章都是引经据典、寻章摘句，都是在老子曰、老子云，似乎你开口不提老子，不引用老子的原文，就没有老子的思想，就不是老子的弟子。

孟　子

但是一部《战争与和平》里面，看不到一句老子曰、老子云。这个就值得我们思考，并不是说我们的学者、专家引用老子曰、老子云是错误的，但是这里面有一个东西，老子讲了几千年，我们的年轻人、我们的后代包括我们自己，学起老子还那么吃力，还那么不容易接受。难道我们要去传承、去弘扬他们，只有引用他们的经典这一种方法吗？只有照着讲吗？

在《老子为道》这本书的引言里面，我借鉴了唐明邦教授的观点。唐明邦教授特别推崇邵雍的精神，邵雍又推崇孟子。邵雍认为，《孟子》通篇都是解释《易经》的，但是看不到一句《易经》里面的原文。所以邵雍非常推崇孟子，唐明邦教授又特别推崇邵雍，我们也应该借助、推崇这种精神。什么叫"中"？"中"就是符合。只要符合了老子的原意，符合了我们祖先的本意，这就是"中"。"中"者，中（zhòng）也。"中"，就是"中的"、"中用"，就是符合，所以我们就应该借鉴。这里面我提出一个思考，在弘扬我们传统文化的时候，如何使我们的文化产业化？如何走向世界？

有人说，为什么西方的东西一到中国我们都能完全接受，年轻人能无师自通，拿来就能玩，而我们自己的东西却玩不起来？这个问题值得思考。这个问题在这里我不想多占用时间，不能在这里来辩论，只是提出问题，抛砖引玉，以供参考。

3　解读《易经》的第一人

第二个大问题：历史上解读《易经》的第一人是孔子还是老子？

我为什么提出这个问题？这也是我久久思考的一个问题。由于还没有成熟，这一个星期，我借助一些资料，借助一个反思，进一步在"中和"里成熟，这里提出来供大家讨论。

老子与孔子的历史命运，似乎有一个疑问：孔子在历史上遭遇了三次沉重的打击。第一次是秦始皇"焚书坑儒"，第二次是"五四"时期打倒"孔家店"，第三次是"文革"中"批孔"。而老子在历史上都没有这样的遭遇。也许有人认为老子在历史上没有孔子那样深入人心，广泛流传。是不是这个道理？这个值得去研究。

大家都知道，研究老子、孔子，都要提到《易经》，《易经》是群经之首。作为解读《易经》的第一人，习惯来说都认为是孔子，因为孔子写了《十翼》，《十翼》包括：《彖辞传》（上、下）、《象辞传》（上、下）、《系辞传》（上、下）、《文言》、《说卦传》、《序卦传》、《杂卦传》等十篇。"翼"也就是翅膀，"十翼"就像十个翅膀。《十翼》也就是解释《易经》的。孔子在《论语》里面说："加我数年，五十以学《易》，可以无大过矣。"以此看来好像孔子是第一个解释《易经》的。

我们从老子与孔子的思想上来比较"无首"与"无为"。《易经》里面讲道："用九，见群龙无首，吉。"再来看看老子有没有与其相吻合的地方，在《老子》四十八章里有"无为而无不为"。无为的思想从哪里来？《易经》里"见群龙无首"，就是"无为"的思想。一群龙里面前不见首，后不见尾，"他"就在其中。你讲"他"是首又不是首，你讲"他"不是首，"他"又是统领者、统帅者。这就是"见群龙无首"，这就是"无为而不为"。这是第一点。

第二点，《老子》里面有："万物负阴而抱阳，中气以为和"。有的书里面是"冲气"，帛书和简本作"中气"，"冲"比"中"出现得晚一点。"万物负阴而抱阳"似乎描述了先天太极图（也叫自然太极图），这个太极图好像出自宋代陈抟之手。有的人问，陈抟从哪里来的？是由一位四川的隐者（高人）传给陈抟的。当然我们无法考证，也不必去考证。这里是看能不能找到文字里面的依据，就是老子讲的"万物负阴而抱阳"，这是非常形象的，也是确凿的。

为什么这么说？美国九十岁的易学老教授汪忠长先生在其《周易六十四卦

浅解》里解释太极图时说："图中黑白两条鱼形乃阴阳二气环抱之状，阴气盛于北方，为纯阴，居坤卦之位；阳气盛于南方，为纯阳，居乾卦之位。"从这里能看出什么呢？《易经》的思想对老子的影响早于孔子。那么，这里又有一个老子生活年代的考证问题。

大家知道孔子的生活年代是公元前551至前479年。再看看周文王在羑里演易时，是殷纣王十二年（约公元前1059年），此时，文王已是八十九岁高龄，被纣王囚禁在羑里。到武王十年（约公元前1052年），

伏 羲

武王拜访箕子，箕子是什么人呢？他是殷纣王的叔父，是"三仁"之一。当时的"三仁"（微子、箕子、比干）都是纣王的重臣。他们为了劝谏殷纣王改变奢侈淫逸行为，得罪了纣王，都受到纣王的迫害。微子逃走，箕子被贬为奴，比干是主谏者遭剖心而死。箕子被武王救出后，在陈述"洪范九畴"时，提出了"五行"学说。

到周宣王元年（约公元前827年），虢文公进一步提出了"阴阳二气"的概念。这是《国语》中记载的。那么从现代来看，老子提出的"负阴而抱阳"的"阴阳"，也就是在周宣王前后。如果说是老子先提出"阴阳"，那么虢文公在其后；如果说虢文公第一次提出"阴阳二气"的概念，那么老子则在其后，所以我们现在只能由此考证他生活的年代，但是有一点可以肯定，老子是生活在西周时期。他的思维，从他的文字来看是介于周文王和孔子之间。老子姓李，名耳，字聃（dān），据传说他的耳朵特别大，双耳垂肩。这个"聃"有三个同音同义的字，有聃、儋、耽，又有三个人名：李聃、太史公耽、儋荷。在历史上，这三个人名常常被混淆，实际上他们是不同时期的人。这说明历史记载上老子确有其人。当我们去研究的时候，发现有些相互混淆的东西。

这里要提到老子的老师——商容，商容与箕子同代，殷末贤人。商容非常熟悉《归藏易》。大家知道，《易经》有三古、三圣、三易。三古：伏羲、炎、黄、尧、舜时代为上古，夏、商、周三代为中古，先秦以后称为近古。三圣：伏羲称为上古圣人，周文王称为中古圣人，孔子称为近古圣人。三易：一是《连山易》，它是以艮卦为首卦，艮代表山。据说《连山易》为夏代所应用。二是《归藏易》，它是以坤卦为首卦，为商代所应用。三是《周易》，它是以乾、坤二卦为首卦，是周文王所演绎。商容熟悉《归藏易》，主张"柔"为主。因为《归藏易》是以坤为首，坤代表母亲，卦德为柔顺，所以有柔顺之德、柔和之德。老子从师于商容，老子向他问学时，商容做了一个表情，嘴张开，舌头吐出来，问老子："牙齿在吗？""不在。"又问："舌头在吗？""在。"老子看见他的舌头不仅在，还是鲜红的。老子马上悟到舌柔齿坚、柔能胜刚的道理。哦，

周文王

孔 子

人到垂垂老矣之时，坚硬的牙齿掉光了，而柔软的舌头还是鲜红如初。这就是说柔弱者常在，刚强者夭亡。后来，人们讲到老子的"上善若水"、"以柔克刚"的时候，一般都引用这个例子。

钱穆先生考证这个时，认为老师教学生，不是用言语来教，而是用表情来作提示，这是古人教学的方法，也就是启发式教育。我们这里把老子与孔子作一个比较，老子学用的是《归藏易》，是主柔的，主张无为，无为而无不为。再来看孔子，他解释的是《周易》，展示的是《周易》，《周易》是以乾卦为首，强调"自强不息"。孔子在《系辞传》里又提出了"居安思危"的思想。"其亡其亡，系于苞桑"，这个思想似乎又回到"柔"里面来了。

4 在"日损"中得"中和"

为什么孔子在中国历史上遭受了三次打击？这三次打击也叫三次劫难。第三次时，叫讨伐孔老二。在这里我也要忏悔，我也跟着喊过"打倒孔老二"。我们邸会长那时作为县委主要领导，肯定很有感受。孔子为什么遭到后世子孙的打击？其实他有很多头衔，"至圣先师"、"三古三圣"之一、"万世师表"。在这种情况下，是什么环境让他不能自保，而老子却安然无恙？难道"文革"时，人们不知道老子吗？道教里面将他奉为"三清"之一、"太上老君"，这不也是被批判的对象吗？那个时候喊"打倒一切牛鬼蛇神"，老子不是比孔子还要神化吗？可就是没有触及到老子，而孔子往往首当其冲，一次又一次地被揪出来。

据我个人的思考，这与他们二人对《易经》的解释、他们的思想以及他们的思想对社会的影响有关系。因为老子教人要顺其自然，而孔子是要恢复周礼，

"克己复礼"。"批林批孔"的时候把这个"克己复礼"批得很凶。"克己"就是克制自己，"复礼"是不能复也要复，显示一种执著，有为的东西多了。而老子不是这样，他是时机成熟时，就骑着青牛出关，而关令尹喜要求老子讲道的时候他就讲，要他写的时候他就写下来，你看他非常随和。你看，请他讲他就讲，请他写他就写，没有请他讲他就不讲，没有请他写他就不写。这就是顺其自然，不去强求。他一讲也就讲得非常好，一写也就写出了五千言传之后世，竟然对西方人产生巨大的影响。这就是"无为而无不为"的影响，他不做则已，一做就一鸣惊人，还不是一般的惊人。尹喜要拜老子为师，老子说你把这五千言读上三千遍再来找我吧！而尹喜念上三千遍以后，也就超凡脱俗成正果了，最后还是随老子出关了。后来到底是怎么一回事，历史没有记载。这就看出，老子对后世的影响是无为的思想。

这里引用他很有名的一句话："治大国若烹小鲜。"你当官，你管理一个企业，就像将锅里放上油煎小鱼一样，你不要总是动它，总是动它小鱼也就烂了，而是火候到了你再去翻一面。所以说，不会治国者总是折腾，今天一道政令，明天一道政令，把人都搞糊涂了，朝令夕改，这就像煎烹小鱼时翻来翻去那样，结果翻烂了。只有火候正好时再翻，小鱼才完整。这就是顺其自然，这就是无为而无不为。

宋代开国宰相赵普，他是用半部《论语》治天下，现在很多人都认为这个《论语》太伟大了，你看赵普只用了半部就能治好天下，那么我用四分之一就能治好我这个企业了，那么我用五分之一也就能治好我这个家庭了。还有人解释赵普是马上将军，读书不多，只读了半部《论语》（《论语》古时分上、下册）。只读这半部，就够他当宰相治理国家了。其实赵普学了不少东西，《左传》、《吕氏春秋》、《史记》，等等。难道赵普只读了半部《论语》就能治理好国家吗？他的思维是从孔子、从《易经》里演绎过来的。也许他明白了不能用全部《论语》的思想来治理国家，用全部《论语》思想来治理国家就会走上极端。用《易经》的一半，再用另外一半即老子的思想。因为先秦时期中华文化的三大支柱是儒、道、墨，真正影响巨大的还是儒家和道家，另外半部就是《老子》了。也就是说，一半是《周易》，一半是《归藏易》。

5 在"日益"中得"中和"

我这样说只是一种推想，不能把它当作定论，只是提供给大家思考。有些东西，比如我们研究古代东西，我历来主张不钻牛角尖，在是什么与不是什么里面去争，在黑白里面去争，在是非里面去争，那样很难争出一个结果。大家互相提出观点来思考，有些东西得到一个启发足矣，不要去相互"打架"，不要轻易下定义，不轻易肯定自己的，否定他人的，应该互相借鉴，相互切磋，在各种观点中找到一个"中和"。你说我这里是反孔子推老子，还是反老子推孔子？我认为这个有失偏颇，不是真正科学的态度，也不是真正的做学问。那样做也就得不到真正的社会和谐。

我们为什么要做学术讨论？即使平时的讨论，都要客观一些，就像这半部《论语》，就有一种"中和"、"和谐"在里面，如果用全部的《论语》治天下，就会走入另一端。所以，读四书五经要像纪晓岚那样，既有孔子思想，也有老子思想，所以我们现在读四书五经，就像我讲《易经》一样，也讲"大学之道"、"中庸之道"，也讲"老子之道"。这里我不是对老子、孔子有什么偏见，他们都是我们的老祖先，都是中华民族的古圣先贤，也都是我们的骄傲。

为什么托尔斯泰说孔子、孟子二人对他的影响很大，老子一人对他的影响巨大？这里面我们应该多一些思考，在思考中间引入我们对学习、工作以及创业的思考，这样对人生价值的取向就有启发。以前读书读死书，科举制度考试只考四书五经，也不考《老子》。但是，老子不做至圣先师，也不当万世师表，他只做老子。他是人类的老子，是今天的老子，也是下一代的老子；他是我的老子，也是我后代的老子。这个很有意思。有人叫我大师，我就跟他们说这样不好，叫老师最好，老子姓老，老师也都姓老，这也是中国人的传统。今天我把这两个问题提出来与大家作个交流。

在交流里面，我特别把"焚书坑儒"、"打倒孔家店"、"批判孔老二"这三件事提出来，是不是合理的，是不是附会的，连我自己都怀疑自己。但是回过头来一想，还有些专家学者打来电话，以及一些读者的交流讨论，认为这也是一家之言，也是一种思考，所以我大胆地把这个奉献给大家。好在今天中华老子研究会会长、副会长都在这里，有不对的地方请他们批评指正。在座的对《老子》研究卓有成果的肯定也不乏其人，也许比我高得多，也许比我们陈老先生，比我们会长还高些的也有，这叫"文无第一，武无第二"。今天我只准备讲这么多。上次我在北大讲课，一个星期讲了三次，还有一个座谈会，很多同学意犹未尽，提问很多，我想还是把时间放到互动上。你们有什么问题尽管问，为了把问题集中一点，我提出三个问题：

（1）"为道日损"，损什么？

（2）怎样在"日损"中求得"中和"？

（3）怎样在"无为"中求得"中和"？

因为我们现在都在构建和谐社会，"和谐"就在于求得"中和"。我们都在生活中生存，构建和谐社会是我们政治生活的一件大事。讲错的地方请大家批评指正。谢谢大家。

第三十讲　老子为道与天人和谐

天下无二道，圣人无两心

今天讲"老子为道与和谐社会"，讲到和谐，如何从"为道"讲到和谐？讲到"道"，我跟大家一样，都有一个体会，在我们生活中，常常挂在嘴边的有个"知道"。知道不知道？知道，早就知道了，大人知道，小孩也知道。实际上在我们生活中谁都知道，换一句话说叫"晓得"。不但晓知意义，同时还有所得。这个"得"，也可能是功德，也可能是利益之所得。

我们经常参加一些研讨会，乃至于国际型研讨会上，多少专家学者为了一个"道"而争论不休，一直到现在谁也不服谁，谁也不敢说"我知道"、"我晓得"。2004 年 12 月 8 日，在钓鱼台国宾馆，社科院余敦康教授很有感慨地说："我研究哲学五十多年了，至今我还不知道哲学是何物。"大家都发出一种会心的笑声。为什么？都深有感受。大家都写了多少论文啊，一个研讨会接着一个研讨会。最近我接到台湾中华周易研讨会的一个邀请函，邀请去参加海峡两岸周易研讨会。我由于没有时间不准备去，他就一连三次发来邀请函，国际易联又正式给我下了一个通知。今天一大早又接到了一个口头通知，要我参加一个《孙子兵法》的研讨会。这些研讨会非常多，还有比利时的一个老子研讨会。这么多的研讨会，但对什么是道、什么是哲学、什么是文明、什么是文化争论不休。一个哲学的定义有一千多种，所以我们不必要在这些定义、概念里面去转圈子，我们还是要多一些思考，在生活中多找一些自己的影子。康德曾经在母校讲课时说过："我希望诸位不要跟我学哲学，要学哲学就要学习自我思考、自我探索。"

所以我讲"为道"，还是三句话不离本行。接着就要讲一些《易经》了，为什么呢？我讲老子的时候也讲禅宗，讲禅宗的时候也要讲《易经》，讲《易经》的时候也讲老子。有时候也讲讲"大学之道"，也讲《论语》，融通交叉起来讲。为什么呢？因为我们的祖先、我们的圣人都是相通的。荀子有一句话："天下无二道，圣人无两心。"天下没有两种道，圣人没有两种心。这个心是指对自然本体的思维，表面看是由于时代不同、地域不同，其实只是因为文化背景不同而已，所表述的方式虽不一样，但还是自然的本体。有人问：释迦牟尼佛是现在佛，如来又是哪一尊佛？如来，如其本来，无所去，亦无所来。如其本来就是"如来"，本来就是这样。

　　我记得我在宗教文化出版社的时候，鲁迅文学院有一位退休的教导主任，他跟我说，有没有什么事给他做，退休后没事做感到寂寞。我把稿子给他校对，他校对时把"真如自我"改成了"真实自我"，把"如如"改成了"如果"，"如如"就是本来。所以，哪一尊佛都可以叫如来。所以说这个"道"，它的本体是什么？我们可以从大自然的角度来说。今天本来有些准备，这两天有些同志不断地到我家来同我探讨。昨天有两批人，我跟他们探讨一些东西，探讨一些我们应该有的大思维，不要拘泥在字词句里面。